本书得到国家社会科学基金重大项目“滇藏缅印交角地区交流互动发展史研究”(15ZDB122)和“中缅泰老‘黄金四角’跨流域合作与共生治理体系研究”(16ZDA041)资助

竞合与共生：滇川藏毗连地区人口流动与族际关系的调适及演变

李灿松◎著

中国社会科学出版社

图书在版编目（CIP）数据

竞合与共生：滇川藏毗连地区人口流动与族际关系的调适及演变/李灿松著．—北京：中国社会科学出版社，2017.4

ISBN 978-7-5203-0334-7

Ⅰ.①竞…　Ⅱ.①李…　Ⅲ.①人口流动—关系—民族关系—研究—西南地区　Ⅳ.①C924.24 ②D633

中国版本图书馆 CIP 数据核字(2017)第 081898 号

出 版 人　赵剑英
责任编辑　卢小生
责任校对　周晓东
责任印制　王　超

出　　版　中国社会科学出版社
社　　址　北京鼓楼西大街甲 158 号
邮　　编　100720
网　　址　http://www.csspw.cn
发 行 部　010-84083685
门 市 部　010-84029450
经　　销　新华书店及其他书店

印刷装订　北京明恒达印务有限公司
版　　次　2017 年 4 月第 1 版
印　　次　2017 年 4 月第 1 次印刷

开　　本　710×1000　1/16
印　　张　16
插　　页　2
字　　数　220 千字
定　　价　70.00 元

前言

滇川藏毗连地区主要是指云南、四川、西藏三省区跨界毗连的区域，范围包括今滇西北迪庆藏族自治州、丽江市、怒江傈僳族自治州；川西南的甘孜藏族自治州；西藏自治区东南部的昌都和林芝地区。而滇川藏毗连藏区是指云南迪庆藏族自治州、川西南的甘孜藏族自治州、西藏自治区东南部的昌都和林芝等藏区，它不仅是康巴藏区的核心区，而且是滇川藏大三角地区的中心，也是内地与藏区交流的边缘区。从古至今，滇川藏毗连地区便是一个多民族、多宗教并存，集商道、多民族族际经济交流、民族共生、民族迁徙走廊为一体的整体性多功能富集区。历史上，这里是中央政府与西藏相联系的主要通道和汉藏交流的边缘区，也是汉藏及各民族间贸易的主要商道；这里是明代少数民族治理边疆的典范，也是木氏土司重点开发的藏区，同时也是多宗教和谐共生的重要区域；这里曾经是军阀混战进犯蜀地的缓冲区，也是近代西康省的辖区。当前，滇川藏毗连地区主要有藏、纳西、汉、白、彝、傈僳、普米、羌、独龙、怒、回等民族，是中国西南边疆最典型的多民族聚居区，自古以来这个三省交接区域对西南边疆的稳定和发展都有着举足轻重的影响，该地区人口流动频率高，多民族交往频繁，民族关系复杂多变，为开展人口流动与民族关系研究提供了丰富的素材和典型的案例。

目前，国内针对滇川藏毗连藏区的专题研究较多，现有的对滇川藏毗连地区的研究存在着严重的时段和区域的不平衡，对于该地区缺乏整体性、系统性的研究成果，既有的专题研究主要集中于族别史、以行政区划为界限的区域社会史、民族关系史、民族文化史等方面。而从现在进行或已完成的重要研究项目看，研究主要集中于族群边界与认同、民族互动与文化交融、民族源流与迁徙等方面。缺乏针对该区域流动人口的专题研究，国内外针对藏区流动人口的研究集中在以拉萨为核心的西藏地区，而对民族关系和社会环境更复杂的滇川藏毗连藏区的相关研究并不多见，针对该专题的研究，不仅有利于补充这一方面的相关研究，而且还为整个藏区流动人口在整体性基础上的系统研究增加了可能。

同时，藏区稳定，特别是康巴藏区的稳定是我国民族团结、边疆稳定的重要内容。本书通过对滇川藏毗连藏区流动人口和当地藏民互动协调的深入探讨，试图弄清滇川藏毗连藏区多民族族际共生、和谐发展格局的演变机理和规律，这对于整个藏区稳定，各民族共同团结奋斗、共同繁荣发展具有重要的现实意义。因此，本书以滇川藏毗连藏区流动人口为研究对象，在系统梳理该区域人口流动的历史进程的基础上，探讨流动人口的现状、特征、演变过程和流动的驱动机制，并在此基础上提供有效管理人口流动的对策。本书第一章重点讨论研究的背景、核心概念和研究方法。第二章介绍滇川藏毗连地区的特殊的地理结构和区域资源分布结构，具体介绍该区域的地理状况、民族文化特征、区域地位及研究价值。第三章重点梳理由唐代到清代以来人口流动的概况、流动人口的基本特征、人口流动的动力机制、人口流动与区域内部族际关系等内容。第四章介绍不同历史时期滇川藏毗连地区人口流动与族际关系的演变过程，通过人口流动与族际关系的历史的梳理，提出滇川藏毗连藏区的族际间交流发生的前提是各民族群体在不同区域之间的流动。流动客观上成为族际关系形成和演变的重要动力，是族际交往的必要条件；相反，民族关系是人口流动的“风向标”，族际关系的发展方向决定了人口流动的动向，族际关系发展协调则人口流动往往比较频繁；反之，则人口流动较少。第五章通过在滇川藏毗连地区的深入调查，梳理了当前人口流动的年龄、民族、家庭构成等基本特征，提出了流动人口内部以及流动人口与流入地人口之间的社会关系、经济生活状况，深入分析了滇川藏毗连藏区人口流动的动力机制。第六章运用建模及数理统计的分析方法，在大量实地调研的基础上，系统论证当前流动人口在居住圈、经济圈、通婚圈、交友圈中的民族关系。为了进一步展现该区域人口流动与族际关系之间的关系，本章以香格里拉建塘镇为核心，收集了该区域内近9000多位流动人口的基本信息和生存状况，运用分离指数和空间分析的方法，对建塘镇流动人口内部、不同民族流动人口与建塘镇当地民众之间的关系进行了细致的分析。基于此，对整个滇川藏毗连地区族际关系驱动机制、特征进行了剖析。第七章运用演化博弈的分析方法，结合历史与现实的人口流动与族际关系的进程，试图再现人口流动与族际关系的演变过程，并进一步提出管理流动人口、促进民族关系有序发展的对策和建议。

通过研究，我们认为，滇川藏毗连藏区各民族通过长期的交流与冲突形成民族间协调共生、相互依存的格局；随着社会的发展和流动人口的不断迁入，滇川藏毗连藏区自然要素和文化系统的结构发生了重大的变化。因此，外来迁移民族如何通过适应藏区特殊的自然和人文环境，来实现迁移民族与藏族社区之间和谐共生，当地藏民在多民族人口流动背景下如何再适应传统的自身依存关系的变迁成为藏区稳定和社会经济发展的核心问题之一；滇川藏毗连地区族际关系与人口流动之间是一种正向发展、相互建构的过程和关系。

目 录

第一章 导论 …………………………………………………… 1

第一节 研究背景 ……………………………………………… 1

一 社会背景 ……………………………………………… 1

二 学术背景 ……………………………………………… 4

第二节 概念界定 ……………………………………………… 9

一 滇川藏毗连藏区 ……………………………………… 9

二 流动人口 ……………………………………………… 10

三 族际关系 ……………………………………………… 11

四 滇川藏毗连地区族际关系与人口流动之间的关系 ………………………………………… 11

第三节 主要研究方法 ………………………………………… 12

一 文献分析法 …………………………………………… 12

二 问卷调查法 …………………………………………… 12

三 空间演化分析法 ……………………………………… 13

四 定量分析和统计分析法 ……………………………… 13

第四节 基本观点及研究的创新与意义 ……………………… 13

一 基本观点 ……………………………………………… 13

二 研究的创新与意义 …………………………………… 14

第二章 滇川藏毗连地区区域特征及其研究价值 ……………… 16

第一节 复杂多样的自然地理环境 …………………………… 17

一 地理地貌复杂多样 …………………………………………… 17
二 自然资源丰富 ………………………………………………… 17
第二节 多民族共生和文化多样性并存 ………………………… 23
一 多民族互惠共生 ……………………………………………… 23
二 文化多样性并存 ……………………………………………… 24
第三节 面向南亚和东南亚国家的西南门户 …………………… 26
一 我国西南地区面向南亚开放的关键区域 …………………… 26
二 我国连接东南亚的枢纽地带 ………………………………… 28
第四节 滇川藏毗连地区区域功能定位与整体研究价值 ……… 30
一 滇川藏毗连地区区域功能定位 ……………………………… 30
二 滇川藏毗连地区整体研究价值 ……………………………… 32

第三章 不同历史时期滇川藏毗连藏区人口流动概况及特征 ………………………………………… 41

第一节 人口流动的主要阶段及其规模 ………………………… 41
一 唐代滇川藏毗连藏区的人口流动 …………………………… 41
二 宋元时期滇川藏毗连藏区的人口流动 ……………………… 45
三 明清时期滇川藏毗连藏区的人口流动 ……………………… 47
四 晚清民国时期滇川藏毗连藏区的人口流动 ………………… 48
第二节 人口流动的主要形式 …………………………………… 52
一 和亲入藏 ……………………………………………………… 52
二 远赴藏区，商贸经营 ………………………………………… 54
三 军队驻防，戍守边地 ………………………………………… 57
四 隐遁山林，蛰居避难 ………………………………………… 58
五 移民边区，开荒垦殖 ………………………………………… 59
六 宗教传播，教派纷争 ………………………………………… 62
第三节 人口流动的动力机制 …………………………………… 65
一 通道型地理环境驱动 ………………………………………… 66
二 政府治边政策驱动 …………………………………………… 66

三　经济文化交流驱动 …… 67
四　权力角逐驱动 …… 68
五　交通条件改善驱动 …… 68
第四节　人口流动的基本特征 …… 69
一　以商贸交流为主，多种流动形式并存 …… 69
二　国家政策驱动和民间自发流动并存 …… 70
三　从局限于滇川藏周边地区的短途流动扩大到远及陕浙赣的长途流动 …… 71

第四章　不同历史时期人口流动与滇川藏毗连藏区的族际关系 …… 72

第一节　清中期之前滇川藏毗连藏区的族际关系 …… 73
第二节　晚清民国时期滇川藏毗连藏区的族际关系 …… 77
一　“边内结构”影响下滇川藏毗连藏区各民族关系的演变 …… 79
二　滇川藏毗连藏区内部各民族之间的冲突与融合 …… 90
第三节　人口流动与族际关系之间的辩证关系 …… 111

第五章　滇川藏毗连藏区流动人口现状分析 …… 114

第一节　滇川藏毗连藏区流动人口基本特征 …… 114
一　调查概况 …… 114
二　流动人口的基本特征 …… 115
三　流动人口的社会关系 …… 124
四　流动人口的经济与生活展望 …… 133
第二节　滇川藏毗连藏区人口流动的驱动机制 …… 138
一　人口变动历史 …… 140
二　国家政策与制度 …… 142
三　民族经济发展 …… 144
四　地理区位因素 …… 147

五　地理距离 …… 148
六　民族语言与文化 …… 148

第六章　当前滇川藏毗连藏区流动人口的族际关系及其影响因素 …… 151

第一节　流动人口的族际关系 …… 151
一　研究现状 …… 151
二　研究方法 …… 154
三　流动人口及其族际关系的基本特征 …… 155
第二节　典型区流动人口基本情况及族际关系 …… 162
一　流动人口的基本概况 …… 162
二　流动人口内部及其与主体民族之间的关系分析 …… 172
第三节　流动人口族际关系影响因素实证分析 …… 187
第四节　滇川藏毗连藏区流动人口族际关系的特点 …… 192

第七章　滇川藏毗连藏区人口流动与族际关系的演变与调适 …… 194

第一节　滇川藏毗连藏区人口流动进程、空间演变及其特征 …… 195
第二节　滇川藏毗连藏区人口流动与族际关系演变 …… 203
一　滇川藏毗连藏区族际关系演进 …… 206
二　族际关系演化博弈模型 …… 208
三　结果分析 …… 216
第三节　改善滇川藏毗连藏区流动人口族际关系的思考 …… 217

参考文献 …… 221

后　记 …… 242

第一章　导论

本章简要地介绍本书选题的研究背景和学术背景，界定本书的基本概念，说明本书研究使用的主要方法及研究的意义和创新之处。

第一节　研究背景

一　社会背景

自20世纪90年代初期藏区宗教改革①和旅游发展之后，向藏区流动的人口数量不断增加。改革开放之后，随着市场经济的发展，资源配置的客观要求为人口大量流向藏区提供了客观基础。为适应改革开放的需求和国内市场经济的发展，管理部门解除了对国内人口流动的限制，客观上为人口向藏区流动提供了便利。21世纪初，中央实施西部大开发政策，大量投资项目向西部和藏区倾斜，但是，限于藏区社会和经济发展滞后于其他地区、教育基础薄弱等因素，藏区响应中央投资建设的本土人才匮乏。因此，大批企业和技术工人进入藏区，内地和藏区周边的汉族、回族、纳西族、白族及其他民族劳动力向藏区流动成为必然。2006年，随着青藏铁路的全线开通，滇藏、川藏铁路相继规划并开始建设，藏区各主要城市

---

① 杨镇圭：《鹤庆新华村民族旅游的新发展》，《云南民族大学学报》（哲学社会科学版）2004年第5期。

和旅游城市的机场或已经建成或进入规划，进入藏区的基础设施得到极大的改善，进藏更加便利，成本也大大降低。加之中央一直重视藏区社会经济发展，无论从政策和资金扶持上均有增无减。在2008年国务院专门下发的《关于支持青海等省藏区经济社会发展的若干意见》和2010年中共中央下发《中共中央国务院关于加快四川、云南、甘肃、青海藏区经济社会发展的意见》的两个重要文件中，明确提出了加大和深化对青海、云南、四川、甘肃等省藏区发展的支持力度，并制定了相应的基本原则和发展目标。① 因此，当前内地及周边地区向藏区流动人口的数量和规模空前增长。

（一）中央对藏区的扶持不仅给藏区带来发展机遇，也为藏区多民族族际交往的广度和深度提供了舞台

2001年中央召开了第四次西藏工作座谈会，会上指出了加强对藏区扶持和建设的重要性，会后制定了加大对西藏的交通、水利水电、医疗、教育等方面投资的一系列政策，同时，中央也实施相应的政策加大其他藏区的社会经济发展，第五次、第六次座谈会之后，进一步推进五省藏区社会经济发展、确保藏区长足发展、富民兴藏、长期建藏成为藏区发展的核心任务之一。中央对藏区的扶持和支持使得藏区的社会经济得到长足的发展，藏民长期以来形成的传统的生产和生活环境发生了翻天覆地的变化，在这种背景下，藏民如何再适应传统的依存关系发生了变化之后的藏区，即怎样适应并融入变化了的社会经济环境？怎样在新的环境中与多民族流动人口交往、处理好不同民族与自身的关系？这些成为实现藏区稳定和发展、藏民富强面临的重要问题。

藏区地处高原，生存和生活的环境恶劣、生态环境脆弱，大量流入藏区的人口如何适应藏区的生存环境成为进藏人群面临的现实难题。同时，进入藏区的流动人口大都对藏族的历史、文化习俗、

① 李灿松、周智生：《滇川藏毗连地区区域功能定位与多向度研究价值——基于非传统安全的视角》，《云南师范大学学报》（哲学社会科学版）2015年第5期。

语言、宗教和社会组织结构了解不多，流动人口如何融入当地社会，怎样与当地藏民进行交流？成为藏区发展不得不关注的社会问题。另外，进入藏区的不仅有汉族、回族，还有白族、纳西族、彝族及其他民族等，不同民族在藏区汇集，这些不同民族的流动人口如何交往，族际关系如何等成为藏区社会稳定和经济有序发展所面临的难题。

总之，西部大开发和中央对藏区社会经济的持续大力扶持，大量不同民族、不同地域人口流入藏区，多民族人口在藏区汇集，一方面给不同民族之间的交流提供了机遇、搭建了交往的舞台；另一方面也给新时期、新环境下藏区多民族之间关系的调适带来新的挑战。因此，流动人口内部的族际关系，不同民族流动人口与当地藏民的关系，无疑成为藏区社会经济发展和民族之间关系调适的重要议题。

（二）滇川藏毗连藏区从古至今就是汉藏两大文化交流的“结合部”，是藏族与多民族交流的核心区，研究价值高、代表性强

滇川藏毗连藏区是康巴藏区的核心区，是滇川藏大三角地区的中心，也是内地与藏区交流的边缘区。自明清以来，该区域就是汉藏交流的关键区，多民族交流频繁，同时该地区还是中央政府进入卫藏地区、维护整个藏区稳定的关键点，鉴于其重要性，清政府将这一区域划分成三块不同的区域，分属云南、四川、西藏管辖，在管理上“互成犄角”“分而治之”①，到清末，甚至提出了“治藏必先安康”的重要论断，由此可见，滇川藏毗连藏区在整个藏区中的重要性。清末以后，随着帝国主义殖民主义的扩展，滇川藏毗连藏区成为帝国主义工业品销售市场和原料的供给地，成为内地逃避战乱的汇集地，也成为白族、纳西族、藏族、普米族等多民族商人活跃的舞台，在这里，民间商贸空前繁荣，多民族人口流动频繁。抗

① 《清史稿·列传》卷二九六《列传八三》。

战时期，滇川藏毗连藏区商业贸易空前繁荣，达到了鼎盛时期。[①] 繁荣的商业贸易，加快了该区域人口的流动，也促进了多民族之间的交往。改革开放特别是藏区实施旅游开发以来，滇川藏毗连藏区成为旅游的胜地和天堂，大规模国内外游客纷纷进入这些区域，商人、工人、工匠纷纷汇集于旅游区；加之，政府对藏区改革力度的加大，大批企业、劳动力移民至此。因此，无论从历史视角来看，还是从当前人口流动规模而言，滇川藏毗连藏区一直是多民族人口流动最频繁的藏族聚居区，也是流动人口规模最大的藏区之一，对于该区域的研究，一方面有利于我们清晰地把握藏区人口流动的基本概况，另一方面有利于我们明晰流动人口的族际关系以及流动人口与藏族的族际关系，因此，我们选取该区域为项目研究的研究区。

二 学术背景

目前，国内针对滇川藏毗连藏区的专题研究较多，但缺乏针对该区域流动人口的专题研究。国内外针对藏区流动人口的研究集中在以拉萨为核心的西藏地区，而对民族关系和社会环境更复杂的滇川藏毗连藏区的相关研究并不多见，针对该专题的研究，不仅有利于补充这一方面的相关研究，而且还为整个藏区流动人口在整体性基础上的系统研究增加了可能。

（一）目前国内针对滇川藏毗连藏区的专题研究较多，但缺乏针对该区域流动人口的专题研究

滇川藏三省毗连地区自古以来内部各区域、各民族之间就联系紧密，作为兼跨云南、四川、西藏三省毗连藏区的特殊区域，如何实现跨省份的综合治理和联合开发，对于西南边疆的稳定和发展具有重要的现实意义和研究价值。当前，学者对于藏区的研究更多地集中于卫藏、安多两个藏区，康藏地区由于地域广阔、自然环境复

① 周智生：《商人与近代中国西南边疆社会：以滇西北为中心》，中国社会科学出版社2006年版，序第5页。

人口社会发展等方面进行了详尽的论述（李鲤、马戎，1986，1987，1990），对拉萨市流动人口的数量、构成、来源地、主要从事职业和变化、居住格局、居住条件、受教育程度、子女受教育情况、收入和消费状况、特征等进行了系统的研究（马戎等，2006）。旦增顿珠等在大量调研的基础上，对拉萨市流动人口的从业状况、生活状况、居住的空间格局、流动人口之间的交往关系进行了深入的研究。除此之外，其他学者也专门针对拉萨市流动人口特征，流动人口对拉萨市社会、经济发展的影响进行了探索性的研究（陈华，1998，1999）。有学者对西藏地区人口变动、人口素质等展开研究（陈华、索朗仁青，1999，2003）。其他学者则针对拉萨市流动人口的特殊群体——鹤庆手工艺者在拉萨的生产、生活、生存状况和面临的问题进行了系统的调查和研究（周智生、李灿松，2006）。随着中央对藏区扶持力度的加大，藏区移民问题得到以马戎教授为核心的研究团队的持续关注，并在深入调查的基础上对拉萨、日喀则和泽当三个城市流动人口的生活状况、面临的问题进行了透彻的研究，提出了一些人口流动中出现的问题的应对措施（马戎，2008）。此后，李建在对山南泽当镇流动人口开展深入调查和了解的基础上，对该镇流动人口的生产、生活和族际关系进行了定性阐述和定量分析，认为该地区流动人口与当地藏民之间比较和睦，流动人口与当地藏民在生产与生活上具有一定的互补性（李建，2012）。

国外学者关于藏区流动人口与藏区民族关系的大量研究集中在21世纪初。一直以来，外国学者中一直流传着中国政府试图通过移民这一新举措摧毁西藏文化的观点，但是，这种说法并没有确切的证据和可信的解释。①② 国外有大量的学者关注藏区人口流动的问

① 马戎、旦增顿珠：《拉萨市流动人口调查报告》，《西北民族研究》2006年第4期。

② “内地藏族流动人口研究”课题组：《从在内地的藏族流动人口状况看汉藏民族关系——以成都市藏族流动人口状况为例》，《中国藏学》2012年第2期。

题，其中较早对拉萨市流动人口进行研究的外国学者是加利福尼亚大学叶婷博士，叶博士对拉萨市郊区从事蔬菜种植的内地菜农的特征、生产生活状况、社会融入等进行了系统的调查和深刻的分析（叶婷，2003）。[①] 此后，哈佛大学胡晓江博士在大量调查的基础上，分析了流动人口和企业进入西藏的深层原因。他认为，国家政策对西藏城市精英和非熟练的乡村劳动力的保护，使两者之间的连接出现了空白，从而为外来的企业和移民提供了极大的机会和市场（胡晓江，2004）。除此之外，胡博士既对“移民企业”在拉萨的市场嵌入、运营状况和生存形态进行了精辟的解读，又对流动人口在拉萨市的特征、生存状况和社会融入形态进行了独到的分析，指出西藏的流动人口与其他国家的非法移民没有什么太大的区别，他们大部分是农村劳动力，同时大都处于社会边缘地位，很难把他们与文化征服者和殖民者画上等号。[②] 另外，众多学者中最具代表性的是安德鲁 ·马丁 ·费希尔（Andrew Martin Fischer）。费希尔通过对西藏和青海藏区流动民族和当地藏民之间关系的调研分析，对原生主义、工具主义和建构主义等占据主流的传统的西方族群冲突解释理论展开了挑战，并指出藏族、汉族、回族之间冲突关系的产生是新时期生产方式的转变和政策边缘化效应的结果，汉藏、汉回之间均存在冲突，但是，藏族和汉族一定程度上又存在对回族的排斥（费希尔，2005）。[③] 产生此种情况的深层次原因还在于藏区现代性的塑造和社会转型的过程中，回族更能适应工业进程并善于商业贸易，藏族由于政策的“优待”而固守传统的农牧业的结果。

---

① Ye，Emily Ting，Taming the Tibetan Landscape：Chinese Development and the Transformation of Agriculture，2003，UMI Dissertation Services.

② Hu，Xiaojiang，2004，The little shops of Lhasa，Tibet：Migrant businesses and the formation of the Markets in a transitional Economy，UMI Dissertation Services.

③ Fischer，Andrew Martin，2005，“lose Encounters of an Inner Asian Kind：Tibetan – Muslim coexist ence and conflict in Tibet：Past and Present”，Crisis States Working Paper No. 68，London：Crisis States Research Centre，London School of Economics. 转引自马戎、旦增顿珠《拉萨市流动人口调查报告》，《西北民族研究》2006 年第 4 期。

综观现有的国内外研究成果，学者对藏区流动人口与族际关系的研究区域主要是西藏地区，其中，拉萨市是研究的核心和集中区，研究成果也最多，后期虽然逐渐拓展到日喀则和泽当，但是，专门针对滇川藏毗连藏区流动人口与民族关系的相关研究并不多见。研究的视角及内容主要涉及研究区内所有流动人口的特征、构成、生存状况、流动人口与藏民的族际关系以及对藏区文化、经济、社会的影响等。总体而言，针对滇川藏毗连藏区流动人口与藏区族际关系的研究较少。

第二节 概念界定

一 滇川藏毗连藏区

本书选取的滇川藏藏区是滇川藏毗连地区的核心区，滇川藏毗连地区是指云南、四川和西藏三省区跨界毗连的区域，范围主要包括今滇西北迪庆藏族自治州、丽江市、怒江傈僳族自治州；川西南的甘孜藏族自治州，外围还包括现在的阿坝藏族羌族自治州、凉山彝族自治州、攀枝花市等州市；西藏自治区东南部的昌都和林芝地区。本书的毗连藏区是指云南迪庆藏族自治州、川西南的甘孜藏族自治州、西藏自治区东南部的昌都和林芝等藏区。我们在对区域功能介绍的过程中指的是毗连地区，我们具体调研的是核心区也就是毗连藏区。这个地区与缅甸、印度等东南亚、南亚国家相邻近，具有十分重要的地缘政治区位条件，历史上是藏族、彝族、傈僳族等多民族迁徙的走廊，是南亚文明与中华文明的交会区，是中缅印古代民族迁徙的走廊与多类型族群分化演变的“蓄水池”，是承载南方丝绸之路、茶马古道等促进中国与缅甸、印度等国文化经贸交流重要通道的枢纽区。近现代以来，该区域是帝国主义侵略与中国反侵略的前沿地带。从古至今，该区域内部各单元之间也存在密切而深远的交流互动发展历史，是一个历史渊源悠久的联动交流区域，对于促进中国西南边疆的形成与变动有着特殊而重要的影响。但是，由于近代帝国主义的侵略、地理条件限制、交通不便利等综合原因，该区域整体性和联动性基本上被屏蔽或被忽略。

当前，滇川藏毗连地区主要有藏、纳西、汉、白、彝、傈僳、普米、羌、独龙、怒、回等民族，是中国西南边疆最典型的多民族聚居区，同时也是“藏彝走廊”和康巴藏区的核心组成区，自古以来这个三省交接区域对西南边疆的稳定和发展都有着举足轻重的影响。从古至今，滇川藏毗连地区就是一个多民族、多宗教并存，集商道、多民族族际经济交流、民族共生、民族迁徙走廊为一体的整体性多功能富集区。这里是中央政府与西藏相联系的主要通道和汉藏交流的边缘区，也是汉藏及各民族间贸易的主要商道；这里是明代少数民族治理边疆的典范，也是木氏土司重点开发的藏区，同时还是多宗教和谐共生的重要区域；这里曾经是军阀混战进犯蜀地的缓冲区，也是近代西康省的辖区。[①] 因此，一直以来，该地区人口流动频率高，多民族交往频繁，民族关系复杂多变，为开展人口流动与民族关系研究提供了丰富的案例和素材。

二　流动人口

人口流动是指暂时离开居住地的人口位置变动；[②] 也有学者指出，人口流动是人们出于某种动机，在特定时期内有着空间位移的现象。[③] 当然，对于这个议题讨论的文献比较多，这里不再赘述，本书说的流动人口是指以营生为目的、离开常住地到目的地的人口空间移动，流动人口指的就是这些发生空间位移的主体，同时，我们调查的对象均为在目的地居住半年以上、有固定职业的从业人员或其他人员。这里不包括因探亲、旅游、从军等形式的流动人口。

---

① 李灿松、周智生：《滇川藏毗连地区区域功能定位与多向度研究价值——基于非传统安全的视角》，《云南师范大学学报》（哲学社会科学版）2015 年第 5 期。

② 赵荣、王恩涌等：《人文地理学》，高等教育出版社 2007 年版，第 89 页。

③ 段成荣：《关于当前人口流动和人口流动研究的几个问题》，《人口研究》1999 年第 2 期。

三 族际关系

对族际关系最直接的理解就是不同族群之间的关系，即各民族在长期的生产实践活动中进行着的本民族与其他民族之间政治、经济、文化的互动过程。早在1998年，罗康隆就认为："族际关系指的是人类社会针对特定的需要构建起来的个人行为系统，即也是这种不同的系统之间的界面互动与调适的复杂依存与制约关系的总和。"① 族际关系的形成是一个非常复杂的过程，是多民族在长期交往过程中不断形成的不同族群之间的关系。针对其形成，郭家骥指出，"民族关系是在特定的自然生态和民族分布格局基础上，不同民族和不同族群在生存与发展过程中相互之间进行经济文化交流而形成的"。② 杨福泉则认为："（族际关系）是在特定的历史时期一些少数民族之间的关系，并对这一区域政治、经济、社会、文化诸方面的格局和个性都产生过重大的影响，是推动历史发展的重要动力。而这种少数民族之间的历史关系，构成了中华民族关系式的丰富性和多元性。"③ 在本书中，我们简单地理解为不同民族群体内部之间的关系，以及不同民族群体与其他民族群体之间的关系。对于民族之间的关系，针对历史部分的探讨，由于主要是对史料的梳理。因此，我们将民族关系概括为不同民族之间的政治、经济、文化等方面的关系，针对滇川藏毗连藏区的民族关系的梳理也主要围绕这几个方面。对于现状部分，由于有大量的数据调研和支撑，因此，针对族际关系的研究我们更加细化一些，主要探讨流动人口内部的族际关系、流动人口与本地居民，也就是藏民之间的关系。我们更多的是从流动人口在流入地的居住圈、交友圈、经济圈、通婚圈之间的关系来探讨不同民族之间的族际关系。

四 滇川藏毗连地区族际关系与人口流动之间的关系

滇川藏毗连地区族际关系与人口流动之间是一种正向发展、相

---

① 罗康隆：《族际关系论》，贵州民族出版社1998年版，第19页。

② 郭家骥：《云南民族关系调查研究》，中国社会科学出版社2010年版，第48页。

③ 杨福泉：《纳西族与藏族历史关系研究》，民族出版社2005年版，导论第1页。

互建构的关系。具体而言，民族关系是人口流动的“风向标”，族际关系的发展方向决定了人口流动的动向，族际关系发展协调则人口流动往往比较频繁；反之，则人口流动较少。同时，人口流动又反过来影响着族际关系变化，人口流动是族际交往的前提，没有各族群之间的人口流动就不可能有族际交往。也就是说，人口流动越频繁，各民族之间的交流也就越多，而各民族之间交流和交往的频度，一定程度上是族际关系协调的重要表现；反之，没有人口的流动则各民族之间交流的可能性就很小，一定程度上可以说，没有人口流动就没有各民族之间的交流。

第三节　主要研究方法

一　文献分析法

通过对文献资料的收集和梳理，系统掌握流动人口的基本理论，把握藏区流动人口研究学术史、研究核心和集中研究的专题，把本书研究置于最新的学术发展脉络之中，为进一步深入研究打下坚实基础。此外，我们收集了国内外关于这一专题的大量第一手资料，为书研究提供了重要的保障。

二　问卷调查法

问卷调查是本书研究获取数据和资料的基本方法，是研究的前提和基础，直接决定本书研究的成败。为深入了解滇川藏毗连藏区流动人口的规模、基本情况、生存状况、社会融入和各族之间的关系，课题组专门设计了结构化的封闭问卷即《滇川藏毗连藏区流动人口与族际关系发展状况调查问卷》，主要对流动人口比较集中的西藏林芝地区八一镇、昌都地区城关镇，四川省甘孜州的炉城镇和榆林乡，云南省迪庆州建塘镇等地展开实地调研，4 个地区共发放问卷 1400 份，回收有效问卷 1203 份，回收有效率为 86%（问卷具体介绍详见第五章有关内容）。

三　空间演化分析法

主要借鉴人文地理学和区域经济学的空间分析方法对滇川藏毗连藏区流动人口的空间演化过程进行模拟，分析流动人口流出地的分布状况、流入地的集中区域及其在空间上的演变趋势等方面。

四　定量分析和统计分析法

结合调研和对有效数据进行统计描述，对流动人口在藏区流动做出动态分布的掌握，利用比较经典或具有一定代表性的数量模型对滇川藏毗连藏区各民族族际关系不断调适与演化过程进行模拟和分析。此外，利用人口学使用较为广泛的STATA12.0统计软件中的Logit程序建立模型，进行回归分析，重点分析影响各民族流动人口流动的主要原因、各民族流动人口之间的关系、流动人口与当地居民之间的关系以及流动人口的社会融入等方面。

第四节　基本观点及研究的创新与意义

一　基本观点

从目前的滇川藏毗连藏区流动人口状况来看，该区域的人口流动以区域内部人口流动为主，人口主要是四川、西藏和云南三省区人口之间的流动，流动以短距离为主，距离对人口流动有较大的影响。同时，经过我们的实证分析，与滇川藏三省区内部的流动人口相比，其他省份流动人口的数量相对较少，滇川藏三省区内部的流动人口比其他省份的流动人口更能影响该区域的族际关系。

滇川藏毗连藏区流动人口以汉族和藏族流动人口为主，除这两个民族人口之外，白族流动人口的比重较大。特别是在香格里拉，白族是所有少数民族流动人口中最多的民族，他们从事建筑、超市经营、金银首饰加工，迪庆州州府所在地建塘镇主要的菜市场60%以上都是白族或者大理地区的流动人口，他们直接影响了该地区的生产和生活，因此，对这些群体进行深入研究有较大的价值和意义。

滇川藏毗连藏区各民族通过长期的交流与冲突形成民族间协调共生、相互依存的格局。这一格局的形成不是在较短时间之内完成的，而是在各民族不断冲突与调适的复杂渐进过程中实现的，是各民族流动人口在自我保护与生存条件下，不断动态模仿以及在动态演化中族际交流方式的选择和确定的结果。

随着社会的发展和流动人口的不断迁入，滇川藏毗连藏区自然要素和文化系统的结构发生了重大变化。因此，外来迁移民族如何通过适应藏区特殊的自然和人文环境，来实现迁移民族与藏族社区之间和谐共生；藏民在多民族人口流动背景下如何再适应传统的自身依存关系的变迁成为藏区稳定和社会经济发展的核心问题之一。

滇川藏毗连地区的人口流动，除大规模的不同政权之间的冲突之外，长距离的人口移动更多地表现为各民族之间的商业贸易，短距离的流动主要表现为资源互换和基本生活物资的贸易交流。因此，从这一层面而言，人口流动是藏区稳定、提升藏区经济发展、解决藏区民生问题和促进藏区多民族交融和文化交流的重要途径。有效地引导藏区人口流动是实现藏区各民族“共同团结奋斗、共同繁荣发展”的重要组成部分。

二　研究的创新与意义

（一）研究的观点新颖

本书基于新时期外来迁移民族如何通过适应藏区特殊的自然和人文环境，来实现迁移民族与藏族社区之间和谐共生，藏民在多民族人口流动背景下如何再适应传统的自身依存关系的变迁为背景，提出当前在滇川藏毗连藏区流动人口与当地藏民之间或多或少存在较小的冲突，但是，从整体性而言，经过长期的试错与调适之后，他们之间是经济上互补、文化上互相交融、宗教信仰上互相尊重的共生关系。这种关系的形成是流动人口与当地藏民之间长期以来演化博弈的结果。

（二）研究区域较新，拓展了藏区流动人口与族际关系研究的区域

综观现有的国内外研究成果，学者对藏区流动人口与族际关系的研究区域主要是西藏地区，而对滇川藏毗连藏区的研究相对较少。通过本书的研究，我们大致摸清了滇川藏毗连藏区主要城市的流动人口，并对其现状、特征、规模、社会关系、与当地民众生产生活的关系进行了系统的探讨，一定程度上拓展了藏区流动人口研究的空间范围。

（三）引入演化博弈的研究视角，试图在研究的方法论上有新的尝试

本书运用演化博弈中模仿者动态、局中人、演化策略稳定等理论和视角对多民族族际共生机制展开深入研究，在民族问题研究中引入演化博弈是对民族问题研究的方法和理论的创新；当前对演化博弈的实证研究大多应用于城市经济、政治经济、区域合作、环境保护等领域，本书将其引入民族问题的研究，是对演化博弈理论的研究内容的拓展。

第二章　滇川藏毗连地区区域特征及其研究价值①

滇川藏毗连地区具有特殊的地理结构和区域资源分布结构，由于族源、地缘、多民族互动发展及文化传播交融等，使滇川藏毗连地区成为一个内在联系密切、发展关联度较高的西南边疆民族区域。尽管它们的行政区划分属不同省份，但近代以来因为这个区域特殊地理地缘条件，在英国、法国等外国侵略势力的渗透下，引发了本土社会的剧烈变迁。目前，滇川藏毗连地区民族构成复杂、多民族融合显著，区域内垂直地带性和山坝交错的地理格局明显，加之国家在该区域大力发展旅游等产业，该区域成为人口流动最为频繁、族际关系极其复杂的区域。同时，因为长久的民族迁徙和多民族交流，滇川藏毗连地区业已形成汉、藏、白、回、彝、纳西、傈僳、景颇、普米等多民族和谐共生的面貌，也是人口流动与族际关系相互影响、互动发展较具典型性和代表性的区域，针对该区域的研究不仅有利于了解藏区多民族关系的形成，同时也对藏区的稳定具有重要的研究意义。我们在本章具体介绍该区域的地理状况、民族文化特征、区域地位及研究价值。

---

①　李灿松、周智生：《滇川藏毗连地区区域功能定位与多向度研究价值——基于非传统安全的视角》，《云南师范大学学报》（哲学社会科学版）2015 年第 5 期。

第一节　复杂多样的自然地理环境

一　地理地貌复杂多样

本书研究的滇川藏毗连地区主要是指今天的川滇藏三省区毗连地区由一系列的南北走向的山系、河流所构成的高山峡谷区域，这一区域大致范围包括川西南高原、滇西北横断山高山峡谷区和藏东高山峡谷区，这里高山和峡谷相嵌，平坝和山区交错，构成立体复杂的地理地貌特征。

滇川藏毗连地区范围内南北纵深的山脉和深切的大峡谷并排而列，形成山谷纵深、大河深切、山区坝区相间、河谷遍布的复杂的多样性地理格局。河谷纵深和高山林立，致使这一区域垂直地带性气候异常明显，有这样一句俗语可以来描述滇川藏毗连地区的气候状况，即“一山有四季，十里不同天”。这样的复杂多样性气候客观上使滇川藏毗连地区大部分区域形成植被和物种立体分布的格局。一方面植被和物种在群山峻岭间遍布，使这一区域成为我国乃至世界的主要多物种中心之一；另一方面植被和物种的立体分布为不同的民族群体找到适合本族群基本生活的生境提供了客观的环境，这也在一定程度上为多民族文化并存提供了环境基础。

二　自然资源丰富

滇川藏毗连地区是横断山山脉的主要组成部分，地处南亚次大陆与欧亚大陆的交接地带，是太平洋与地中海中间的过渡地带，由于长期受到板块的碰撞和挤压及强烈的地质构造使滇川藏毗连地区形成高大山体绵延相连、沟壑峡谷深切入低的地理结构，形成了高山林立、河谷纵横、湖泊遍布、坝子（山间盆地）星罗棋布的多样性地貌类型。因其特殊的地形和复杂的地理环境，客观上使该区域内气候类型多样、垂直地带性气候显著，复杂的气候类型与特殊的地理环境使滇川藏毗连地区蕴含了丰富的矿产、水能和动植物资源

（见表2－1）。滇川藏毗连地区拥有丰富的矿产资源，是中国重要的有色金属矿产产地，这些区域的金属矿产和化工原料矿产占有重要的地位，从区域的总体情况来看，黑色金属中锰矿的储量占全国的一半以上，川滇地区的铜矿储量占全国铜储量的14%，川西、滇西的铅锌矿储量占全国总储量的24%以上。怒江、金沙江、澜沧江成矿带以有色金属为主，种类较多，达上百种；在整个流域，雅砻江和金沙江交汇处一带的成矿带富含钒钛磁铁矿，其中，滇川藏毗连地区外围地区仅攀枝花地区就占中国铁矿储量的14.6%，其探明钛矿为全国的93%，储量居世界首位，钒矿为全国的64%，储量居世界第二，攀枝花还是中国生产钒钛金属和其他有色金属以及稀有金属的重要基地。① 能源矿产中云南、川渝地区储量就有292.57亿吨。

表2－1　滇川藏毗连地区主要矿产资源概况（含外围地区）

地区	矿产资源
昌都地区	拥有丰富的有色金属成矿带，经地质部门探明的矿产资源有金、银、铜、铁、铬、钼、铀、钴、砷、煤、水晶石、冰洲矿、宝玉石、石灰石等70多种。其中，玉龙铜矿已探明储量650万吨，储量大，品位高，并伴有金、银、钼、铁等金属矿；马查拉煤矿近期储量达170万吨；左贡油扎盐矿储量4亿吨；芒康老然金矿储量丰富
林芝地区	暂无突出矿产
迪庆州	地处“三江”有色金属成矿带，矿产资源丰富，有铜、铁、锌、铅、钼、钨等24个矿种，323个矿点。其中，里农铜矿、红山铜矿、尼人铜矿储量达500万吨以上
丽江市	独特的大地构造位置、多种成矿地质条件，形成丰富多样的矿产。有地台型矿产、地槽型矿产。已发现30多种矿产，350多个矿产地，天然气产地一处，数十处地热区。优势矿产有煤、铜、沙金。拥有丰富的建筑材料如大理石、石灰石、石灰角砾岩、瓷土、滑石等。铁、钛、铬、镍、钴有一定的潜在储量

① 横断山，百度百科，http://baike.baidu.com/link?url=FD_X9P8wUJHKBiL_xGAJaoHNPWlUzq0ZO645MMmE7Jj_yVvbNLoMmIiehLjlK1ogweRfIUQK8ClLkjKOXXYkFK3_5ZJ0cRWGYT1t9qd7O9K，2016年3月4日。

续表

地区	矿产资源
怒江州	州内资源富集，已发现矿藏28种，矿床点200多个，拥有世界特大的铅锌矿床
攀枝花市	多种矿藏富集区，铁的储量占全国的16.4%，钛的储量占全国的93%，钒的储量占全国的64%。钛、钒和磁铁矿的潜在储量达200亿吨。煤炭的储量达12亿吨
凉山州	矿产资源极为丰富，地处我国攀西裂谷成矿带。矿产资源种类多、储量大、品位高。已发现的矿产种类有82种，矿产地达700多处，大型、特大型矿床30多处，中型矿床63处。钛、钒和磁铁矿保有量13.73亿吨，富铁矿储量4985.8万吨，锡、锌、铅、铜等有色金属矿储量1000多万吨，稀土矿储量200多万吨，盐源的盐矿储量27亿吨，雷波磷矿的储量2.2亿吨。建筑材料石灰石、花岗岩、白云岩、大理石等储量大、品位高
甘孜州	矿产资源非常丰富，已发现各类矿产74种。矿产地1581处，其中，大型矿床67个，中型矿床67个，小型矿床121个。已探明矿产储量的矿种有41种，属大规模矿床有14个，中型规模的有25个。探明的主要矿种有金、银、铜、镍、铅、锌、锡、锂、铍、铌、铁、锰、钨、云母、水晶等。具有较好开发前景的或占优势的以贵金属、稀有金属等为主

资料来源：根据滇川藏毗连地区各州市政府网站整理和收集资料而制。

滇川藏毗连地区水能资源丰富，“六江流域”中的六条河流可以称为世界少有的水能集中河流。其中，仅仅迪庆州水能的储量达到1370万千瓦，占云南省的13.4%。怒江的水能资源储量占云南省的20%，装机容量达1700万千瓦。而且各大河流的梯级开发正在规划实施当中，有的已经建成或正在建设，表2-2为主要河流的建设规划，这些电站建成后滇川藏毗连地区的电力工业将得到极大的发展。

表 2－2　　主要河流的水能梯级开发

河流名称	梯级	装机容量（万千瓦）	发电量（亿千瓦时）
金沙江	19	6321	3449
雅砻江	21	2265	1358
澜沧江	14	2074	1080
大渡河	16	1810	1068
合计	70	12470	6895

资料来源：数字引自《中国自然资源丛书》综合卷，该表转引自赵济等主编《中国地理》，第 595 页。

除丰富的矿产资源、水能资源之外，滇川藏毗连地区因为其特殊的地理位置、奇特的山脉走向、高差较大的纵深峡谷、因底层褶皱而形成壮观而独特的三江并流区等原因，这一区域成为我国乃至世界的物种中心和最具有生物多样性的区域。滇川藏毗连地区同时拥有我国最丰富多样的生物资源，由于其特殊的地理位置和奇特的山脉走向使其植物生长差异极大，北纬 27°40′以南的地带性植被为亚热带常绿阔叶林。西部受西南季风影响，多地形雨，湿润温和；云岭一带湿度减低，背风谷地更为干旱。山地植被以云南松为主。北纬 27°40′以北垂直分带明显，2800—3800 米为高山松林、云南松林，阴坡为云杉林；3800—4200 米为冷杉、红杉林；4200 米以上为高山灌丛、草甸带；4800—5200 米植被稀疏，为高山荒漠带。北纬 30°以北，3200—4200 米为寒温带针叶林，以云杉林为主，是中国重要林区，但由于山势坡度大，交通不便，开采难度大，采伐不当地区易导致水土流失。农业区主要集中在 2800 米以下，最高上限在 3900 米左右。主要以生产茶、油桐、核桃、板栗等经济林木为主。产贝母、冬虫夏草、天麻等珍贵药材。① 兽类、鸟类和鱼类占

① 横断山，百度百科，http：//baike. baidu. com/link？ url = FD_ X9P8wUJHKBiL_ xGAJaoHNPWlUzq0ZO645MMmE7Jj_ yVvbNLoMmIiehLjlK1ogweRfIUQK8ClLkjKOXXYkFK3_ 5ZJ0cRWGYT1t9qd7O9K，2016 年 3 月 4 日。

全国总数的一半以上；珍贵稀有动物属国家保护的有大熊猫、金丝猴、黑金丝猴、白唇鹿等珍稀动物。① 其具体的动植物资源情况如表2-3所示，从表中不难看出，滇川藏毗连地区具有极其丰富多样的动植物资源。

表2-3　　滇川藏毗连地区矿产资源概况

地区	植物资源及种类	动物资源及种类
昌都地区	高等植物1000余种；药材资源丰富有1200多种，其中以冬虫夏草著称；森林资源面积260万公顷，有经济价值较高的云杉、冷杉、云南樟、西藏红杉高山松、桦木等20多种。木材储积量为1.67亿立方米，森林覆盖率为23.9%	一级保护动物17种；二级保护动物54种；常见动物400多种
林芝地区	整个林芝地区由南向北，几乎囊括从海南岛到北极的所有植物类型，数量达3000种以上。有墨脱国家级动植物保护区等4处，木材储积量为8.82亿立方米，森林覆盖率为46.1%，面积大、范围广、种类齐全	一级保护动物30种；二级保护动物65种；野生动物种类繁多，栖息着虎、雕、鹿、野牛、扭角羚、赤斑羚等国家级重点保护动物106种
迪庆州	生物资源丰富，有5000种种子植物；30多种国家一、二级保护植物；花卉品种繁多，比如，茶花、高山报春、绿绒蒿、珙桐、龙胆等；药用植物960种，盛产松茸和羊肚菌。有一个国家级自然保护区3个省级保护区	260多种国家一、二级野生动物；有野生哺乳动物89种，这里有滇金丝猴、野驴、雪豹、金钱豹、斑羚等珍稀动物
丽江市	植物种类13000种；种子植物2858种；被子植物2518种；蕨类植物118种；药用植物600多种。有云南的八大名花和国家级保护植物珙桐、红豆杉、三尖杉、榧木、银杏等在丽江广布	全区共有兽类83种；鸟类290多种

① 张祖荣、郑度等：《横断山区自然地理》，科学出版社1997年版，第5页。

续表

地区	植物资源及种类	动物资源及种类
怒江州	野生动植物基因库，世界十大生物多样性地区之一。有高等植物 130 多科，900 多属，3000 多种；竹类 10 属 50 种；花卉 250 多种，其中，杜鹃花 90 多种，兰花 150 多种；药用植物 1200 种。森林覆盖率为 44.1%，灌木林地覆盖率为 11.1%，植被分布的垂直差异明显，垂直带谱分布鲜明	国家级重点保护动物 66 种，其中有蜂猴、滇金丝猴、白眉长臂猿、云豹、灰腹角雉、白尾梢虹雉等 21 种，灰腹角雉、白尾梢虹雉和绿孔雀为世界濒危物种；两栖类动物 24 种；鸟类 283 种
甘孜州	境内植物资源较为丰富，有木本植物 270 属 875 种，其中濒危植物 5 种，珍稀植物 13 种，渐危植物 13 种；国家一级保护植物 1 种，二级保护植物 15 种，三级保护植物 15 种；药用植物 150 科 594 属 1539 种。盛产贝母、松茸和冬虫夏草	野生动物资源 30 目 78 科 252 属 491 种，其中国家一级保护动物 19 种；二级保护动物 69 种，占四川 142 种的 62.26%。其中，有鹿茸、麝香、熊胆等上乘药材

资料来源：根据滇川藏毗连地区各州市政府网站整理和收集资料而制。

作为主要的物种多样性和世界物种中心的主要区域，其区域地位极其重要，区域内多样性的基因、物种和生态系统对人类的生存具有现实和潜在的价值。从生态系统角度考虑，生物多样性越显著的区域，其生态系统更加趋于稳定，其根本源于多样性导致生物类群间的动态协调。从全国范围而言，我国社会经济是一个比生态系统更为复杂的巨系统，这一巨系统内部又拥有无数次一级的子系统，经济发达地区就是其中不同的子系统，例如，我国的东部区域。随着发达区域社会经济的迅速发展，对区域内的资源和能源的不断消耗，导致了区域内进出物质和能量之间的失衡。从而产生了一系列的如环境恶化、污染严重、资源短缺等问题，严重阻碍了区域社会经济的发展。这样，区域本身就需要一个不断与外界进行资源与能源交换和输入的过程，以使自身得到不断的发展，在这个过程中，滇川藏毗连地区乃至整个西部地区就凭借自身多样性的特征扮演了供给能源与资源的角色。

第二节　多民族共生和文化多样性并存

一　多民族互惠共生

滇川藏毗连地区民族众多，主要民族有汉、藏、纳西、彝、羌、傈僳、傣、白、普米、回等十余个民族。表2－4是2010年滇川藏毗连地区面积及人口情况。从表中可以看出，这一区域少数民族众多，占整个区域总人口的78%左右。

表2－4　　2010年滇川藏毗连地区面积及人口

区域	面积（平方千米）	人口（万）	少数民族人口（万）	少数民族占总人口比例（%）
迪庆	2.387	40	32.7	81.7
丽江	2.122	124.5	70.7	56.8
甘孜	15.3	109.2	89.3	81.8
昌都	10.86	65.8	64.5	98
林芝	7.6	19.5	19.1	97.9
怒江	1.47	53.4	46.8	87.7
合计	39.739	412.4	323.1	78.3

资料来源：根据各地区统计局公布的2010年全国第六次人口普查数据整理（数据截至2010年11月）。

与此同时，由于滇川藏毗连地区特殊的地形和气候，形成了在自然环境上表现为多地形、多气候、多物产、多河流的格局；在人文环境上具有多民族、多宗教、多分布、多边缘的特征，这样的特征造就了滇川藏毗连地区立体多元的各民族间社会、经济、文化共生的形态。这一多民族共生的形态通过漫长的人口迁徙、经济交往、中央王朝对边疆的治理、政治权力的争夺、自然资源的共享以及各民族之间的认同与尊重而逐渐形成。

各民族间互相尊重和认同是共生格局形成的基础，他们之间的尊重和认同是在不断的竞合博弈中确立的，即这一区域内的各民族在漫长的文化形成和演变过程中，为了各自的生存、生产、生活，通过不断迁徙或者与其他民族交流、斗争、融合等过程逐渐明确本民族的地位和完善自身的文化，从而在这一地区确立了本民族的“生态位”，众多的“生态位”形成各民族共生的格局。滇川藏毗连地区的多民族共生在政治上表现为互相尊重和信任基础的彼此团结稳定的民族关系；经济上表现为互通有无和不同地理单元之间的商贸交流的依赖关系；文化上展现出彼此之间文化边界的模糊与各民族文化的不断渗透、排斥、整合的过程。

二　文化多样性并存

滇川藏毗连地区的一个重要特征就是这里少数民族众多，在这里生活着20多个民族，各个民族因为不同的居住环境而形成了不同的文化，这些各具特色的语言文字、民居建筑、服饰、音乐舞蹈、节庆习俗等，造就了该地区民族文化多元化和文化多样性并存的格局。李星星将这一地区的历史文化概括为母系文化带、猪膘文化带、牦牛文化带、笃苯文化带、重屋文化带、石棺葬文化带、藏缅语系多元语言文化等文化现象；[①] 这里既是茶马古道、南方丝绸之路等国内连接川藏、川滇、滇藏的贸易通道，也是中国西部与印度、尼泊尔等国家的国际贸易通道，同时又是民族迁徙和文化交流的大“走廊”；这里多种宗教并存，藏传佛教覆盖整个滇川藏毗连地区，同时道教、基督教也拥有众多的信徒，各民族自身拥有的原始宗教也同样存在，如

---

① 李星星：《藏彝走廊的历史文化特征》，《中华文化论坛》2003年第1期。

纳西族的东巴教、白族的本主崇拜、藏族的苯教、彝族的毕摩等。在滇川藏毗连地区多种文化并存、多种历史叠加、不同宗教和谐相处，可以说文化多样性的并存是这一区域的重要特征。

对这一地区文化多样性形成的原因，学术界有很多种解释，从地理学的角度来看，由于滇川藏毗连地区特殊的地理环境、生产力比较落后、可通达性较差，导致同一南北走向的河谷与其他河谷地带联系较少，南北走向的山势、山陡谷深、地形险要阻隔了民族之间的交往，因此，该区域的历史文化具有明显的区域性。此外，横断山区间的自然带分布，既受纬度地带性的控制，又受垂直地带性、坡度和坡向的影响，多种因素综合作用的结果使横断山区中形成了不同的、独立的自然单元[①]，这种独立的自然单元有利于保护和维持同一区域内文化的连续性。这些解释从地理学角度提出了研究滇川藏毗连藏区文化多样并存的新的视角。

综观整个滇川藏毗连地区，这一区域民族文化众多，文化呈现出其他区域无法比拟的多元化和多样性，这里有形形色色的宗教信仰、多种婚姻方式并存，也存在不同的家庭制度；同时存在不同的经济生活方式，即农耕、半农半牧、渔猎等。由于极其低下的生产力，地理环境对这些区域的影响极大，人们面对怎样的环境在很大程度上决定了其耕作方式，加之与外界较少的联系，其面对的地理环境更深层次地决定其生活方式，影响了其对自己和自然的认识。用生活在当地的人的说法，“在大峡谷里，只有大家庭，才能富起来”。[②] 的确如此，在这样复杂的地理环境、恶劣的生存条件之下只能相互共生依存。因此，在地形地貌和区位影响下形成的一个个独立的自然区承载了从青藏高原而下，沿横断山区大走廊迁移而来的诸多族群的分化、演变和融合的过程，并形成了承载今天滇川藏毗连地区民族文化多样性并存的生境。

---

① 单之蔷：《山河不是流水线》，《中国国家地理》2004 年第 7 期。

② 同上。

第三节　面向南亚和东南亚国家的西南门户

从历史角度来考察，滇川藏毗连地区与南亚、东南亚国家都有很强的族源和亲缘关系。从世界藏缅语族的分布来看，在我国藏缅语族主要分布在滇川藏毗连地区，而境外的分布也主要集中在与滇川藏毗连地区南端相邻近的缅甸、泰国、越南、孟加拉国、老挝、印度、尼泊尔、不丹等国。[①] 共同的族源和相近的地缘关系是滇川藏毗连地区与南亚、东南亚国家合作交流的前提和基础。

同时，滇川藏毗连地区拥有得天独厚的资源优势，这能更好地利用这一地区的区位优势，大力发展经济，形成增长极，在极化效应衰减的同时扩散效应增强，从而使该地区的经济得到可持续的发展。再者，以该地区为极点进一步带动国内其他地区经济的发展，吸引外资，在周边地区形成更大的经济圈有很大的可能性。随着世界经济一体化进程的不断深入和发展，区域经济一体化势在必行，经济一体化的发展有利于资源的合理配置与重组，使资源、资本、技术、人才等生产力要素在区域内大规模流动，形成区域内各地区间相互依存的经济体系，表现为圈内经济内在的相互依赖性、互补性和外部互动的包容性。基于此，滇川藏毗连地区经济一体化发展将有利于充分利用这一区域范围内资源及比较优势，打破“行政圈”，调整产业结构，拓展滇川藏地区的产业发展渠道，迅速增强地区的综合竞争力。

一　我国西南地区面向南亚开放的关键区域

中国与南亚国家，通过僧人和商人的相互交往，彼此之间已经

① 石硕：《藏彝走廊地区藏缅语民族起源问题研究评述》，《思想战线》2008 年第 2 期。

有着千百年的传统友谊，在宗教、文化、经济及科学技术的发展上相互促、相互影响。目前，南亚地区随着印巴关系走向和解、对外交往不断扩大、经济社会保持较快的发展速度及中国与南亚各国友好关系的不断深化等发展特点的形成，使南亚的形势发生了巨大的变化，而且对中国周边的环境乃至亚太地区的稳定也产生了深远的影响。而中国与南亚国家关系的改善将进一步拓展中国经济的发展空间。因此，同南亚周边国家和地区建立平等互利的睦邻友好关系，是新时期中国对外关系的重要环节。滇川藏毗连地区的发展将起到以经济交往推动地区政治、社会稳定与发展的核心枢纽作用。

滇川藏毗连地区与南亚的联系由来已久。早在西汉时期，就开通了从成都进入大理，经保山到达南亚地区的“南方丝绸之路”。因此，大理、保山成为这条古道上的商业重镇和文化中心，腾冲也成为对外开放的口岸之一。在这条丝绸之路上，我国的丝绸和南亚各国的棉花及宝石成为互相交换的主要商品，在这种不断的联系中也孕育了具有明显特色的“哀牢文化”“永昌文化”等边地文化。到了唐代，通过西南丝绸之路，中国与南亚的交往更加频繁，不仅是经济上，政治上也有来往。南诏王异牟寻派使节到四川，并邀请骠国（缅甸）使臣一同前往，骠王派遣王子献其国乐到成都，后于长安表演，加强两国的友好关系。唐之后，虽然出现政治动乱，但是并没有影响中国与南亚之间的经济往来，大量的棉花、象牙、翡翠、琥珀、玉石输入中国，中国的丝绸、茶叶、食盐、金银、首饰等输往南亚。据史料记载，当时云南的宝石商在缅甸经商的达100多家。

抗日战争期间，修建了著名的史迪威公路（它从印度东北部边境小镇雷多出发至缅甸密支那后分成南北两线，南线经缅甸八莫、南坎至中国畹町；北线经过缅甸甘拜地，通过中国猴桥口岸，经腾冲至龙陵，两线最终都与滇缅公路相接）和中印输油管道，在枪林弹雨中为中国抗日战场输送了5万多吨急需物资，被称为“抗日生命线”，这也开辟了由印度雷多通向我国内地的陆上通道，成为中国和南亚的重要交通枢纽。

到了近代，中国与南亚的双边贸易及经济技术合作进一步加强，尤其是资源合作日益成为中国与南亚双向合作新的增长点。我国对南亚国家出口的商品主要是机电产品、纺织品、化工产品、医药原料、生丝、焦炭、煤、钢材、水泥等，我国从南亚进口的主要商品有铁矿砂、铬矿石、皮革、纺织原料等。

在世界经济一体化与区域经济一体化蓬勃发展的历史时期，中国与南亚地区在更广领域和更高层次上开展合作正面临一个重要的历史时期，双方将在旅游、文教、经济等领域进一步合作。在这样的背景下，滇川藏毗连地区作为面向南亚开放的“桥头堡”战略地位将显得更加重要，将为我国与南亚双边合作水平提升到新的高度和台阶做出重要的贡献。

二　我国连接东南亚的枢纽地带

在相互依存的世界经济发展趋势中，地区与地区之间的依存度也越来越高。随着东南亚经济的繁荣和世界经济重心的转移，作为中国面向东南亚的门户，滇川藏毗连地区应该抓住历史的机遇，充分利用我们优越的条件和良好的基础，积极拓展东南亚市场。

第一，三省区与东南亚国家有着地缘、亲缘、文缘等密切的联系。三省区与缅甸、老挝和越南三国村寨相连，山河相依。澜沧江—湄公河成为中南半岛五国与中国天然连接的纽带，是世界上流经国家最多的国际性河流之一，维系着中国与泰国、老挝、越南、柬埔寨和缅甸五国的友好往来，并可通过这些国家陆路到达马来西亚、新加坡等国。地缘关系导致亲缘关系，目前，东南亚成为华人、华侨最集中的区域。亲缘关系又导致了文化上的渊源，侨居东南亚的华人，仍然保留着中国传统的生活习惯、思维方式以及宗教关系等，这也在一定程度上影响着东南亚文化的发展。

第二，悠久的历史渊源。早期形成的“南方丝绸之路”曾从四川经由云南到达东南亚、阿拉伯地区和西方国家；公元 1 世纪初形成的“马援故道”是中越之间重要的国际陆路大通道，在历史上曾经发挥着重要的作用；在元明清时代，中国与缅甸等东南亚国家的贸易往来到达了鼎盛时期，尤其是清代初期，云南回族普遍兴起马帮，组织马帮到缅甸、泰国、老挝、越南贸易，到清代中期，发展到新加坡、南洋群岛，主要贸易的货物就是云南的玉石和宝石。如今，以瑞丽、畹町、河口为代表的云南陆地边境贸易区成为滇川藏毗连地区与东南亚、南亚各国进行贸易的重要基地和对外通道。正是有了这道西南大门户，使中国与南亚、东南亚的经济文化交流从古至今持续不断。

第三，近代连接东南亚的国际大通道正在逐步形成。滇川藏与国家主要城市的空中交通网已经初步形成，昆明至新加坡的泛亚铁路一旦建成，将形成铁、公、水、空相互衔接的先进的交通体系，进一步改善同东南亚经济贸易往来的软环境，大西南乃至中国参与次区域合作的区位优势将更加凸显，从而实现经济、科技、人员、资金的交流与合作。通过沟通与东南亚各国的经济联系，充分利用该地区对于东南亚市场的地缘和区位优势，增强西南地区产业、企业和商品在东南亚国际市场的竞争力，形成新的增长极，进一步带动周边其他地区社会经济的发展。滇川藏毗连地区的一体化发展，可以进一步加快三省区乃至西部经济发展的脚步。对于三省区来说，滇川藏毗连地区的发展有利于发挥地区资源优势，进一步改善三省区发展的薄弱环节，摆脱各自发展的孤立局面，为西南以后的经济建设打下坚实的基础。对于滇川藏三省区而言，滇川藏毗连地区的发展将促进三省区与南亚东南亚邻近国家的联系，在更加广泛的地域和市场范围内积极参与国际合作、经济交流与区域治理，增加从周边国家和地区获得更多可利用资源的机会。可见，滇川藏毗连地区的发展将成为中国连接东南亚、南亚大市场的一个重要的“桥头堡”。

第四节 滇川藏毗连地区区域功能定位与整体研究价值[①]

一 滇川藏毗连地区区域功能定位

近年来，随着边疆非传统安全重要性不断凸显、境外势力的干扰、西藏“3·14”事件的影响和资源环境对于社会经济发展的重要性的显现，该区域不仅成为我国多学科研究的热点区和我国扶贫攻坚的重要区域，同时也是我国当前重要的生态平衡区、西部社会经济发展的重要能源储备区和我国西南边疆安全的保障区。

（一）维系中国稳定和边疆安宁的重要区域

滇川藏毗连地区自古以来就是沟通中国西部南北两大区域的重要地带，是连接中国西部与内地的链环区域，也是连接中国西南与南亚、东南亚地区的中间地带，是中国西南部一个重要的地理区域。[②] 这一区域作为“藏彝走廊”、茶马古道、南方丝绸之路、康巴藏区和东女国的核心区，不仅是中国少数民族最多的交错聚居、多民族之间交流最为频繁的区域，而且也是西南部少数民族文化多样性最明显、最典型的区域，区内少数民族依据立体的地形地貌，从山脚到山顶立体分布，在不同高山阻隔的坝子之间横向聚集。这一地区以多种文化的交融、多种宗教信仰的并存为特色，不仅是多民族乃至整个青藏高原文化多样性和信仰最具多样性的地区，而且是多重价值观、多种政治因素交互作用的区域。[③] 在历史上，这个区域的民族关系动荡、区域政局混乱，往往给整个国家的政局稳定和

① 李灿松、周智生：《滇川藏毗连地区区域功能定位与多向度研究价值——基于非传统安全的视角》，《云南师范大学学报》（哲学社会科学版）2015 年第 5 期。

② 张兴燕、周智生、武友德：《滇藏川交接地区区域经济一体化初探》，《经济地理》2007 年第 3 期。

③ 魏靖辉：《滇藏川交接区区域开发与民族经济协调发展研究》，硕士学位论文，云南师范大学，2007 年。

边疆安宁带来强烈的冲击和影响。该区域的长治久安，不仅是我国西南边疆安全的重要屏障，而且是我国巩固西藏稳定、维护西藏及其边境安全的重要保障区。随着近几年来我国一些民族地区因地方社会快速转型导致族际利益出现矛盾和不稳定因素的增加，且三省区边缘地带社会经济发展落后、社会外向联系程度低等使西方国家反动势力和西藏民族分裂势力都千方百计地想将自己的势力渗透到这一区域，由此滇川藏毗连地区也不断受到波及和冲击。自2008年以来，在这个区域不断出现的一些群体性骚乱事件，使区域安全的维护任务更加突出。

（二）我国扶贫攻坚的重要区域

由于地形陡峭、山谷纵深，因此，该区域相对多数地区而言人口密度较低，工农业水平较低。在2000年调整的592个国家级贫困县中，滇川藏毗连地区有31个（其中包括剑川、洱源、鹤庆），占国家级贫困县数额的19.1%。贫困是一个反复的过程，造成贫困的因素很多，有自然的，也有人为的。贫困反复一般用贫困发生率来衡量，即直观地通过有多少人由于经济发展或专项扶贫越过了贫困线或重新回到贫困线以下。从这一衡量指标来看，这些区域贫困发生率较高，其中四川为2%—5%，属于基本脱贫区，但这是平均数字，如果将川西高原的各个地州县单独考虑贫困发生率将远远大于这个数字。云南平均的贫困发生率为5%—10%，西藏是10%以上。① 这些贫困地区地处高原和山地，地形复杂，自然条件恶劣，一方面这些地区自然灾害发生频率高；另一方面生产力低下，平地少，农产品产出低，人们的经济收入极低；最主要的是在这些地区搞基础设施建设投资大、工期长、效益低，交通的可达性较低，这就严重限制了这些地区与外界交往的可能；同时，滇川藏毗连地区区域内各个分区大多处于边远地区，远离大中城市等政治经济文化中心，受到城市的服务功能辐射较弱，因此，这些地区在很大程度

① 陈秀山等：《中国区域经济问题研究》，商务印书馆2005年版，第308—317页。

上处于自我封闭状态。

总体而言，滇川藏毗连地区地形复杂、民族众多、贫困人口较多、贫困面大、致贫因素复杂、返贫率高、人口总体素质较差，这一地区的扶贫不仅关系我国深化西部大开发顺利开展，而且是我国当前政府倡导的解决民生问题、实施科学发展观、实现我国共同富裕的关键。因此，是我国最主要的扶贫攻坚区域之一。

（三）我国重要的生态平衡区和能源储备区

“生物多样性是人类起源和进化的基础，是对生物和其他自然资源的永续利用，是保障社会经济持续发展的重要条件。”① 滇川藏毗连地区复杂多样的地理环境，使这一区域不仅成为我国乃至世界的物种中心之一，而且拥有丰富多样的自然资源和能源。因此，一方面滇川藏毗连地区丰富多样的物种对西部地区乃至全国生态系统的稳定性和生态功能优化具有重要的作用；另一方面滇川藏毗连地区同时是世界主要的物种中心之一，其生物多样性明显，它不仅为我国物种和自然群落的永续生存提供了保证，而且为我国社会经济发展对资源的永续利用和社会经济的持续发展提供了保证，为我国环境治理和生态环境的保护提供了物质保障，是我国实施可持续发展战略的重要基础。在全球化日益明显的今天，滇川藏毗连地区成为我国乃至世界的重要生态平衡区。与此同时，能源的短缺、资源的匮乏已经成为制约我国乃至世界发展的主要因素，资源的合理开发利用极其重要，对于我国社会经济发展而言，这些丰富的资源完全能够被我们合理利用并为我国社会经济的发展而服务。换言之，滇川藏毗连地区完全可以成为我国未来发展的重要战略资源储备区，对这一区域的发展和保护是我国社会经济未来发展的重要保障。

二　滇川藏毗连地区整体研究价值

滇川藏毗连地区从古至今一直是一个独特的“历史—民族区域”，虽然受到中国历朝历代的征战和汉文化的不断影响，但是，这

① 伍光和等：《自然地理学》第三版，高等教育出版社 2000 年版，第 346 页。

一区域的民族文化、宗教等依然表现出很强的一致性和共生性。与此同时，这一区域历史上曾因“茶马古道”“藏彝文化走廊”和“南方丝绸之路”而将这一因地理分割的区域有机地联系在一起；也曾因民间经济文化的交流而成为一直与南亚东南亚交流的主要区域。当前，这一区域虽分属于不同的行政区，但是，从其区域特征和多民族之间的长期交往和发展来看，该区域的各民族间有着血缘、亲缘、地缘等关系，他们通过长期以来的交往形成了具有代表性的文化、政治、经济、环境等之间的共生关系，因此，滇川藏毗连地区作为独特的“历史—民族”整体区域具有重要的研究价值。其研究的整体价值主要表现在从古至今，这一区域的主要民族就有共同的族源关系；历史至今这一区域主要受到以西藏喇嘛教为主体的神权政治体影响①，因藏缅语族族群在这里聚集使该区域在文化上具有较强的一致性；各民族因生产和生存的需要，各民族主体沿着民族迁移的道路展开了族际经济互补交流，这种民间的经济交流使得滇川藏毗连地区成为各民族相互依存的经济共生体；明代以来，木氏土司就将该区域作为统一体来治理，并使该区域社会经济得到了长足发展。近代赵尔丰的治理、刘文辉等的筹建终于使该区域成为统一的行政区。

（一）藏缅语族族群的迁徙频繁和聚合紧密

滇川藏毗连地区地跨青藏高原、横断山等山系，其范围主要是川西高原、滇西北横断山区和藏东高山峡谷区，峡谷纵深、坝子和高山相间、河流平行排列是这一区域的主要特征。从整个区域而言，区域地貌特征有很大的相近或相似性。坝区和河谷地带是各民族主体聚居的地方，以农耕文明为主；山区和半山区也有其他少数民族散居其中，以游牧和渔猎为主。滇川藏毗连地区民族众多，其中以藏族、彝族、纳西族、白族等民族为主，该地区的各主要民族在族源上具有共同的起源。石硕认为，该地区不仅是藏缅语民族分布的中心区域和主要活动舞台，同时也是藏缅语民族起源、发展、

① 石硕：《藏彝走廊：文明起源与民族源流》，四川人民出版社2009年版，第6页。

融合、分化及其迁徙流动的最重要的历史区域。[①] 具体而言，滇川藏毗连地区是我国藏缅语族的主要分布区，全国17个藏缅语族中有16个分布于该区域；[②]《后汉书·西羌传》中关于古羌人自河湟地区向南迁徙的记载是滇川藏毗连地区各主要民族主体同源的最早证据。与此同时，自20世纪以来，民族史学界对纳西族和彝族这两个滇川藏毗连地区中主要民族主体族源问题的认定与讨论是这一观点确立的主要基础。从历史的发展和学界的大量研究来看，滇川藏毗连地区大部分主体民族属于氐羌系统的各民族分支，这些民族群体由于历史上长期的迁徙和分化而形成如今各不同民族在滇川藏毗连地区分布的基本格局。

相似的地理特征和相近的族源是滇川藏毗连地区成为一个内聚度较强区域的客观基础和重要保障。相似的地理特征形成了生产、生活的相近性和互补性，为不同区域交往提供了可能；相近的族源为各民族在一定程度上的认同和信任打下了基础。这也许就是千百年来滇川藏毗连地区各民族和谐共生的客观基础。

（二）民族文化多样性与地域文化多元性的复合并存

滇川藏毗连地区是汉藏文化的交融地带，也是多民族地域文化并存、交融、积淀的典型区。这里有十多个世居民族，是世界上典型的多民族、多语言、多宗教信仰和风俗习惯并存的区域。而且这里也曾经是民族迁徙流动、多种民族文化交融频繁的区域，民族关系和民族文化源流错综复杂。[③] 李绍明和石硕指出，从“藏彝走廊”的宏观角度看，“是重要的民族文化走廊；是藏缅语民族活动的主要舞台，也是藏缅语民族起源、发展、融合和分化演变的重要的历史区域；‘藏彝走廊’同时是一条特殊的历史文化沉积带；民族文

---

① 石硕：《藏彝走廊地区藏缅语民族起源问题研究评述》，《思想战线》2008年第2期。

② 中国大百科全书编辑部：《中国大百科全书》民族卷，中国大百科全书出版社1986年版，第522页。

③ 石硕：《“藏彝走廊”：一个独具价值的民族区域——谈费孝通先生提出的“藏彝走廊”概念与区域》，《藏学学刊》2005年第3期。

化现象具有异常突出的多样性和复杂性；是汉、藏和汉、彝民族的边缘；同时也是西北和西南民族文化交接的边缘”[①][②] 五个特征。这一概括指出，“藏彝走廊”是“历史—民族区域”，在这一区域内拥有不同人类群体的发展方式、生存方式以及延续性的人类遗迹等，对人类学、考古学、历史学和语言学等学科具有极高的研究价值。李星星教授将区域历史文化概括为母系文化带、猪膘文化带、牦牛文化带、笃苯文化带、重屋文化带、石棺葬文化带、藏缅语系多元语言文化等文化现象，并指出，这一区域的文化具有古老性、残存性、变异性、流动性等特征。[③] 残存性和变异性可能在很多区域的民族文化中或多或少会存在，但是，古老性和流动性应该是滇川藏地区最突出的特征，古老性主要源于这一区域特殊的高山纵谷特征与外界联系较少，而使这一区域的文化展现出人类最原始的形式，即古老的人类为了生产、生活所表现出来的人类与人类、人类与自然之间的认识与关系，如古老的母系民族文化、原始宗教、原始的鬼神崇拜、对大自然的崇拜和图腾崇拜等在这里比比皆是。流动性主要是因为滇川藏毗连地区千百年来的民族迁徙，长期的迁徙和交流促使不同的文化形式在不同的地理单元不断地积淀和分异，同时，由于特殊的地理环境、可通达性较差等原因，民族之间联系较少，因此，该区域的历史文化具有明显的区域性和同一区域文化的连续性。形成这样特征的原因有很多，主要是南北走向的山势，山陡谷深、地形险要阻隔了民族之间的交往。有学者也认为，最主要原因还在于横断山区分布着一个个独立的自然区域，横断山区之间的自然带分布，既受纬度地带性的控制，又受垂直地带性和山地坡向的控制，这多重控制的结果，就造就了横断山区中一个个独立的自然区。[④] 在地形地

---

① 石硕：《藏彝走廊：历史与文化》，四川人民出版社2005年版，第28页。

② 李绍明：《藏彝走廊研究中的几个问题》，《西南民族大学学报》（人文社会科学版）2007年第1期。

③ 李星星：《藏彝走廊的历史文化特征》，《中华文化论坛》2003年第1期。

④ 单之蔷：《山河不是流水线》，《中国国家地理》2004年第7期。

貌和区位影响下形成的一个个独立的自然区孕育了不断迁移过来的古人类，这些古人类沿着民族迁移走廊，不断分化、演变，形成今天滇川藏毗连区域内大部分的少数民族，同时也因特殊复杂而多元的地理地貌，孕育了丰富多彩的多元地域文化。

（三）区域经济发展的联动性突出

滇川藏毗连地区是我国民族交流最为频繁的区域之一，该区域内各民族之间的族际经济交流极具代表性，各民族间的这种经济交流活动至今仍对各民族经济生活有重要的作用。由于该区域地理地貌上的特殊性，造就了这里极其明显的垂直地带性气候，垂直地带性气候促使了相应的立体植被的分布，不同的植被在不同高程的分布能够让不同民族找到适合本族群生存发展的生计方式，从而客观上形成了立体的民族和多元生计方式并存的格局，垂直性的各民族体为了自身基本生存的需要，不断与其他族群展开经济上的交流，因而各民族体之间构建了长期持续不绝的族际经济联系。历史上的“茶马古道”“南方丝绸之路”就是这种族际经济联系不断强化和壮大的结果。气候的垂直地带性分布同样造就了农耕、游牧与渔猎文明的并存，游牧民族因其生产生活的局限性使其食物结构中缺少蔬菜等食物，这就客观上要求他们必须与农耕区进行物资的交换，以满足自身的基本生活所需。如果这一基本的需求得不到满足，不同文明之间要么通过武力疏通、要么通过友好交往实现、要么通过专门的群体——民族商人来实现或者采用其他方式。这些形式在千百年来的人类迁徙交流中都存在，但是，无论通过什么样的方式来达到目的，滇川藏毗连地区各民族之间都是在进行族际的物资、经济交流，这其实是不同民族之间为实现自身目的而展开的不断试错的演化博弈过程。在此过程中，山坝之间、山区之间、牧区与河谷之间通过不同的形式展开了族际互通有无的经济互动和交流；这一过程客观上催生了民族商人的产生，随着商人的不断涌现，他们将散落在滇川藏毗连地区高山深谷间的各民族聚居区连接成一个整体，而滇川藏毗连地区的重要集镇成为该区域族际经济交流的重要场所。各民族之间这种族际经济交流主要以物物交换和商贸交流为主要方式，这两种方式的产生需要以一定的社会文化关系作为基础，即离不开族际互动基础上造就的心理认同和社会连带关系。[①] 各民族间彼此的认同和信任是族际经济互动的重要基础和保障，从滇川藏毗连地区族际商贸交流的发展过程来看，其实，这一商贸活动形式复杂多样，存在很大的风险和不稳定性，而最终这一族际经济交流过程能够在复杂的多民族之间交易中得以长期延续，离不开各民族之间长期交流、不断深入了解而建立的信任感。

滇川藏毗连地区这种族际经济互动和交流过程虽然每次交往的数量不大、规模较小，但是，各民族间的交流却异常频繁。各民族间的这种交流形式随着交流的逐渐深入和商人的不断强化而使滇川藏毗连地区成为一个统一的经济体，加之族际经济交流过程中建立的各民族间彼此的认同和信任也为这一区域民族和谐关系的进一步构建提供了保障。

（四）清代以来中央王朝就逐渐重视滇川藏毗连地区的整体治理

历史上，将滇川藏毗连地区纳入中央王朝并进行整体治理至清代之后才开始，之前，历代君王虽在这一区域有一定的治理和开发，但仅限于部分地区，滇川藏毗连区中的滇区部分（今丽江、迪庆地区，在明清时统属丽江府管辖）在汉代属越嶲羌旄牛地，唐代属吐蕃铁桥节度使地，宋代属吐蕃东封地，元代为唐古特地。滇川藏毗连区中的藏区部分，在西汉之前，史料记载的并不多，“然周、秦、西汉以上，佛法未传入中国，故其书为详”，而滇川藏毗连区中的藏区部分是指康藏部分，“康者，即今至察木多一路”[②]，也就是如今的西藏昌都地区。

明代以后，明政府通过扶植听命于中央政府的地方政权——土

① 周智生：《藏彝走廊地区族际经济互动发展研究》，《中国社会经济史研究》2010年第1期。

② （清）焦应旗：《西藏志》，载《中国西南文献丛书》第四卷，兰州大学出版社2003年版，第9、18页。

司来防范西藏势力，利用茶马互市为重要经济手段来间接控制藏区，以怀柔手段拉拢藏区各教派和“以夷制夷”等措施来治理滇川藏毗连区大部分区域，但这一时期治理的主要力量还是地方势力。此后，丽江的木氏土司成为这一区域的主要治理者，为了巩固自己在滇川藏毗连地区的统治地位，木氏土司通过“多派扶持、以教治教”的方针和采用将大量纳西族先民整村搬迁进入滇川藏毗连地区的形式展开了对该区域的治理与开发，并取得较大的成效。明末清初，蒙古族和硕特部在首领固始汗的率领下南迁，南征康区，并与木氏土司针锋相对，他通过扶持藏传佛教的格鲁派打压噶举派①，同时运用清查人口、征收赋税、大力发展商贸等措施对滇川藏毗连地区展开治理与开发。

清代之后，清政府意识到滇川藏毗连地区治理的重要性，在清雍正初年就对滇川藏毗连区的行政区划和管理归属进行了明确的划分，但是，西藏政局的逐渐安稳屏蔽了滇川藏毗连地区整体治理经营的重要性和影响力。清朝末年，边疆危机加重，西藏政局在英国、俄国等国侵略势力煽动下不断出现分离势力的干扰，清政府才逐渐意识到了“治藏必先安康”的重要性，以及治康必须滇川联防共治的必要性。1906 年，清政府设立川滇边务大臣一职，任命平叛巴塘事件的赵尔丰为川滇边务大臣。赵尔丰通过废除土司制度、设置流官管理，加强基层政权建设，大力发展地方经济，突出了滇川藏毗连地区整体治理开发的价值，开发治理的效果显著。

1911 年，赵尔丰被杀。1911—1927 年，滇川藏毗连藏区在军阀、十三世达赖、英国殖民者等混战和争夺中纠纷迭起，战乱频仍。但是，在如何实现滇川藏毗连地区整体性经营上，清政府始终保持了一贯的关注。1912 年 9 月 26 日，北京政府任命西征有功的四川都督尹昌衡兼任川边镇抚使；1913 年 6 月 13 日，北京政府任

① 赵心愚：《和硕特部南征康区及其对川滇边藏区的影响》，《云南民族大学学报》（哲学社会科学版）2002 年第 3 期。

命尹昌衡为川边经略使。[①] 1913 年年底，北京政府设“川边特别行政区”，并以张毅为“川边镇守使”，归四川都督节制，裁撤原有府、厅、州，一律改设县（共 34 县），改西康度支局为川边财政分厅。[②] 1925 年，北京政府裁撤川边镇守使，任命刘成勋为西康屯垦使，兼摄民政，下令改“川边特别行政区”为“西康特别行政区”。1927 年，刘文辉接管川边地区并逐步推动西康建省，最终促成 1939 年 1 月 1 日正式建立西康省。长期纠缠于或滇或川或藏的地域行政归属问题才通过西康建省，确定并确认了川边的行政地域主体性和康人地域文化的特殊性。虽然 1955 年后西康省撤销，但在当前的社会经济发展来看，这一区域依然内聚度较高，有较强的内部一致性。

（五）“寺院—城市—乡村”多维一体，共生治理典型

滇川藏毗连地区主要为藏族聚居区，该区域寺院众多，在长期的历史发展中，逐渐形成“寺院—集镇”“寺院—乡村”“寺院—集镇—乡村”等共生空间聚落结构。这种结构是该区域藏族政教合一的制度文化和宗教文化在空间上的展现，也是藏族空间结构意识的具体表征。长期以来，无论从社会等级、政治地位，还是在藏民的精神认知和空间认知中，寺庙的核心地位一直没有动摇。村民为了供奉心中的佛而每天向寺庙朝拜，并将每天辛劳获得的劳动成果供奉给寺庙，寺庙和村落“物资—精神”相互满足的共生结构在空间上表现为以寺庙为中心，乡村聚落围绕寺庙向四周展开的空间聚落格局。这一格局最早通过藏民租种寺院土地，藏民向寺院缴纳租金或耕种物资来维系。改革开放之后，这一维系方式得以改变，村民出于信仰而向寺院捐赠物资。同时，由于寺院强大的政治力量和雄厚的经济实力、藏民出于对佛的敬畏和虔诚等，商业贸易也往往在庙会或寺庙周围开展，经过长期的演变和发展，以寺庙为核心、集镇围绕寺庙展开的空间格局得以形成，集镇需要乡村来补给最基本

① 四川省档案馆、四川民族研究所编：《近代康区档案资料选编》，四川大学出版社 1990 年版，第 3 页。

② 杨仲华：《西康纪要》下册，商务印书馆 1937 年版，第 365 页。

的生活物资和劳动力，乡村需要通过集镇这一平台互通有无，维系每个家庭的日常生产，因此，“寺院—集镇—乡村”的生产生活方式得以形成和不断强化。

因此，在藏民的空间布局中，寺庙是核心，其他聚落以寺庙为核心布局，人们的生产活动围绕寺庙来展开，这是一种集宗教、制度、文化、社会生产、空间认知而成的多维一体格局，它在实现个体自身、个体与他人、个体与集体平衡的同时，也形成了一个完整的社会运行体系。针对这一多维一体格局的研究，不仅能深入探究藏族空间认知和空间布局的深层内涵，还能够探究藏族聚落形成的共生生态层级，从而为多民族聚居区的共生治理提供参考和借鉴。

在非传统安全对边疆地区和多民族地区影响日益凸显的今天，一方面由于藏区和边疆多民族地区基层社会管理的不足，这些地区表面上属于确定基层政府的管辖，实质上已经脱离政府基层管理力所能及的范围；另一方面随着市场化浪潮的冲击，藏区和边疆多民族聚居区传统的基层自治组织如家族、乡绅等势力逐渐衰退，导致乡村等基层社会凝聚力缺失，加之受到境外势力的渗透，使一些非法的教会、恐怖势力在滇川藏毗连地区的基层社区迅速壮大，严重影响了该区域基层社区的稳定与和谐。再则，滇川藏毗连地区因其地理环境的特殊性和区域内民族多样性并存增加了基层管理的难度和强度。与此同时，这一区域从古至今就是汉藏文化交融最频繁的区域，是内地进入藏区的缓冲区，是整个藏区局势发展的“晴雨表”。因此，对于滇川藏毗连地区的整体性把握具有重要的现实意义，这一区域的稳定与和谐对于我国边疆稳定、民族和谐、改善民生和实现区域均衡发展等具有重要的作用。①

---

① 李灿松、周智生：《滇川藏毗连地区区域功能定位与多向度研究价值——基于非传统安全的视角》，《云南师范大学学报》（哲学社会科学版）2015 年第 5 期。

第三章　不同历史时期滇川藏毗连藏区人口流动概况及特征

青藏高原地势高耸、气候严寒、地理环境相对封闭。由于地理环境的阻隔，长期以来，藏区人民与内地人民的接触和交流非常有限，内地人口向藏区的流动基本上属于小规模、无组织的自发性流动。公元7世纪，松赞干布通过大规模的武力扩张，统一了青藏高原诸部，建立起强大的吐蕃王朝。自此，藏区与内地的交流逐渐增多，联系日益密切，许多人出于经商或屯垦戍边等原因开始从内地向藏区流动，这一趋势在宋元时期得到了不断加强，并在明清时期达到高峰。

第一节　人口流动的主要阶段及其规模

一　唐代滇川藏毗连藏区的人口流动

（一）唐蕃和亲

公元7世纪初期，吐蕃王朝崭露头角，通过不断地向东扩张，吐蕃逐渐积累实力，形成了强大的吐蕃王朝。远见卓识的吐蕃首领松赞干布为了进一步加强吐蕃王朝的实力，积极向东方的唐王朝请求通婚。在吐蕃赞普的再三请求下，唐太宗应允将文成公主远嫁吐蕃与松赞干布和亲。景龙四年（710）唐中宗将金城公主嫁与吐蕃赞普。两位公主入藏不仅带去了丰富的珍宝、佛经、书籍、种子、医药，而且带着由送亲的官员、建筑工匠、手工艺人以及600名随从侍女组成的庞大的送亲队伍，两位公主的大批随从官员跟随公主一路浩浩荡荡进入藏区，从此长久地安定下来，与当地藏族相互融合，为藏区经济文化的发展做出巨大的贡献。

（二）唐、吐蕃、南诏的争战

唐朝，滇川藏毗连藏区是唐、南诏与吐蕃三方势力角逐的主要战场。唐高宗中期，西部青藏高原地区吐蕃的势力开始向洱海周边和川西南地区渗透，嶲州以西的地域均为吐蕃所占领。天宝九年、十二年、十三年唐三次出兵均被打败，战死将士将近20万人。公元755年，唐爆发"安史之乱"，吐蕃趁唐王朝边防空虚之机，率领诸部大举东侵，一举攻占了唐都城长安，迫使唐签订了"清水会盟"，此后，唐西北的广袤领土划归吐蕃所有，吐蕃王朝因此达到了极盛时期。经过200余年的征战和扩张，吐蕃王朝的势力范围已从发迹初期的西藏高原，扩展为北至甘青南及横断山区的州西高原及滇西北一带的辽阔地区。[①] 为方便治理，吐蕃在其辖区内设立了一套完整的驿传制度，《新唐书·吐蕃传》记载："举其兵、以七寸金箭为契。百里一驿，有急兵，驿人臆（膊）前加银鹘，甚急，鹘益多。"《册府元龟》也有相应记载："其驿以铁箭为契，其箭长七寸，若急驿，膊前加着一银鹘，更急，其鹘至十二三。每驿百里。"[②]

南诏与吐蕃结盟后，双方常常合兵攻打大唐，大历十四年（779）十月，南诏与吐蕃合兵20余万攻打唐剑南道的茂州、扶州、文州、黎州、雅州等地，唐军在右神策都将李晟率领下大破南诏和吐蕃，歼灭其军士八九万人。南诏和吐蕃的联合并没有维持太久，自归顺吐蕃后，南诏处处被吐蕃欺压，贞元十年南诏愤然弃蕃归唐。南诏在归顺唐王朝后开始反攻吐蕃，迅速攻占了吐蕃神川都督府辖地的今剑川、丽江等地，控制了雅砻江以西、金沙江以北的广

① 石硕：《西藏文明东向发展史》，四川人民出版社1994年版，第76—81页。

② 转引自陈庆英、高淑芬《中国边疆通史丛书·西藏通史》，中州古籍出版社2003年版，第64页。

衮地域。为了防止吐蕃反抗，南诏将所占领地区的居民大规模迁移到其他地区重新安置，原居铁桥西北大施赕、小施赕和剑寻赕一带的施蛮、顺蛮被迁徙到今云南巍山、弥渡、祥云等地。将其他地方的居民迁往滇西北等新占领地区，以实其地，《寰宇通志》卷一一三《兰州》说："蒙阁罗凤曾徙善阐阳城堡张、杨、李、赵、何、周、任七姓守之。"又《寰宇通志》卷一一三《北胜州》记载："南诏异牟寻始开其地，徙蛮酋以实之，号曰成偈赕，又名善巨郡。"① "太和三年（829）南诏再次叛唐，兵分三路攻打西川，黎州、雅州等地相继陷落，10 日后南诏退兵时大掠子女、工技数万人而去。南诏多次进攻西川，前后劫掠人数在十万人以上。"②

伴随唐、吐蕃、南诏三方之间的和亲与征战，滇川藏毗连地区人口流动非常频繁。据谭立人、周原孙的《唐蕃交聘表》显示，从唐贞观八年（634）松赞干布首次遣使入唐，到 842 年，吐蕃王朝灭亡的 208 年之间，"唐蕃之间使臣交往共计 290 余次，其中蕃使 180 余次，唐使 100 余次"。③ 关于使臣往来的规模，陆庆夫在《唐蕃和亲与汉藏文化圈的形成》中这样说："多者上百人，少则十几人，有的久居对方，长达数十年不归。或和亲、会盟，或报丧、吊祭，或进贡、朝贺，或报聘、求市，或求匠、送僧。"④ 根据这两处记载来推测，唐朝时期内地进入吐蕃的人数最多可能达到上万人，如果按照最低来算则应该有几千人，因此，我们可以大致判断，唐朝时期由官方渠道进入吐蕃的人数在四五千人应该是比较可信的。这仅是官方的记载，如果加上汉蕃之间商贸交流的人数和民间因交往而流动的人口，则唐朝汉地入吐蕃的人口

---

① 方国瑜：《中国西南历史地理考释》，中华书局 2012 年版，第 660—662 页。

② 方铁：《中国边疆通史丛书・西南通史》，中州古籍出版社 2003 年版，第 258—279 页。

③ 谭立人、周原孙：《唐蕃交聘表》，《中国藏学》1990 年第 2 期。转引自石硕《西藏文明东向发展史》，四川人民出版社 1994 年版，第 83 页。

④ 陆庆夫、段园园：《唐蕃和亲与汉藏文化圈的形成》，《人民论坛》（双周刊）2008 年第 8 期。

更多，人数超过 3 万。

（三）民间贸易

内地人民可以通过一些民间通道进入藏区，罗开玉通过考古资料推测："至迟从新石器时代起西藏与印度、川西高原、滇西北地区便存在着广泛的经济、文化交流，存在着若干民间小道。"① 方国瑜的考释也证明滇藏确实有通道存在："大雪山（即今丽江、巨甸之间北面的雪山）在永昌西北。从腾冲过宝山城，又过金宝城以北大赕，周围百余里……无君长也。……三面皆是大雪山，其高处造天。往往有吐蕃至赕货易，云此山有路，去赞普牙帐不远。"② 这条通道从今大理出发，经丽江、中甸、德钦至芒康后分为两路，东路经康定、天全到达成都，西路至拉萨进而可达印度噶伦堡，是连接滇川藏的重要交通道路。《蛮书》记载滇藏通道上的贸易量非常大："大羊多从西羌、铁桥接吐蕃界，三千二千口将来博易。"③ 可见，滇川藏间的民间贸易早在唐朝就已初具规模，源源不断的商贸物资在滇川藏之间的民间商道上周转、流动，带给藏区人民日常生活必需的茶、糖、盐等用品，又把藏区的牛羊皮毛、麝香、药材等运往内地。商人群体奔波于滇川藏之间的民间小道上，他们突破地理环境的阻碍，始终维系着藏区与内地的商贸交流。虽然史书中没有记载相应的人数，但商业贸易作为不同民族之间互通有无、交换生产生活用品的重要渠道，是民间人员交往的常态。因此，其规模及入藏的次数应该在唐使之上。

在唐王朝统治的两百余年的时间里，唐与吐蕃官方上有着 290 余次的使者往来，内容涉及和亲、会盟、经贸、军事等多个方面；在民间交往方面，通过进藏的若干民间通道，滇川藏地区民间商旅

① 罗开玉：《从考古资料看古代蜀、藏、印的交通联系》，《古代西南丝绸之路研究》，四川大学出版社 1990 年版。转引自周智生《历史上的滇藏民间商贸交流及其发展机制》，《中国边疆史地研究》2007 年第 17 卷第 1 期。

② 方国瑜：《中国西南历史地理考释》上册，中华书局 1987 年版，第 553 页。

③ （唐）樊绰：《蛮书》卷七《管内物产》，木芹补注本，云南人民出版社 1995 年版。

往来、人员流动非常频繁。唐朝滇川藏地区的人员流动增进了各民族的沟通和了解，为宋元时期更大规模的内地人民流向藏区奠定了良好的基础。

二　宋元时期滇川藏毗连藏区的人口流动

宋朝对吐蕃诸部采取怀柔政策，通过茶马互市强化对吐蕃的羁縻统治，朝廷与吐蕃之间的贸易往来主要有以下三种形式：[①] 一是藏族各部首领遣使进贡和宋朝的赏赐贸易，如宋神宗时，西南蕃八百九十人“来贡方物”，“赐缘路驿券”。[②] 二是朝廷在沿边各地“招募蕃商，广收良马”，设立榷场，进行互市贸易。史料记载：“永康军与西蛮夷接，四海一统，夷夏相通，蕃人之趁永康市门，日千数人。”[③] 三是双方开展民间贸易。“宋代有川、陕商旅携家眷前往甘孜藏区经商，及至元代，当地的山西商人已有三百人以上。”[④] 可见，当时内地与藏区贸易之兴盛、往来之频繁。此外，宋朝还出现了一种新的人口流动形式，即以“蕃租”为载体的汉族农民越过大渡河帮吐蕃人耕种田地的形式，汉族农民被称为“汉佃”，他们租种吐蕃人的田地并向吐蕃人交纳一定数额的实物地租，这种地主制经济形态在雅砻江下游地区十分盛行。随着茶马互市的兴起与繁盛，民间交往日益密切，在官方与民间贸易的双重推动下，内地人民向藏区流动的人数也出现了很快增长。

公元13世纪，西藏地区正式归属元朝廷管辖，窝阔台和蒙哥汗时期，蒙古为了军事行动的需要已开始在藏族地区设立驿站，忽必烈即位后派人在乌思藏和其他藏族地区调查户口、确定贡赋、建立

---

① 《西藏地方历史资料选辑》，生活·读书·新知三联书店1963年版，第35页。

② 《长编》卷224，熙宁六年四月乙亥，转引自汤惠玲《宋元时期藏区经济研究》，博士学位论文，暨南大学，2006年。

③ （宋）石介：《徂徕集》卷九《记永康军老人说》，转引自汤惠玲《宋元时期藏区经济研究》，博士学位论文，暨南大学，2006年。

④ 任乃强：《西康图经·民俗篇》，西藏古籍出版社2000年版。转引自汤惠玲《宋元时期藏区经济研究》，博士学位论文，暨南大学，2006年。

驿站、推行乌拉制度[①]，设置了从朵思麻的丹斗寺到萨迦的主要驿道，总计有大站三十一处。[②③] 滇川藏毗连藏区也相应设立了驿站，《经世大典·站赤篇》记载："至元六年九月二十八日，大理、善阐、金齿等处宣慰司呈，察罕章分到站户五百户，已于西蕃小当当地（即小中甸）起立马站毕。"[④] 驿道的修筑和驿站体系的完善促进了内地人民向藏区的流动，史载："临洮吐蕃东西往来之使，日逐起马不下百匹，昼夜未尝少息。"[⑤] 可见，往来于内地与藏区之间的使臣、官员、僧侣、商帮数量之多。

滇川藏毗连地区作为藏区的重要组成部分、汉藏文化交流的交错地带和多民族聚居的核心区，在这一时期，成为战争、军队驻扎、屯垦戍边的重要场所。据记载："宋元间（元宋争蜀期，凡五十一年），元骑入蜀数十次，宋人抗拒，大小数百战，杀戮之惨，为历代所无。直至蜀人尽绝，全局乃陷。"[⑥] 元统治期间，黎州、雅州等处动乱不安，元朝廷多次派军队驻戍这些地区，《雅州府志》载："成宗大德元年六月碉门、鱼通及黎雅诸处民户不奉国法，议以兵戍其地，发新附军五百人，蒙古军一百人，汉军四百人往镇戍。"[⑦] 伴随着战争的爆发，大量内地居民和其他少数民族民众均纷纷逃向偏远的滇川藏毗连藏区，遁入山林，隐居避难。

宋元时期，内地人口向藏区的流动主要有商贸往来、军队驻扎、逃往避难等形式，与唐朝相比，贸易规模有了更大的扩展，流动人数有了显著增长。

---

① 邓锐龄：《元明两代中央与西藏地方的关系》，中国藏学出版社 1989 年版，第 32 页。

② 陈庆英：《元代宣政院对藏族地区的管理》，《青海社会科学》1990 年第 4 期。

③ 多杰才旦：《元以来西藏地方与中央政府关系研究》，中国藏学出版社 2005 年版，第 85—86 页。

④ 转引自王恒杰《迪庆藏族社会史》，中国藏学出版社 1995 年版，第 47 页。

⑤ 《永乐大典》卷 19420《站赤》5，转引自汤惠玲《宋元时期藏区经济研究》，暨南大学，2006 年。

⑥ 任乃强：《西康图经·民俗篇》，第 288 页。

⑦ 《雅州府志》卷十。

三　明清时期滇川藏毗连藏区的人口流动

（一）商贸往来

明初，“太祖著令，以蜀茶易番马资军中用”。[①] 茶马贸易由此进入鼎盛时期，源源不断的民间商人和商帮开始进入藏区，“这种联系较之于元代，不仅规模更大、更广泛，而且也更趋于民间化”。[②] 通过马帮和商队的驮运，内地的茶叶、丝绸、布匹、僧服、纸张以及金银等输入藏区，藏区的马匹、氆氇、皮张、药材及铜佛、舍利等销往内地。[③] 随着明政府放宽了对私茶贸易的限制，民间商人团体迅速得以壮大，更加积极地活跃于川西、滇西北以及西藏等广大藏区，私茶贸易在明中后期一度取代官方贸易成为内地与藏区贸易往来的主要形式。清初，川藏贸易的重点转移到了打箭炉一带，沿途各地形成了众多互市贸易的场所，大批商贾往来经商，流动相当频繁。

（二）移民实边

明政府视木氏土司为“西北樊篱”对其大力扶持。丽江木氏土司在明王朝的帮扶之下积极向周边用兵，把势力范围拓展到四川的巴塘、理塘、木里一带以及西藏的左贡、芒康等地区。为了巩固对新占领地区的统治，木氏土司开始向这些地区大规模移民，从当时的滇西北丽江、鹤庆等地征调了大量居民，迁往巴塘、理塘、乡城、木里、盐井、芒康甚至察隅等滇川藏边区。[④] 众多纳西族先民在这一时期被迁往偏远藏区。对于当时被迫迁徙的人数，有学者做出推测，在木氏土司强盛时，迁徙到川滇边藏区的纳西人应多达数万甚至更多[⑤]，在当时来说是一个不小的数字。

---

① 《明史》卷一百九十八《杨一清传》。

② 石硕：《西藏文明东向发展史》，四川人民出版社 1994 年版，第 230 页。

③ 顾祖成：《明清治藏史要》，齐鲁书社 1999 年版，第 75 页。

④ 周智生：《藏彝走廊地区族际经济互动发展研究》，《中国社会经济史研究》2010 年第 1 期。

⑤ 赵心愚：《和硕特部南征康区及其对川滇边藏区的影响》，《云南民族学院学报》（哲学社会科学版）2002 年第 3 期。

（三）驻军戍防

清政府在滇川藏毗连藏区驻兵戍守驿站、粮台。清政府统治期间曾多次出兵西藏平反骚乱，1717—1720 年，蒙古准噶尔部叛乱于西藏。“（康熙）五十九年庚子（1720），（云南）都统五哥、副都统吴纳哈领满兵二千名，鹤丽镇总兵赵坤、永北镇总兵马会伯领绿旗兵一千五百名及丽江么些兵五百名出金沙江，会川兵进藏。”① 待到平定叛乱大军返回时，一部分兵士被留在当地戍守边防，管理塘站和粮台，三年期满后，这些士兵大多就近安家立业，渐渐融入当地藏民中不再返回内地。为加强对滇川藏毗连藏区的统治，清政府“在打箭炉（康定）、理塘、巴塘等重要交通沿线安设了塘站和粮台，并派清军镇守”。②

明清时期，工商业的萌芽和城镇的兴起有力地带动了内地人民向藏区的流动，统治者采取的移民垦荒、开发边疆等许多措施，为进入藏区的外来人员提供了物质上的基础和保障。这一时期，内地人口通过经商、避难、开矿、戍边、屯垦、移民等方式大量进入藏区，与宋元两朝相比，统治者的移民政策和商贸发展带来的大量人口流向藏区是其突出特点。

四　晚清民国时期滇川藏毗连藏区的人口流动

清中期以后，西方列强对中国的蚕食鲸吞日益加深，迫使清政府痛下决心在西南民族地区推行新政。清廷先后派鹿传林、锡良、凤全、赵尔丰等大臣入驻滇川藏边区，对这些地方进行全面的开发和治理。几位大臣在滇川藏毗连地区进行了大刀阔斧的改革，一方面积极推行“改土归流”，革除陈年积弊；另一方面“招民屯垦”，发展地方经济，短期内西南边疆的面貌焕然一新，大量人口流入滇川藏毗连藏区，为开发边疆做出了巨大的贡献。

（一）移民垦殖

根据《西康史拾遗》记载：“到光绪三十二年（1906），四川各

---

① （清）倪蜕辑，李埏校点：《滇云历年传》卷十一，云南大学出版社 1992 年版。

② 格勒：《甘孜藏族自治州史话》，四川民族出版社 1984 年版，第 162 页。

县已招来垦民八百名，其中有眷属者三百七十余人，分发给定乡二百名、稻城二百名、巴塘二百名、河口二百名，另留二百名开垦东俄洛。”① “至宣统三年，清政府前后共招募了四川内地农民一千七百二十三名，有眷属者六百余人，分发之地为炉城、河口、稻城、定乡、乡城、巴塘、盐井、道孚、甘孜各县。此外还拟续招垦夫2000名，以开辟金沙江以西的各县。”② 内地农民在政府的支持和鼓励下出关垦殖，使川西的广袤藏区得到开发，内地与藏区人民的联系得到加强。

（二）开发矿藏

咸丰年间，四川省康定县的孔玉、鱼通丰富的铅、铜、金等矿藏在清政府的批准下陆续得以开采，一些汉族矿工、淘金工人从川中各地前来开矿并逐步定居；咸丰、同治年间丹巴县境内的永绥、铜炉房等地矿产得以开采；清道光年间，九龙县的湾坝、三垭、烟袋等地金、银、铜矿得到开发；赵尔丰利用中甸、巴塘、河口、德格、理塘等地丰富的矿产资源，先后在这些地方设立了钢厂、金厂、铜厂等近代工矿业，制定章程，招商引资并在内地招募工人。一些汉族矿工、淘金工人从川中各地蜂拥而至并逐渐在此定居。

（三）商业贸易

川西地区拥有丰富的生物资源，盛产大黄、知母、羌活、秦艽、麝香、鹿茸、虫草、贝母等各类中药材，出产的药材不仅品种多样、产量丰富，而且品质上乘。川西利用这一优势大力发展“茶药互市”，吸引了大批商人前来交易，康定遂成为汉、藏商人贸易互市的交易场所和中转站，各类商品通过康定转运内地进而销往国外，络绎不绝的内地商人和一些专业技术人员进入川边，既实现了川藏边区矿藏资源的有效开发和利用，也促进了当地的经济繁荣，使川西藏区商旅往来频繁、城镇异常繁荣兴盛。川边地区实行的大

---

① 冯有志：《西康史拾遗》，甘孜藏族自治州政协文史资料委员会编印，1993年，第49页。

② 同上书，第50页。

规模改革不仅带动了内地人民向川边藏区的流动，其所采取的移民实边、兴办工厂、发展商贸等举措也大大促进了川西地方经济发展。

（四）驻军戍守

清政府在滇川藏边区驻军戍守、招民管理关哨汛塘，“丽江县境内设十八汛、七十一塘、二十五哨；中甸、维西两厅共设八汛、领六十六塘。分布在全县境内，多者五十至一百名，少者十余名，定居驻守”。[①]“泸定县化林坪在清朝驻兵后，人口最多时有二千余人，汉族商人、兵丁家眷在此开店经营；沿途兴隆、沈村、冷碛、安乐坝等地，成为汉藏居民赶场易市的场口。康定（原打箭炉）的折多塘、营官寨、东俄洛等地的汉族，主要是清康熙年间开始设置汛塘后，台丁逐步定居于此。”清乾隆十三年（1748），于康藏大道上，每30余里修一“尖站”，70余里筑一“宿站”，“至江卡、乍丫、察木多并移驻后藏各营汛台站，统归驻藏大臣总理”，从“打箭炉出口以至西藏”之地，包括昌都地区，一律“分驻办理，均三年一次更换”。[②] 这些驻守汛塘的兵士，“后乃渐有家室牵盘，每届调换，退除名粮，即为土著。久之三年一换之例，化为乌有。现今之昌都八十余家汉人，皆为前清制兵之遗种也”。[③] 川西、滇西北等地情况也如此。“时间一久，许多驻兵退役后便在驻地从事农耕或是畜牧，或是做些小生意，逐步定居下来，成为当地居民。”[④] 戍守滇川藏的兵士在当地开山地、辟农田、修道路、兴水利、建村舍，成为促进藏区经济开发的重要力量。

清末民初，滇川藏边区的局势出现混乱，各种势力暗流涌动，

---

① 道光《云南通志》卷四十五《关汛哨塘三》，道光十六年刊刻本。转引自方国瑜《中国西南历史地理考释》，中华书局2012年版，第1228—1231页。

② 《清高宗实录》卷1333，第34—35页。

③ 王廷选：《昌都历史述》，载西藏昌都地区档案馆编《西藏昌都地区社会历史调查》，2001年内部印行。

④ 中华人民共和国地方志丛书：《甘孜州志》，四川人民出版社1997年版，第278页。

冲突和矛盾接连不断。“西藏地方当局在英国人的怂恿下推行‘反汉排汉’政策，妄图切断与内地的联系，大量汉人被驱逐出藏，1913 年 4 月，在英国人的唆使下，西藏地方政府公开推行‘反汉排汉’政策，凡在藏或来藏汉人，一律限期离境；30 年以内藏地不得驻扎汉兵；若藏人不能阻止进藏汉兵时，即请英人出面阻止。”① 民国政府在西藏问题上迁延不决导致康藏纠纷的频发和升级，藏区与内地的交流几近断绝，西藏地方政府妄图趁内地战乱之机向东扩张势力，先后在川藏边区制造了“类乌齐事件”和“大白事件”，双方战争不断、民不聊生，清末一度兴盛的康南商路也因此断绝，这种状况持续了近二十年。1932 年 10 月 8 日，川藏双方代表在德格县境内的冈拖共同签署了停战协议，即《冈拖协议》，双方逐渐恢复商民交通往来。

康藏之间爆发的旷日持久的冲突，使南京临时政府意识到滇川藏地区的重要性，为了加强国民政府对康藏地区的控制力，1939 年，在刘文辉的积极策划下，西康省正式成立，省政府驻地康定。“刘文辉治康期间非常鼓励民族往来，提出要加强经济、语言、文化、人员等方面的交流，并提倡以民族通婚来增进民族情感，认为这是打通各民族扞格最有效的方法。”② 刘文辉治理西康期间采取的各项措施，促进了西康各民族之间的文化交流，推动了西康经济的发展，为西康省的和平稳定奠定了基础。不久抗日战争爆发，大量内地人民流离失所纷纷涌入西康省避难，“西康省的人数也从 1936 年的 968187 人猛增到 1943 年的 1748458 人，人数翻了将近一倍。”③

晚清民国时期是中华民族面临西方列强的侵略危机、救亡图存、

① 引自冯智《清代治藏军事研究》，云南民族出版社 2007 年版，第 193 页。

② 刘文辉：《建设新西康十讲》，《康区藏族社会珍惜资料辑要》（下），第 722—727 页。

③ 侯杨方：《中国人口史》（1910—1953），复旦大学出版社 2001 年版，第 264—269 页。

力挽狂澜的重要时期，清政府和民国政府对滇川藏地区进行的全面而深入的改革，促使内地的垦民、矿工、商人和军队源源不断进入藏区，加强了与藏区人民的联系，加深了对藏区人民的了解。在抗日战争的特殊时期，动荡不安的局势迫使大量内地人民涌入藏区避难，使这一地区人口猛增。在内忧外患的双重困境下，各族人民团结一致，共同对敌，在爱国斗争中增进了民族情感，形成了以汉族为核心的伟大凝聚力，促进了中华民族意识的形成与升华。

第二节　人口流动的主要形式

一　和亲入藏

公元7世纪崛起的吐蕃是唐王朝的劲敌。《旧唐书》记载：“西戎之地，吐蕃是强，蚕食邻国，鹰扬汉疆。”[①] 唐贞观十四年（公元640年），吐蕃赞普松赞干布领兵东侵，宣称“公主不至，我且深入”[②]，唐太宗遂将文成公主嫁与松赞干布。文成公主入藏时携带了丰厚的妆奁。“各种家具器皿、珠宝饰物、绫罗彩缎、许多书籍以及药物、谷物、蚕种，并派侍女二十五人、乐队一个和众多工匠随行。”[③] “营造与工技著作六十种，治四百零四种病的医方百种，诊断法五种，医疗器械六种，（医学）论著四种。……公主到了康地的白马乡，垦田种植，安设水磨……”[④] 继文成公主之后，“唐中宗景龙四年（公元710年），吐蕃再次向唐请求联姻，唐中宗把金城公主嫁与吐蕃赞普赤祖德赞”。[⑤] “金城公主入藏时携带了锦帛，缯

---

① 《旧唐书》卷一九六《吐蕃传》。
② 《新唐书》卷二三零《吐蕃传》。
③ 姜莉丽：《浅谈声乐作品〈文成公主〉》，《北方音乐》2014年第4期。
④ 《西藏地方历史资料选集》，生活·读书·新知三联书店1973年版，第6页。
⑤ 杨铭：《吐蕃迎金城公主遣使考》，《西藏研究》1987年第4期。

丝各数万匹、多种工匠以及一个龟兹乐队。”① 唐王朝通过与吐蕃的和亲，为自己赢得了相对安宁的政治环境和较为稳定的边疆局势，为中原地区社会经济的发展创造了良好的条件。同时，两位公主入藏时带去的丰富的物质资料，如衣帛珠玉、蔬果种子、生产工具和诗书典籍等，极大地促进了藏族地区社会经济的发展。大规模的送亲队伍进入藏区，也把中原文明带入到藏族聚居区，工匠们先进的工艺技术在藏区传播开来，促进了中原文明向藏区的扩展。文成公主和金城公主入藏，成为连接内地与藏区人民的纽带，促进了汉藏民族之间的物质文化交流。

文成公主和金城公主入藏的影响深远，至今滇川藏地区还广泛流传着关于文成公主与金城公主入藏的民间传说，这些传说经过艺术加工，以民歌、地名等形式融入人民的日常生活中。“在滇西北地区的么些人中广泛流传着东巴教祖师丁八什罗与文成公主结合诞下木天王的民间传说。此外，在四川省甘孜藏族自治州的康定城南门外，有一座名为‘公主桥’的拱形石桥，相传是文成公主入藏时途经康定，在此惜别故土，遂命人架起一座石桥沟通东西道路，象征汉藏两族的友好往来，后来，康巴人便以‘公主桥’命名之。”②《理塘志略》记载：“正月十六日，迎唐公主像，喇嘛暨男妇数千人拥塞道路。宝马香车，幢幡绣盖，铙鼓喧阗，及一时之盛。按，唐太宗时，以文成公主下嫁于吐蕃赞普弄赞。中宗时，以金城公主下嫁于弄赞元孙弃隶缩赞。”③

可见，文成公主和金城公主入藏对康区人民生活和文化带来的影响十分深远。因和亲产生的人口流动虽然具有很强的政治性、流动时间比较短暂、流动的频率比较少，但是，后续的影响却极大，

---

① 林明武：《松赞干布与藏汉民族的早期交往》，《武汉电力职业技术学院学报》2010 年第 2 期。

② 杨福泉：《纳西族与藏族历史关系研究》，民族出版社 2005 年版，第 351—352 页。

③ 转引自《中国地方志民俗资料汇编》西南卷·上，书目文献出版社 1991 年版，第 412 页。

是一种官方的独特的人口流动形式，因此，我们在此特将此种流动作为一种单独的流动类型加以梳理。这种流动形式，是主体民族与边疆民族地区少数民族融合交流的特殊形式，随和亲入藏的大量工匠、随从等将当时先进的生产生活方式带入边疆民族地区，并与当地的生产生活相融合，对藏区的文化和经济发展均有较大的影响。

二 远赴藏区，商贸经营

商人是连接滇西北、川西、藏东南地区的重要纽带，也是沟通滇川藏毗连藏区与国内、国外两个市场的重要使者。穿行于滇川藏之间的商人大多是白族、纳西族，当然，也有区间性流动的其他少数民族商人（只负责部分区间的商业贸易或者货物的运送），如普米族、傈僳族等商人或赶马人，他们熟悉这些地区的地理环境、社会环境和人文环境，能够利用自己的先天优势，快速融入藏民的社会生活，与藏区人民达成友好交易共识，在历史上长期的交往过程中，双方形成了稳定的贸易往来关系，并与藏民建立起以尊重、互信、沟通、交往为基础的经济交往关系。这种由民间交往而产生的互信与互利行为是最持久的、最具有生命力的民族关系，穿行于滇川藏之间的商人为滇川藏毗连藏区各民族之间的经济文化交流创造了丰富多样的渠道，为沟通中国和南亚、东南亚做出了突出贡献。

“茶马贸易”是历史上内地与藏区贸易往来的主要形式。自唐代茶叶开始传入吐蕃，藏区人民的日常生活便再也离不开茶叶。关于藏民喜食茶叶的原因，《四川通志》记载：“西藏蕃民多食糍粑、牛羊肉、奶子、奶渣等物，其性燥。而茶所急需，故不拘贵贱，饮食以茶为主。”① 从中可以看出，藏区人民对茶叶有着迫切的需求。中央政府利用藏民的这种需求，不断鼓励和发展茶马互市。“唐王朝把茶马互易视为控制周边少数民族的手段，明王朝视其为中央政

① （清）常明：《四川通志》卷一百九十六，载《中国西南文献丛书》第一卷，兰州大学出版社 2003 年版。转引自周智生《晚清民国时期滇藏川毗连地区的治理开发》，社会科学文献出版社 2014 年版，第 18 页。

府控制藏区的经济武器。”[①] 为了延续这种控制力，历代王朝的统治者不断扩大茶马贸易的规模。“宋朝始设茶马司专司茶马贸易，南宋时，西北‘马道梗塞’，茶马贸易的交易重心南移，川西地区成为茶马贸易的中心区，即黎州、雅州、碉门（今四川天全）及打箭炉（康定）一带成为汉藏茶马贸易的重要经济区。”[②] 明代时，茶马贸易更加繁盛。“雅安、打箭炉等地成为汉藏人民互市的场所，甚至有的汉人还跋山涉水，深入更远的藏区，从事贸易活动。”[③] 茶马贸易蕴藏的丰厚利润吸引着源源不断的内地商人进入藏区，而藏民不断增长的茶叶需求和入藏交通条件的完善也推动了商人向藏区的流动，大批民间商人开始在各地组建商帮贩运私茶，到了明朝中后期，“民间私茶贸易竟取代官办贸易而成为茶马互市的主要形式”。[④] 清代，雍正帝下令“将原茶马司改为‘歇家’等民族贸易的场所，彻底终结了中国历史上茶马官营的时代”。[⑤] 清朝末年，各地商人在政府的支持和鼓励下日趋活跃、不断壮大，并逐渐出现由行商向坐商转变的趋势。[⑥] 许多商人在滇川藏毗连藏区开办店铺、设立分号，其中，比较突出的有滇西北地区的鹤庆商帮、丽江纳西族商帮、中甸（香格里拉）藏族商帮。“清末至民国初年，鹤庆商人李弘康的日心德商号率先在拉萨开设分号，其后，马长寿的长兴昌商号也到拉萨设号经营。其他商号如宝兴祥、同春盛、朝元庆、锡兴祥、聚丰恒、同兴和、福兴昌等也纷纷沿中甸、维西、康定、西藏一线，从事山货药材的收购和运销贸易。”[⑦] 这些商号将内地的茶叶、红糖、

---

① 周智生：《晚清民国时期滇藏川毗连地区的治理开发》，社会科学文献出版社2014年版，第18页。

② 石硕：《西藏文明东向发展史》，四川人民出版社1994年版，第93—94页。

③ 格勒：《甘孜藏族自治州史话》，四川民族出版社1984年版，第96页。

④ 顾祖成：《明清治藏史要》，齐鲁书社1998年版，第75页。

⑤ 陈一石：《清代川茶叶的发展及其与藏区的经济文化交流》，载《清代边疆开发研究》，中国社会科学出版社1990年版，第305页。

⑥ 周智生：《商人与近代中国西南边疆社会》，博士学位论文，云南大学，2002年，第154页。

⑦ 赵启燕：《鹤庆商帮研究》，硕士学位论文，云南大学，2005年。

纺织品、火腿、盐巴等通过分商号销售给藏区的各族人民，同时又将藏区的山货、药材、皮毛、麝香等通过马帮运回丽江、下关、昆明，并转销到武汉、香港，甚至国外。马帮的运输过程不仅有大的商家的参与，也有其他少数民族的较小赶马团队甚至个人的参与，整个过程是由不同民族“分阶段接力式”的形式完成，各民族就是其中的“接力手”。比如，在滇西北地区主要以白族商人运送和经营为主，在丽江则着重依靠纳西族商人进行贸易，到香格里拉又主要以藏族和寺庙的商帮为核心，至于像西康及拉萨这样的核心区，往往是各民族商帮的集中区，即藏族、纳西族、白族、汉族等的商号林立。

在西康地区，以茶叶和药材为主要贸易物资的“茶药互市”一直是西康经济的中心。藏商把收购来的药材汇集在康定后，要靠康定的商号转运内地甚至远销国外。西康地区的汉藏人民有着悠久的贸易历史，而且贸易规模大、商号林立，商贸交流非常活跃。“来康定收购药材的以陕西的商人为多，川商次之，其他省也有少数行商前来收购。陕商中最著名的有集义生、德泰合、泰来恒、如义和、天增公等。川商中最著名的有忠信仁、丰记等。一些资本雄厚的陕西商号也会在关外较大城市如甘孜、理塘等地开设分号，直接从采药者手中收购。各地藏商每年运到康定来销售的各种药材，按照当时市价，总值达大洋二百余万元，折合藏洋六七百万元。根据川边财政厅的记载，雅安、荥经、天全、名山等地出产的茶叶往往经由康定销售，每年销售的边茶总量可达五十四万包，平均每包按藏洋十二元计算，总价值将达到六百余万藏洋。”①

汉藏之间兴起的大规模贸易互市，加强了内地与藏区的政治经济联系，通过马帮的驮运，内地的茶叶、布匹、红糖、盐巴、火腿等运往藏区，藏区的氆氇、牲畜以及珍贵的藏药输入内地，伴随茶马古道上的悠悠马铃，汉藏人民交流了感情，增进了团结友谊，繁荣和发

---

① 冯有志：《西康史拾遗》，甘孜藏族自治州政协文史资料委员会编印，1993 年，第 425—426 页。

展了当地经济，藏区和内地也更加紧密地联系在一起。

三　军队驻防，戍守边地

驻军是历史上内地人口进入藏区的一种重要形式。元朝西藏正式并入其统治版图，元中央政府在藏区驻军戍边致使大量军官士兵进入藏区。明清两朝延续元朝在西藏驻军的传统，招募士兵驻守塘站粮台。大量内地人口进入藏区，加速了汉藏民族的融合，驻军为维护藏区稳定、维护国家的统一和边疆安全做出了重要贡献。

元以来，西藏地区正式归属中央统治版图，此后历朝的统治者都重视在西藏地区驻军。元政府在西藏地区设立各级官府，并派诸王领军驻守边沿地带，这些将领兵士留在西藏后多在当地安家落户、娶妻生子，与当地的藏族人民融为一体。元政府为了加强对边疆地区的控制力度，还设立宣政院统一管理西藏地方防务，在乌思藏和其他藏族地区调查户口、确定贡赋、建立驿站、推行乌拉制度，并招募士兵戍守驿站，大量军民在这一时期进入藏区。

清朝延续元朝在西藏驻军的传统，派驻大量军队驻扎藏区并招募军民戍守驿站、粮台，从康熙年间开始，清政府在西藏驻军的数量逐步增加。“1700 年（康熙三十九年），清派兵平定打箭炉（今康定），营官昌侧集烈叛乱后，于泸定化林坪设化林营驻扎重兵，泸定县城设汛守卫。”① 1716 年（康熙五十五年），清朝派兵西征，讨伐蒙古准噶尔部在西藏的叛乱。1718 年（康熙五十七年），川兵进驻理塘，次年又抵巴塘。进入藏区的士兵中一部分人被留下来驻守塘站和粮台，称为兵营“阜和协”，同时派有一名专职副将驻打箭炉管理这些留下的塘站和粮台。这些从内地而来兵士“后乃渐有家室牵盘，每届调换，退除名粮，即为土著”。② 驻防的官兵退役后便在当地娶妻生子、安家落户，从事农耕、畜牧、经商等生产活

---

① 康定民族师专编写组：《甘孜藏族自治州民族志》，当代中国出版社 1994 年版，第 193 页。

② 王廷选：《昌都历史述》，载西藏昌都地区档案馆编《西藏昌都地区社会历史调查》，2001 年内部印行。

动，逐步与当地居民融为一体，为藏区经济开发做出了积极的贡献，成为促进藏区经济开发的重要力量。

中央王朝向藏区驻扎军队并招民戍守驿站、关哨、粮台，是中央王朝大规模向藏区移民的一种重要方式。由于地处偏远，士兵大多在兵役期满后留在当地安家落户，并渐渐融入当地民族中。他们在藏区不仅传播了先进的农业生产技术，而且从事经营烧酒、缝纫、皮革、打制银器和铁农具、商业中介等活动，成为内地与滇川藏毗连藏区文化交流的使者，为边疆地区经济开发做出了积极的贡献。

四　隐遁山林，蛰居避难

历史上也有一些内地人因躲避战乱而迁入藏区。明末清初，四川发生战乱，大批难民因此迁入泸定，另有一部分人迁入打箭炉（今康定）地区居住。清雍正年间，在川西南地区推行的大规模“改土归流”，导致彝族人民与清政府产生了激烈的暴力冲突和对抗，原本居住于这一地区的彝族人民为躲避战乱，纷纷迁入九龙和泸定等地居住。清末民初，四川动乱再起，凉山冕宁、越西等地的彝族奴隶发动“拉库起义”，许多彝族群众再次相继迁入九龙、泸定两县，还有一些迁入到了与大凉山地区毗连的木里县。咸同年间爆发的杜文秀回民起义，持续时间长达18年之久，地域涉及滇、桂、贵、川等省，持续时间长、波及范围广，原本居住在这些地区的汉族、回族、白族、纳西族、傈僳族等民众，为躲避战乱纷纷迁入更为偏远的滇西北、川西南、藏东南等高原山区居住。鹤庆县“有很大一部分人，为了避乱，移居江边地区，即金沙江沿岸丽江的塔城、巨甸、石鼓、龙盘及对岸属于中甸的金江、下桥头等地”。[①] 鹤庆县舒氏族谱记载：“清王朝‘咸同之乱’时，为避殃而定居（金沙江）一线从事商业手工业的族人已达数十户，迄今已成巨甸

① 熊元正：《清末至民国期间鹤庆的集市与贸易概述》，载《大理州文史资料》第六辑，转引自周智生《商人与近代中国西南边疆社会》，博士学位论文，云南大学，2002年。

大族。"① 滇藏边境的阿墩子（今德钦县）在"咸丰同治年间，滇省杜文秀事变，滇西方面来此避难者亦多，人事增繁，乃由维西厅设一税员兼理民情，可谓政府治理之始"。② "中甸归化寺（松赞林寺）建成后，有丽江、鹤庆等地纳西族因战乱迁到归化寺旁的克那村和春枯路村出售食品和经营马店。'克那村的纳西族出售烟、酒、茶、糖，包括豆腐和凉粉之类，归化寺喇嘛常利用休息时间，出入于克那村。春枯路村曾经一度变成为藏族和纳西族进行茶、马贸易的中心，适应茶马贸易的需要，马店最多时达到三十户。'③ 这两个由鹤庆、丽江等地迁来的白族和纳西族人口迁移聚集形成的村落，经过繁衍和融合，至今已成为松赞林寺旁的两个藏族大村落。"④ 2012—2014 年，我们在调研中也发现，这两个村落村民妇女的头饰、村民的生活习惯与丽江和鹤庆甸北白族有一定的相似性。

五　移民边区，开荒垦殖

今天的川西高原一带，在历史上曾与藏民有过密切的联系。大约在宋朝时期，居住在这一带的汉人与吐蕃人形成了一种特殊的"蕃租"关系。即吐蕃人把田地交给汉人，定时收取租税，而汉人则会过大渡河到吐蕃人的土地上为其耕种。《宋会要辑稿·蕃夷五》记载："黎州（今四川汉源）过大渡河外（今四川甘孜藏族地区），弥望皆是蕃田，每汉人过河耕种其地，及其秋成，十归其一，谓之蕃租。"⑤ 汉人农民租种藏民的田地，同时也将先进的农业生产技术

---

① 《鹤城舒氏族谱》，1999 年续编，鹤庆县档案馆收藏。转引自周智生《商人与近代中国西南边疆社会》，博士学位论文，云南大学，2002 年。

② 民国云南省政府秘书处档案，"民国三十三年德钦设治局自治概况"，卷宗号 106－1－1603，云南省档案馆藏。转引自周智生《商人与近代中国西南边疆社会》，博士学位论文，云南大学，2002 年。

③ 宋恩常：《迪庆藏族封建制度调查》，载《云南少数民族社会历史调查资料汇编》（一），云南人民出版社 1986 年版，第 56 页。转引自周智生《商人与近代中国西南边疆社会》，博士学位论文，云南大学，2002 年。

④ 周智生：《藏彝走廊地区历史上的族际经济互动发展研究》，研究报告，云南省哲学社会科学项目，第 23 页。

⑤ 《宋会要辑稿》蕃夷五，转引自贺卫光《中国古代游牧文化的几种类型及其特征》，《内蒙古社会科学》（汉文版）2001 年第 5 期。

带到了藏区，一定程度上促进了藏区农业生产力的进步。这种不同经济类型下产生的独特经济协作形式，推动了汉人边民向藏区的流动，也使以收取和缴纳“蕃租”为载体的经济协作，成为宋代汉民进入藏区的重要形式。

在1462—1641年近200年的时间里，明代丽江木氏土司控制着滇川藏毗连藏区并积极地进行开发治理。为巩固其对新占领地区的统治，木氏采取整村移民开地垦荒的方式，向巴塘、理塘、乡城、木里、盐井、芒康、察隅等地进行大规模移民，迫使数万名纳西族先民离开原住地，迁往滇川藏毗连地区。对于当时纳西族人口，在滇川藏毗连藏区的分布数量，格勒在《甘孜藏族自治州史话》中记载：“据1954年开展民族识别时，有人提到纳西族曾经在甘孜藏族地区最少有五千户以上，这个估计丝毫不过分，尽管现在居住在这一地区的纳西族人数不多。”① 赵心愚推测：“在木氏土司强盛时，迁徙到川滇边藏区的纳西人应多达数万甚至更多，在当时的情况下这是一个不小的数字。”② 庞大的移民队伍为康藏地区带来了丰富的劳动力，传播了先进的农业生产技术，为开发滇川藏毗连藏区做出了突出贡献。

明代人口向滇川藏毗连地区的流动主要出于政府屯田戍边的需要，属于政府组织的强制性的人口迁徙，迁入地大多集中于山间平地、坝区、道路沿线等适宜耕种且交通便利的地区。清代以后，内地人民向滇川藏边区的迁移主要是民间自发流动，而且相当数量的内地移民开始进入到更加偏远的山区。美国学者李中清研究发现：“清代云南、贵州和四川西部各府厅的移民总数可在300万—400万之间，而且这些进入西南地区的内地移民大多已经深入到从前汉族

① 格勒：《甘孜藏族自治州史话》，四川民族出版社1984年版，第114页。转引自周智生《明代丽江木氏土司藏区治理策略管窥》，《中国边疆史地研究》2013年第4期。

② 赵心愚：《和硕特部南征康区及其对川滇边藏区的影响》，《云南民族学院学报》（哲学社会科学版）2002年第3期。转引自周智生《明代丽江木氏土司藏区治理策略管窥》，《中国边疆史地研究》2013年第4期。

移民很少进入的边疆地区。”[①] 在滇西北地区，丽江府改土归流后有相当数量的外来移民迁入居住，仅乾隆三十六年（1771）至道光十年（1830）间，丽江县的外来屯户就有三万四千三百九十二丁，约占全部人口的10%。[②] 清咸丰年间，“川、广、黔、粤无业之徒，负孺携妻，垒垒踵至，为人充佃户，垦火山，诛峁结社于羊塘里，不下数千人”。[③] 汉族移民大量进入滇西北民族地区，成为推动这一地区族际互动的重要动力。在川西地区，清朝统治者为了加强对西南边疆的控制，出台了多项法令鼓励内地农民出关开垦。据统计，“公元1750—1850年（乾隆十五年至道光三十年），清政府往川边藏区徙入汉人一万六千人，这些汉人除军人外，不少是川籍商人和金矿夫”。[④] 任乃强先生在《西康图经》中记载：“自湖北四川等省，召集垦民，运送到康西康垦民，以四川遂宁安岳资中三县人最多，大都光宣之世，来边地经营小贸者。当其初垦一地……两年以后……垦地渐宽，收益渐裕，于是招其乡邻亲戚之贫者，来共此业。”[⑤] 到光绪三十二年（1906），四川各县已招来垦民800名，其中有眷属者370余人，分发给定乡200名、稻城200名、巴塘200名、河口200名、另留200名开垦东俄洛。[⑥] 至宣统三年，清政府前后共招募了四川内地农民1723名，有眷属者600余人，分发之地为炉城、河口、稻城、定乡、乡城、巴塘、盐井、道孚、甘孜各县。此外，还拟续招垦夫2000名，以开辟金沙江以西的各县。[⑦] 大

① ［美］李中清：《明清中国西南的经济发展和人口增长》，载《清史论丛》第五辑，中华书局1984年版。转引自周智生《商人与近代中国西南边疆社会》，博士学位论文，云南大学，2002年。

② （光绪）《丽江府志·食货志》，光绪二十一年刻本。转引自周智生《商人与近代中国西南边疆社会》，博士学位论文，云南大学，2002年。

③ （咸丰）《邓川州志》卷四《风土志》，咸丰三年石印本。

④ 格勒：《甘孜藏族自治州史话》，四川民族出版社1984年版，第131页。

⑤ 任乃强：《西康图经》，西藏古籍出版社2000年版，第255页。

⑥ 冯有志：《西康史拾遗》，甘孜藏族自治州政协文史资料委员会编印，1993年，第49页。

⑦ 同上书，第50页。

量内地农民在政府的支持和鼓励下出关垦殖，使西南边疆地区的广袤土地得到开发和利用，内地人民与藏区人民的接触和交往更加直接频繁，内地与藏区之间的联系得到进一步加强。

六　宗教传播，教派纷争

（一）僧侣朝觐、游历

宗教文化的交流也是滇川藏地区人口流动的重要形式，历史上伴随藏传佛教的传播，许多僧人远赴西藏拜谒圣地、研习佛法，寺院之间的交流和往来也是促进人员流动的重要因素。在滇西北地区，由于明朝丽江木氏土司的提倡和推动，藏传佛教取得了长足发展。噶举派还有格鲁教派等纷纷在滇川藏地区大兴土木、修建寺院，同时宣扬佛法、广收僧徒。余庆远《维西见闻录》所载："黄教喇嘛，番僧也。番谓僧为喇嘛，分红黄教，维西皆有也。红教（此指噶举派红帽系）之类甚繁，黄教止达赖喇嘛一种，皆古宗出家者。""头目有二三子，必以一子为喇嘛，归则踞坐中庭，父母皆拜。"① 说明藏传佛教在滇西北地区影响甚广，时人皆以当喇嘛为荣。滇川藏地区藏传佛教寺院的规模也是相当庞大的。"元至正十三年，在永宁的格姆山下修建了者波萨迦寺，寺院最兴盛时，僧人多达500人。另外，还有蒗蕖萨迦寺和挖开萨迦寺，僧额各为200名。这三座寺的寺主历来由当地土司之弟世袭，宗教活动受土司的管理。"② 清初以后，滇川藏地区的藏传佛教最为兴盛，寺院之间研习佛法、僧人外出游历颇为频繁，许多入藏经商的"藏客"就是跟随这些僧人进入藏区的，历史上，以宗教文化传播为纽带的僧旅往来成为滇川藏地区人口流动的一种重要形式。

（二）教派斗争，僧侣避难

苯教是藏民族的原始宗教，佛教是后来由印度传入藏区的，苯

---

① 于希贤、沙露茵：《云南古代游记选》，云南人民出版社1988年版，第127—128页。

② 杨学政：《藏族、纳西族、普米族的藏传佛教》，云南人民出版社1994年版，第183—184页。

教和佛教是两种截然不同的宗教文化形式，在传播过程中不可避免地引发冲突和矛盾。吐蕃赞普赤德祖赞“弘佛灭苯”引起了苯教信奉者的不满。到了赤松德赞时期，苯教和佛教爆发了第一次正面冲突，佛教战胜苯教，苯教势力大减。不久，双方再次发生冲突，佛教在辩论中获胜，成为统治者尊崇的合法教派，苯教徒遭到迫害而远走他乡，在滇川藏边缘藏区得以留存。《迪庆州宗教志》记载：“当时部分苯教徒来到川、滇交界的今迪庆及宁蒗、木里等藏族、纳西族人民居住的区域。”① 公元841年，吐蕃赞普朗达玛在反佛势力支持下掀起了大规模的灭佛运动。“反佛灭佛势力对佛教僧侣进行残酷的镇压和迫害，大部分僧人逃往边地，未逃者沦为俗人。许多著名的佛教高僧大德因此被迫害致死，未死者则隐姓埋名，或退居山林，或逃往阿里、安多、西康等地，有的甚至逃往西域。”② 公元11世纪，佛教逐渐在藏区复兴，噶当、宁玛、萨迦、噶举等教派相继形成并开始向滇川藏毗连藏区传播。明万历四十年（1612）到明崇祯十五年（1642），藏传佛教格鲁派兴起，并在蒙古和硕特部支持下迅速发展壮大。随着格鲁派实力不断强大，格鲁派不断遭到其他教派的仇视和嫉恨，出于对自身派系发展和安全考虑，五世达赖和四世班禅秘密商议决定派人赴青海请和硕特部首领固始汗率兵前往相助。蒙古和硕特部一路南下，先后打败了甘孜白利土司和丽江木氏土司，占领了滇川藏毗连藏区，与格鲁派联合建立了噶丹颇章地方政权。格鲁派在蒙古和硕特部的支持下迅速成为滇川藏毗连藏区最大的教派，中甸、德钦、巴塘等地的宁玛、萨迦、噶举等教派被强迫改宗格鲁派，寺院财产全部没收，寺院僧众被遣散，民众只能信仰格鲁派，滇川藏毗连藏区呈现格鲁派独大的局面。历史上多次大规模的教派纷争促发了人口向滇川藏毗连藏区的流动。

---

① 迪庆藏族自治州民族宗教事务委员会：《迪庆州宗教志》，中国藏学出版社1994年版，大事记第1页。

② 克珠群佩主编：《西藏佛教史》，宗教文化出版社2009年版，第87—92页。

（三）西方传教士进入滇川藏毗连藏区传教

清中期以后，陆续有外来传教士进入滇川藏毗连地区传教，这些地区主要包括云南的维西、德钦、察瓦博木噶、丽江、怒江等地，四川的巴塘，西藏的芒康、盐井、扎那、门孔等地，其进入藏区的过程大致可分为三个阶段：

第一阶段是18世纪初期至19世纪初期，这个时期传教士主要在康区扩展势力，企图利用生活上的小恩小惠吸引一部分藏汉民众信教，但并没有取得很大进展，也未能造成广泛影响。

第二阶段是19世纪中前期，这个时期进入康藏地区的传教士主要有1848年进入康区传教的法国传教士罗勒拿（Charles Rene Alexis Ronall）和肖法日（Jean Chanles Fage）；[①] 1857年进入康定的法国传教士古尔德等。[②] 由于清政府和藏区人民对传教活动采取抵制的态度，传教士纷纷采取迂回方式，装扮成商人或借助行医、教学等途径，潜入当地并以之为据点发展和扩张势力范围，他们在江卡、邦拉、巴塘、康定、盐井、中甸、维西等地购置地产并建立教堂、医院和学校，企图聚集民众，传播教理，征服思想，替代佛教，建立据点，逐步前进。[③]

第三阶段是咸丰八年（1858）《天津条约》签订后，英国、法国等国依据“耶稣教、天主教教士得入内地自由传教”的条文，先后派遣大批传教士前往川西、滇西北、藏东南等边远地区公开从事传教活动。先后有传教士查尔斯·菲格（Jean - Charles Fage）、德格定（Than - kmsb - gar - bo）、巴布埃（Bourry）等到达芒康、巴塘等地宣扬基督教义、建立教堂并发展教徒。“1876年，英国和法国传教士相继进入滇川藏毗连的德钦、芒康等地传教并建立教堂。

---

① 迪庆藏族自治州民族宗教事务委员会：《迪庆州宗教志》，中国藏学出版社1994年版，大事记第5页。

② 邓前程：《试论清末至民国康区外国教会》，《民国档案》2006年第3期。

③ 秦和平、张晓红：《近代天主教在川滇藏交界地区的传播——以“藏彝走廊”为视角》，《西南民族大学学报》（人文社会科学版）2009年第2期。

光绪三年（1877），罗马教皇增派法、奥、意、德等籍教士30余人到川边传教。”[①] 随着一波波传教士的到来，西方宗教势力在滇川藏毗连地区逐渐壮大，截至1913年，仅巴塘地区外来传教士及其家属人数已有30余人，教徒30—40家。[②] 康区作为外来宗教势力的重要传播区域，截至1936年已有教徒6000余人。[③]

近代西方宗教在滇川藏毗连地区的传播，是处于非常国际环境之中的宗教运动。不可否认，这种宗教传播方式也具有一定的文化内涵，西方传教士在传教地区兴办学校、设立医院的活动客观上有利于近代先进文明的传播，促进了中西方文化的交流，这是我们应该正视并予以肯定的方面。但是，当时的时代背景下，西方宗教在我国滇川藏毗连地区的传播，并非一种简单的宗教文化的传播，而是伴随着资本主义的兴起，为了满足资本扩张的需要而发起的以宗教文化为先遣部队，以传教之名，行殖民扩张之实的卑劣行径。“它从一开始就是一种极不平等的强势文化对弱势文化的入侵，是帝国主义凭借其制度、技术和经济上的优势，用船坚炮利迫使中国打开国门的侵略行为，其最终目的是建立起国际资本对中国经济、政治和文化的霸权。”[④] 因此，西方传教士在我国境内的传教活动，是西方列强侵入中国西南边疆的一种手段，是一种带有浓厚的资本主义扩张色彩的宗教传播方式。

第三节 人口流动的动力机制

历史上人口向滇川藏毗连藏区流动的原因主要在于迁出地的推

① 赵艾东：《美国传教士史德文在1917—1918年康藏纠纷中的活动与角色》，《西藏研究》2008年第6期。

② 邓前程：《试论清末至民国康区外国教会》，《民国档案》2006年第3期。

③ 范召全、陈昌文：《国民政府时期西康地区宗教样态二十年（1928—1948）变迁研究》，《世界宗教研究》2010年第4期。

④ 刘锦涛、张箭：《明清时期传教士入藏传教述评》，《中国藏学》2009年第4期。

力和迁入地的拉力。[①] 生产、生活资料的供给不足、商品交换的需求、战争的驱动以及统治者的强迫迁徙政策，是人口进入藏区的推力因素；统治者采取的怀柔政策、迁入地更多的潜力和机会是人口流向藏区的拉力因素。历史上，人口向滇川藏毗连地区的流动，往往是多种因素综合作用的结果。

一 通道型地理环境驱动

滇川藏地区复杂多样的地理环境和天然形成的河谷通道，历来是民族迁徙的走廊和商旅往来的通道。横断山区自东向西分布着邛崃山、大渡河、大雪山、雅砻江、沙鲁里山、金沙江、芒康山、澜沧江、怒山、怒江和高黎贡山等高山深谷，呈现出山脉纵横、河流深切、山坝相间、江河遍布的地理环境格局，南北纵贯、东西并列的大江大河冲刷和深切山脉，造就了地势低平的河谷，成为连接藏区与内地的天然通道。历史上氐羌族群南下，百越族群西进，百濮族群北上，还有大批汉族移民和回族、蒙古族、满族的迁徙流动，无不是通过天然的河谷走廊进行的。[②] 颇负盛名的“茶马古道”也充分利用了横断山区的天然河谷通道，从云南普洱出发经大理、丽江、香格里拉，沿怒江、澜沧江、金沙江一路北上，翻越梅里雪山到达西藏的察隅、左贡、芒康等地，进而抵达拉萨、亚东、日喀则，再分别到缅甸、尼泊尔、印度及红海沿岸各国。[③] 滇川藏毗连地区通道型的地理特征为茶马古道的畅通无阻奠定了基础，而茶马古道的长盛不衰，也促进了滇川藏毗连地区的人流、物流的频繁交换，使这一地区成为多民族族际互动和多元文化交融最为突出和频繁的地区。

二 政府治边政策驱动

历史上，一些内地人口向藏区的流动并非完全出于自愿，很大程度上是统治阶级执行治边政策的结果。统治者为了巩固自己在边

---

① 李吉和：《中国古代少数民族迁徙原因探讨》，《中南民族大学学报》（人文社会科学版）2004 年第 1 期。

② 郭家骥：《云南民族关系调查研究》，中国社会科学出版社 2010 年版，第 186 页。

③ 郭家骥：《地理环境与民族关系》，《贵州民族研究》2008 年第 2 期。

疆地区的统治地位、维护边疆地区的安全与稳定、促进边疆地区的开发与繁荣，通常会采取招民屯垦、移民实边等措施，鼓励和支持内地民众进入偏远地区开荒垦殖、从事生产经营活动。明代丽江木氏土司强迫纳西先民迁往巴塘、理塘、盐井、芒康、察隅等滇川藏毗连地区垦殖经营，在内地招募大批汉族、回族和白族工匠，开发中甸、木里、兰坪等地矿产资源，都是其开发边疆、巩固统治的措施。清政府为巩固其在西南地区的统治，在滇川藏边区开矿办厂、招民屯垦，极大地带动了人口向滇川藏交界地区的流动。大量民众在统治者开发边疆政策的驱使下进入偏僻的藏区，促进了滇川藏连接区域内各民族聚居区的经济联系和交流。国家为开发边疆而采取的强制措施，具有不可违抗的性质，它所带来的强大号召力是历史上人口流向藏区的强大驱动力。

三　经济文化交流驱动

滇川藏毗连藏区作为一个多民族聚居区，历史上以茶马古道为纽带的区际经济联系发展历史已经表明，这一区域内的各民族在经济文化方面的互动交流，是驱动滇川藏边区社会经济发展的重要动力。[①] 商业贸易的兴盛促使大量人口流向藏区，在频繁的商业贸易中内地人民与藏民增进了解，加强了沟通，形成了彼此联系紧密的合作共生关系，这种紧密的友好关系反过来又促进了双方人口的流动，使滇川藏毗连地区的各民族之间形成了彼此依赖、相互促进的民族关系面貌。文化的交流也是促进人口向滇川藏毗连藏区流动的重要因素。元朝末年，藏传佛教由西藏传入川西和滇西北地区，明代经由丽江木氏土司的大力提倡，噶玛噶举派和格鲁教派广建寺庙、大批发展教徒，在滇川藏毗连藏区获得了广泛的信仰。清初后，进入寺院研习藏文经典已成为滇西北地区的丽江、维西、永宁、中甸等地民间重要的文化风尚，一些名山胜迹吸引着信仰藏传佛教的民众远赴朝圣。历史上的滇藏民间商贸往来和宗教文化交流相辅相成、相互促进，借

---

① 周智生：《滇藏川民间商贸现状及发展趋向研究》，《云南民族大学学报》（哲学社会科学版）2006 年第 3 期。

助宗教文化的传播交流，滇川藏地区人流和物流得以贯通交换，而商贸的往来则进一步促进了滇藏间跨区域文化的传播，滇川藏地区频繁密切的经济文化交往成为这一地区人口流动的重要动力。

四　权力角逐驱动

滇川藏毗连藏区的地缘区位非常重要，东西向可沟通四川和西藏，进而远抵印度、尼泊尔；南北向连接云南和西藏，进而到达东南亚诸国，是中国西南的重要交通枢纽，历来是兵家必争之地。历史上，滇川藏毗连地区征战频仍，众多流动人口以驻军、避难、劫掠等形式不断迁移到该区域。唐朝时期，吐蕃屡犯西南，每战必劫掠大量人口而去，动辄数万。清朝时期，朝廷多次向滇川藏毗连地区派兵，1700 年，派兵平定打箭炉营官昌侧集烈叛乱，并于泸定化林坪设化林营驻扎重兵；1718 年，川兵进驻理塘和巴塘；1856 年，为平定杜文秀起义向滇西北的大理、丽江、鹤庆、剑川等地派驻大量清军。频繁的战争一方面使大量的军队进驻滇川藏，另一方面也使许多内地人民为躲避战乱而纷纷离开故土，逃亡到滇川藏毗连地区的茫茫山林中隐居避难。如大理鹤庆在清末平定杜文秀起义的战争中就有很多人为了躲避战乱，移居到金沙江沿岸的塔城、巨甸、石鼓、龙盘等地，也有一部分人跨过金沙江移居到对岸的金江、下桥头等地。上层统治者为争权夺利而发动的战争通常具有人口流动规模大、流动目的性强、流入地集中等特点，在频繁的战争中，大量内地人口以驻军、避难等方式纷纷进入滇川藏毗连地区。

五　交通条件改善驱动

滇川藏毗连藏区山高谷深、江河纵列，交通极为不便，且沿途山林茂密、野兽出没，通行必冒着生命危险，恶劣的交通条件是阻碍内地人民大规模进入这一地区的客观因素。自唐与藏地开展茶马贸易以来，为了方便双方交易，唐朝廷开始在滇川藏边区修筑驿路，此后，历朝政府都十分注重进藏交通设施的修缮。元政府首创“驿传”体系，在西藏、云南、四川等地区广设驿站，并修建了由大理经丽江进入拉萨的驿道。根据《永乐大典·站赤》记载：“有一条大理至丽江道，中经邓川、观音山、剑川、剌八诸站。由丽江北上，便可入吐蕃地区。”① 明政府新修通了从雅安到西藏的驿路，这一举措使得滇川藏毗连地区形成了完整的官方交通网络体系。② 驿站的修建大大改善了进藏的交通条件，有力地促进了内地人民向滇川藏毗连藏区的流动。伴随着驿站的修筑，许多官员民兵驻防于此，逐渐在当地娶妻生子、安家落户。方国瑜在其《中国西南历史地理考释》一书中对此现象有这样的记载：“此等民户，原是统治者布置弹压边境，而大都穷苦人民。驻防以后，开山地，辟农田，修道路，兴水利，建村舍，生息于此，成为乐土也。”③ 历代政府在滇川藏毗连藏区修建的驿路，设立的驿站、关哨、汛塘等，为进入藏区提供了良好的基础设施，为进入藏区的人员提供了安全上的保障，随着交通条件的改善，更多的内地商人进入藏区经营贸易，许多官员、士兵也逐渐落籍于此，与当地人民杂居共处、相互融合。交通条件的改善是促使内地人口进入藏区不可忽视的重要客观条件。

第四节 人口流动的基本特征

一 以商贸交流为主，多种流动形式并存

内地人口向滇川藏毗连藏区流动有和亲、征战、遣使、避难、移民、屯戍等多种形式，但贯穿始终的、最频繁的人口流动形式当属商贸往来。滇川藏毗连地区作为茶马古道的重要中转站和枢纽，是茶马古道上大宗货物的转运和销售环节，行走在这条道路上的商人和商帮络绎不绝。早在唐朝双方边民就开始通过贸易往来互通有

① 《永乐大典·站赤八》引《经世大典》。

② 周智生：《晚清民国时期滇藏川毗连地区的治理开发》，社会科学文献出版社 2014 年版，第 21 页。

③ 方国瑜：《中国西南历史地理考释》下册，中华书局 1987 年版，第 1230 页。

无、调剂余缺，滇藏、川藏之间有许多民间通道存在。《蛮书》载："大羊多从西羌、铁桥接吐蕃界，三千二千口将来博易。"[①] 这反映了当时唐与吐蕃之间的贸易往来情况。宋朝与吐蕃之间的贸易往来主要通过贡赐贸易、榷场交易和民间私市交易三种方式进行。有史料载："宋神宗时西南蕃八百九十人来贡方物，赐缘路驿券。"[②] "永康军与西蛮夷接，四海一统，夷夏相通，蕃人之趁永康市门，日千数人。"[③] 这都反映了当时与藏区贸易之兴盛、往来之频繁。明清时期茶马贸易日趋兴盛，政府放宽了对民间私茶贸易的限制，大量民间商人和商帮开始进入藏区从事商贸活动，到了明中后期，民间私茶贸易甚至取代了官办贸易，成为茶马互市的主要形式，许多民间商人在拉萨等地开店设号，开始从行商转变为坐商。到了清朝，雍正帝将原茶马司改为"歇家"，作为民族贸易的场所。滇川藏毗连藏区的商贸交流规模庞大，从事商业贸易的人数众多，自古以来是人口流向滇川藏毗连藏区的最主要形式。

二　国家政策驱动和民间自发流动并存

历史上人口向滇川藏毗连藏区的流动既存在国家政策主导下的流动，也存在民间的自发性流动。其中，和亲、遣使、移民实边、招民屯垦、军队驻防是以国家为主导的人口流动；逃难避乱、民间商贸往来、朝圣游历属于人口的自发性流动。以政府为主导的人口流动通常规模较大，有正式的管理机构和相关政策法规，表现出较强的组织性和纪律性。如清末新政中，朝廷采取了一系列措施鼓励移民出关屯垦，开发边区。由赵尔丰拟定《复陈川滇边务应办事宜并拟具章程折》并制定《办垦章程》十二条，出台各项优抚措施：为移民提供耕牛、良种，补贴生活费、免税三年、以出产作物抵还

---

① （唐）樊绰：《蛮书》卷七《管内物产》，木芹补注本，云南人民出版社1995年版。

② 《长编》卷224，熙宁六年四月乙亥，转引自汤惠玲《宋元时期藏区经济研究》，博士学位论文，暨南大学，2006年。

③ （宋）石介：《徂徕集》卷9《记永康军老人说》，转引自汤惠玲《宋元时期藏区经济研究》，博士学位论文，暨南大学，2006年。

等鼓励移民出关开垦。[①] 民间人员的自发性流动则规模较小，没有严格的规章制度，流动具有随意性，组织相对比较松散。以政府为主导的人口流动和民间人员的自发性流动在同一个历史时期往往是同时存在的，且政府组织的大规模流动常常会引发民间人员的自发性流动，如政府军队的征战会引发民众为躲避战乱而迁移。

三 从局限于滇川藏周边地区的短途流动扩大到远及陕浙赣的长途流动

分析唐以来滇川藏毗连藏区的流动人口，可以发现来源地愈加广泛的特点。由于滇川藏毗连藏区山高谷深、地形复杂，进入这一地区的道路险阻、交通不便，因此，起初流动人口大多来自周边地区，属于小范围的流动。元以后，历代统治者注重在滇川藏边区修筑驿路，并设军队驻戍，大大改善了当地交通条件，进入滇川藏毗连藏区的人口从最初的来自西藏、四川、云南等滇川藏周边地区，逐渐扩展为来自陕西、山西、河南等中部地区，有的甚至到达江苏等东部沿海地带。中央王朝对边疆的开发治理和茶马贸易的日趋繁荣，促使来自甘肃、陕西、四川等地的商人、农民、矿工陆续进入滇川藏毗连藏区。《甘孜藏族自治州民族志》记载：“乾隆平定金川后，经济恢复，商业日盛，陕、甘、青等地商人来康经商、佃耕、采矿而安家定居。”[②] 在滇西北地区，“中甸的商贾和办厂商人多数是山西、陕西、江西、河南、江苏和四川籍的汉人”。[③] 民国学者黄举安记录：“清代德钦发现茂顶矿藏，时有江西、陕西、四川各省人民相率前往开采。”[④] 此时，滇川藏毗连藏区流动人口的流出地的范围与唐朝相比已经有了极大的扩展，流动距离有了显著增长。

---

① 周智生：《晚清民国时期滇藏川毗连地区的治理开发》，社会科学文献出版社2014年版，第82页。

② 康定民族师专编写组：《甘孜藏族自治州民族志》，当代中国出版社1994年版，第261页。

③ 潘发生、潘建生：《中甸经济贸易发展史》，《迪庆方志》1992年第1期。

④ （民国）黄举安：《云南德钦设治局社会调查报告》，载《德钦县志》，云南民族出版社1997年版。

第四章 不同历史时期人口流动与滇川藏毗连藏区的族际关系

“民族关系是在特定的自然生态和民族分布格局基础上，不同民族和不同族群在生存与发展过程中相互之间进行经济文化交流而形成的。”① 滇川藏毗连藏区由于其特殊的地理环境、资源状况、特有的“边内结构”和“山坝结构”② 客观上决定了该区域的民族关系离不开其与中央王朝的关系，离不开具有差异性的不同地域单元之间的联动关系，离不开山区与坝区之间的关系，离不开由于区位差异、地理条件差异而造就的不同自然单元之间的不平衡。然而，由于“边内结构”和“山坝结构”综合作用而造就的不平衡空间结构以及各少数民族相对稳定的分布格局一旦形成之后，人口流动便成为民族关系变化的重要推动力量，因为，只有人口流动才能使得边疆和内地之间有联系的可能，才能使差异性的地域单元、不同海拔的各民族群体在坝区与半山区、半山区与山区以及同一地理空间的不同群体之间开展商贸和文化的交流。简单地说，流动人口犹如穿梭于中央与边疆之间，坝区、半山区、山区之间的信使，将生活在这些孤立的地域单元的人连成有序的统一体。正因为人与人之间的流动，才使生活在不同地域单元的人有了相互交流和了解的可能，而同一地域不同民族、同一民族不同族群之间不断地交往和了

---

① 郭家骥：《云南民族关系调查研究》，中国社会科学出版社 2010 年版，第 48 页。

② 同上书，第 110—111 页。所谓的“边内结构”，是地理区位上边疆与内地的差别及其相互影响；“山坝结构” 自然环境中山区与坝区的差别及其相互影响，详见郭家骥先生的专著。

解最终形成了滇藏川毗连藏区之间的民族关系。可以说，人口流动直接影响了滇川藏毗连藏区“政治、经济、社会、文化诸方面的格局和个性”，是间接推动这一区域发展的重要动力。

长期以来，正因为滇藏川毗连藏区特殊的地理环境、中央王朝对边疆的不断影响、人口的流动等，才使滇川藏毗连藏区不同族群之间的交往互动异常频繁，形成了当前汉、藏、白、回、彝、纳西、傈僳、景颇、普米等多民族和谐共生的民族关系基本面貌。因此，对于滇藏川毗连藏区民族关系的历史部分，我们更多的是将其嵌入中央王朝对该区域的影响来分析，结合内地对其影响，我们再深入探究中央王朝影响下区域内部各民族族际关系。

为了分析晚清民国时期人口流动与多民族复杂的族际关系，本章以晚清民国为界限，对此前的滇川藏毗连藏区民族关系进行简要概括，将重点放在对晚清民国时期滇川藏毗连藏区多民族族际关系的演变研究，其根本原因是晚清民国时期急剧动荡多变的特殊历史背景，在这种背景下，人口流动与族际关系极具代表性，这种急剧动荡多变恰恰是人口频繁流动、族际关系最为复杂以及两者相互影响最为明显的重要动力。

第一节 清中期之前滇川藏毗连藏区的族际关系

滇川藏毗连藏区地形复杂多样，川西高原地势高峻，横断山区和藏东南高山峡谷区山脉纵横、河流深切，区内大江大河平行排列、高山峡谷纵列分布。自西向东并列着伯舒拉岭—高黎贡山、怒江、他年他翁山—怒山、澜沧江、宁静山—云岭、金沙江、雀儿山—沙鲁里山、雅砻江、大雪山—折多山、大渡河、邛崃山—大凉山、岷江六条大江及其切割而成的六组山脉，是典型的“两山夹一川”“两川夹一山”的高山峡谷地貌。其天然形成的河谷通道历来是民族迁徙的重要通道，历史上氐羌族群和苗瑶族群南下，百越族群西进，百濮族群北上，还有大批汉族移民和回族、蒙古族、满族的迁徙及流动，都是沿着这些河流或山脉进行的。众多民族在这里起源、发展、分化、融合和演变，多元文化在这里交流和融合。不同族群通过战争、友好关系、政教上层之间的交往、政治制度的互渗、资源争夺等方式，不断地推动着彼此之间的政治、经济和文化交流，增进着各民族的互信与友谊，奠定了康藏地区民族关系的基本格局。

唐朝，青藏高原的吐蕃部落崛起，吐蕃在其首领松赞干布的带领下积极向东面扩张，通过与其他族群的激烈争夺，吐蕃把势力扩展到了北至甘青、南及横断山区的州西高原及滇西北一带的辽阔地区。“据史料记载，从贞观八年（634 年）松赞干布遣使入唐，至会昌六年（846 年）吐蕃王朝瓦解二百多年的时间里，唐与吐蕃使臣往来多达 191 次，其中唐使入藏 66 次，蕃使进唐 125 次，会盟 6 次，通婚 2 次。与之交替发生的兵戎之争也将近有 100 次，其中四分之一是发生在西南地区。”① 吐蕃势力进入西南后，与当地的原住民族产生了激烈的争夺与较量。在滇西北地区，吐蕃与居住于当地的么些族人为争夺盐池而爆发战争，经过激烈的争夺和反复的拉锯战，吐蕃占领了滇西北地区并于此设置神川都督府加强统治。西南地区各民族被吐蕃人占领后，在日常交往中，贸易互市、互通有无并相互通婚，逐渐与蕃人建立起了经济、政治、宗教、文化等方面相当密切的联系。

吐蕃王朝覆灭后，其在滇川边藏区的统治随之瓦解，各种封建势力趁势崛起，川滇边藏区一度陷入封建割据的局面，直到元朝初年，元世祖忽必烈率领蒙古大军进入康藏地区，经过频繁征战，最终将西南地区收归其统治版图。元政府在今天的青海省玉树藏族自治州和果洛藏族自治州南部地区、四川省甘孜藏族自治州、木里藏

---

① 杨福泉：《纳西族与藏族历史关系研究》，民族出版社 2005 年版，第 79 页。

族自治县、云南省迪庆藏族自治州全部、四川省阿坝藏族羌族自治州西部、西藏自治区东部的昌都地区，设置吐蕃等路宣慰司都元帅府进行统一管辖。这种政治隶属关系的建立，使川滇边藏区各族人民在土官、土司的统一治理下，在意识形态、日常生活、社会风尚等各个层面互相吸收与融合，逐渐形成了密不可分的关系。1640年，蒙古和硕特部固始汗率兵攻入康区，一举击溃甘孜白利土司，并以甘孜为据点向南推进战线，逐渐将势力向整个康藏地区扩展。通过征战和扩张蒙古和硕特部最终控制了康藏，并对其进行了长达半个多世纪的统治，大批蒙古士兵在这一时期进入并驻留康区。今天四川省甘孜藏族自治州，“尤其是在康北甘孜、炉霍、道孚一带居住的蒙古人，有不少是这些蒙古戎军官兵的后裔。此外，在甘孜一带还广泛流传着关于忽必烈之子堪尔色清翁的传说，阿都土司也有关于‘霍尔’的传说，除甘孜、炉霍、道孚外，在丹巴、白玉等地也都保留着一些蒙古语地名和相关传说”。[①] 历史上不同部落、王朝之间的征战和驻军对康藏地区的民族分布格局产生了深远的影响。

明朝至清中期，伴随着躲避战乱、移民屯垦、管理汛塘、经商游历等多种形式，滇川藏毗连藏区的民族流动和族际交往出现了异常活跃的局面。明丽江木氏土司为扩张势力，将大批纳西族人迁往巴塘、理塘、乡城、木里、盐井、芒康、察隅等藏族聚居地。据统计，“当时被迫迁徙的人数达到近万人甚至更多”。[②] 康熙年间，清廷曾多次出兵西南地区，大量满族、汉族、回族、蒙古族士兵随军进入滇川藏毗连藏区，待到平反叛乱大军返回内地时，一部分士兵被留下来戍守边防。因康区地处偏远、交通不便，留守的士兵长期得不到轮换，久而久之便在当地娶妻生子、安家立业，或经商或农

① 康定民族师专编写组：《甘孜藏族自治州民族志》，当代中国出版社 1994 年版，第 284 页。

② 赵心愚：《和硕特部南征康区及其对川滇边藏区的影响》，《云南民族学院学报》（哲学社会科学版）2002 年第 3 期。

垦而不再返回内地。据任乃强考察，“自打箭炉至拉萨大路一带，城市村落，多有汉人。查其祖先，率皆军台吏丁之落业者也”。[①] 清廷为稳定西南政局和开发边疆，在康藏地区设置塘站、粮台并招民戍守；从四川、湖北等地招来垦民、垦殖开荒；在资源富集处开办厂矿、发展工商，一时间汉、白、回、苗、彝、傈僳等族人民相率前往。仅滇西北地区的丽江县，在乾隆三十六年（1771）至道光十年（1830）的六十年间，外来屯户就有三万四千三百九十二丁。[②] 明清时期，汉、藏、白、纳西等民族之间的茶马贸易在商品种类还有经营规模上都有了极大的发展。由滇西北入藏有两条道路：“一从丽江东北行，经永宁、木里趋川西打箭炉（今康定），再由打箭炉经里塘、巴塘赴昌都而入藏地；二由丽江西北经阿墩子至察木多（昌都）和拉萨。”[③] 丽江作为云南进入藏区的重要中转站，明清时期，这里一度街市兴盛、商贾云集。“白族商人将茶叶、粮食、红糖、火腿、布匹、绸缎、铜器、铁器等物资运到丽江，再转由藏族和纳西族商帮运往藏地。同样，藏族和纳西族的商人将牛羊毛皮、山货药材和毛织品等运送到丽江后，也绝大部分不再南下，而转由白族或其他商帮继续往南运送。”[④] 汉、藏、白、纳西等民族充分发挥自身优势、通力合作，始终维系和促进着滇藏贸易的繁荣兴盛，在商贸交往过程中，彼此之间形成了互惠互利、平等诚信的合作理念，为滇川藏毗连藏区多民族族际共生关系的形成奠定了良好的基础。

从清前期的有关史料来看，滇川藏毗连地区是多民族融合的大熔炉，是多民族交流的大舞台，受“边内结构”的影响，不同历史

---

① 任乃强：《西康图经·民俗篇》，西藏古籍出版社 2000 年版，第 247 页。

② （光绪）《丽江府志·食货志》，光绪二十一年刻本。转引自周智生《藏彝走廊地区历史上的族际经济互动发展研究》，《中国社会经济史研究》2010 年第 1 期。

③ 周智生：《晚清民国时期滇藏川毗连地区的治理开发》，社会科学文献出版社 2014 年版，第 34 页。

④ 李灿松：《白族商人与藏彝走廊地区经济发展研究》，硕士学位论文，云南师范大学，2008 年。

时期少数民族政权对该区域各民族关系的发展具有较大的影响。同时，长期以来，该区域内彝族、普米族、傈僳族等的迁徙流动也为该区域多民族关系形成注入了活力。除此之外，各民族之间的商贸交流成为民间交流的重要形式，也成为该区域除政治运动之外持续时间最长、交流深度最广的人口流动形式，也正因为这一形式，使各民族之间的交流从未中断过，无论是史料记载的关于唐宋时期各民族、各国商人会聚的“三月街”，还是学者有关茶马古道的相关论证，都充分证明了商人对于多民族之间交流的重要性。

基于“边内结构”下的多民族流动，人口迁徙和各民族商贸交流使藏族、白族、蒙古族、纳西族、汉族等纷纷在不同历史时期与滇川藏毗连藏区的其他民族分异与融合，为后期多民族之间形成的居住空间格局立体化、山坝间多样性生产方式的交流与并存、资源竞争与互补、文化多元与包容开放、政治之间的此消彼长相互依赖等各民族之间复杂关系的形成奠定了坚实的基础。

第二节　晚清民国时期滇川藏毗连藏区的族际关系

清中期以后，中国西南边疆地区危机加深。外部，西方列强加速扩张，加紧对中国领土的蚕食鲸吞；内部，清政府统治腐朽没落，地方官吏的残酷剥削使不堪忍受的各族人民纷纷揭竿而起，西南地区陷入内忧外患的困顿局面。为挽救民族危亡、实现民族振兴，滇川藏边区的地方当局和社会各界人士奔走呼告、奋起反抗，迫使清政府下定决心在西南地区实行新政，冀图抵抗外敌入侵，维护领土完整。清政府先后派张荫堂、凤全、鹿传霖、赵尔丰等在西南地区实行了一系列改革。在政治上，改设行省，加强管理；在经济上，发展工商，招民屯垦。此外，改善交通，发展邮电，提倡和兴办文化教育，为西南地区社会经济的发展奠定了良好基础。民国时期，国民政府认识到西南地区的重要性，于 1939 年设立西康省，把滇川藏毗连藏区作为一个整体区域进行统一管理和整体开发。有学者从中国领土属性转变角度解释了这种转型过程：“从清末开始并且在以后各个时期以不同形式继续的边政改革，主要目的是使中央政府在边疆地区的权威和控制达到与内地省份等同的程度。换言之，这是在中国同前‘外藩’的关系被迫‘外交化’以后，中央政府积极致力于使原‘内藩’边地在近代意义上‘内政化’的过程。清晚期，以改土归流、移民实边、驻军、设省为主要内容的边疆机制取代了清中期以前的民族隔离政策和以将军、都统府衙、土司，以及驻藏大臣多种建置统御边地的做法。”① 晚清民国时期，中央政府在政治、经济、文化教育等方面的革新措施，客观上促进了滇川藏毗连藏区的治理开发，大量内地人民先后迁入滇川藏毗连藏区。根据任乃强的调查，“当时西康全域三十二县，共有汉民十一万五千余人（固住者仅六万余人）。土蕃族六十八万二千余人。其他猓猡么些怒子栗粟等共一千余人。实以土蕃族人口占最多数。此六十八万余番族中，农人约占十分之四，牧民约占十分之三，僧侣约占十分之二，官吏商人兵士游民约占十分之一。其大较也”。② 新迁入的移民在迁入地开垦荒地、发展养殖、经营生意，为滇川藏毗连藏区社会经济的发展做出了突出贡献，大量移民迁入也促使西南地区的民族分布格局得以重构，不同族群在日常的交往互动中逐渐加深了解、加强联系，有力地促进了滇川藏毗连藏区多民族共生关系的形成。在抵御外来入侵的斗争中，滇川藏边区各族人民同仇敌忾、精诚合作，激发了对中华民族统一多民族国家的认同。正是晚清民国这一动荡不安的历史背景，使滇川藏毗连藏区多民族族际关系产生了激烈交流和碰撞，滇川藏毗连藏区各族人民逐渐“由一个自在

① 黄天华：《国家建构与边疆政治：基于 1917—1918 年康藏纠纷的考察》，《社会科学研究》2007 年第 3 期。

② 任乃强：《西康图经·民俗篇》，民国二十三年新亚细亚学会出版，第 18 页。

的民族实体，转变成了一个休戚与共的自觉的民族实体”。①

一 “边内结构”影响下滇川藏毗连藏区各民族关系的演变

（一）滇川藏毗连藏区各民族与中央王朝的政治联系

滇川藏毗连藏区各民族与中央政府政治上的联系，主要体现在中央政府的治边政策以及对民族关系、民族问题的处理上。这一时期，清政府在西南地区推行的改土归流政策，加强了对滇川藏地区的影响和控制，使滇川藏毗连藏区各民族与中央的联系更为紧密；国民政府秉承孙中山先生的“五族共和”“民族平等”理念，采取尊重和保护少数民族的民族政策，使滇川藏毗连藏区的各族人民获得了平等的身份和地位，加强了少数民族对中央政府的认同和信任。中央政府合理有效的治边方略和民族政策，为滇川藏毗连藏区多民族和谐共处创造了良好的氛围。

1. 清政府对滇川藏边区的改土归流

1901年《辛丑条约》签订后，帝国主义列强加紧对中国领土的蚕食鲸吞，掀起了一股瓜分中国的狂潮，西南地区也难逃西方列强的魔爪。光绪三十年（1904），清政府为实现保川、图藏、御英的目的，指令四川总督锡良、驻藏大臣有泰、帮办大臣凤全巩固西南边疆。在强敌入侵、民族危难之际，赵尔丰临危受命，被任命为边务大臣并于1907年抵达巴塘，在川边地区实行了一系列大刀阔斧的改革。赵尔丰亲自制定《改土归流章程》并宣布：“改土归流，勿论汉人蛮人，皆为大皇上百姓。”在政治上，规定永远废除土司之职，土司属下所设各类名目一概裁撤不用，原土司辖区划分为县，设委员一人；县以下分设若干保、村，保设保正，村设村长，保正、村长由百姓公举。清朝在川边地区设置的大小土司200多个逐步被改为流官设置，川边政权收回到中央政府手中。在经济上，废除封建农奴制，把土地收归国有，规定耕种土地的百姓为“佃户”，

---

① 费孝通：《中华民族多元一体格局》修订本，中央民族大学出版社1999年版。转引自沈再新《从“中华民族多元一体格局”到“共生互补”》，《湖北民族学院学报》2010年第3期。

要求“种地者纳粮，饲养牲畜者纳税”。赵尔丰还制定了种种优惠办法，比如，采取免税三年、补贴生活费、提供生产用品等多项措施，鼓励移民出关开垦。“至宣统三年，清政府前后共招募了四川内地农民一千七百二十三名，有眷属者六百余人，分发之地为炉城、河口、稻城、定乡、乡城、巴塘、盐井、道孚、甘孜各县。”① 大量内地人口流入川边多民族聚居地区，加强了川边各民族之间的经济文化联系，促进了川边地区的开发。在社会文化方面，设立关外学务局，兴办教育，先后在康定设立了藏语学堂、师范传习所等教育机构。至清末期，川边地区设立的汉语学校多达 130 余所，这一举措有力地促进了汉文化在民族地区的传播，增进了少数民族与汉族的文化交流。在 1905—1911 年短短的六年时间内，赵尔丰已将川边藏区全部改土归流。这种自上而下的改革措施，客观上加强了中央与滇川藏边区的联系，冲击了当地封建农奴制度，削弱了僧俗农奴主的统治势力，将以往广大各民族基层民众从与当地土司、僧俗农奴主的依附关系变为统一服从代表中央政府之流官管理的直接关系。②

这种政令性的人口流动是除战争之外人口在区域之间流动最剧烈的形式，也是影响多民族之间关系的重要形式。如果说商业贸易是滇川藏毗连藏区各民族之间交流持续时间最长的形式，那么这种政令性的人口流动则是影响该区域民族关系最深远的方式，无论是明代木氏土司的大规模迁移之举，还是赵尔丰的这种移民办学形式均对整个滇川藏地区产生了深远的影响。任乃强曾评论说：“窃普设官化学校，为化夷初步之最重要工作。赵使（此指赵尔丰，笔者注）创此，具有远识。”③

---

① 冯有志：《西康史拾遗》，甘孜藏族自治州政协文史资料委员会编印，1993 年，第 50 页。

② 张媚玲：《中国西南边疆近代民族关系史研究——以政治关系为中心》，博士学位论文，云南大学，2012 年。

③ 任乃强：《民国川边游踪之西康札记》，中国藏学出版社 2010 年版，第 117 页。

2. 民族政策促动下人口流动与多民族关系的演变

（1）刘文辉治康时期的民族政策及影响。刘文辉对西康的民族问题有着深刻的认识，他认为："本省的民族，除雅属全为汉人，宁属多为汉人，康属小部分汉人，其性情多同于内地汉人之外，其余藏族、回族、羌族、蒙古族、氐族、倮族、摩梭族、苗族等，共有十余种之多。这各种民族，因语言、风俗、习惯，均不相同，而又文化各异或文化过低之故，族与族之间易起争斗，即在一族之中，也结成冤家，互击不休。本省处于英、俄两大强国之间，国防责任至为重大。如果对于各族，听其隔阂，不加联系，使之成为坚强之团体，绝不足以粉碎外来之压力，争取本省之生存。"[①] 因此，刘文辉在处理民族关系和民族问题上提出了"因俗而治、因族而治"的先进理念，并确立了处理民族问题的四个出发点即确定民族平等、尊重各民族文化、抽调各族受训和实施"德化、进化、同化"三大政策。

针对康区民族隔阂的问题，刘文辉认为，主要是由两个因素所致：一是彼此之间语文阻隔，交流不通畅；二是缺乏接触。而之所以出现语文扞格现象，关键是各民族之间缺乏接触与联系。

为解决民族之间不易联系，缺乏接触的状况，刘文辉提出了推进民族交流的具体办法："其一，要加强经济交流，要在政府的管制之下，让各民族间合法的经济往来，尽可以顺利地进行；其二，要推导语文交流，就是汉人习康、倮各族语文，康、倮各族习汉人语文，使各族之间思想相通，情感融洽；其三，引导人物交流，就是奖励汉人入康、倮考察，鼓励推动康、倮入内地观光，期由人物之接触，发生相互之了解，进于感情之投合，联系之坚强；其四，推进文化交流，促使汉、康、倮各民族文化之间的相互交流与研究学习；其五，促进血液交流，即婚姻上的往来，这种办法是打通各

① 刘文辉：《建设新西康十讲》，载赵心愚、秦和平、王川主编《康区藏族社会珍惜资料辑要》（下），第714页。

民族扞格最有效的方法。”①

刘文辉认识到西康省“佛教已深入康人的内心深处，牢不可拔，几乎成了康人血系中遗传的因素。它的势力非常之大，不但精神生活受其支配，即日常生活也要受其支配。……佛教的基础既已根深蒂固，人民的信仰既已牢不可破，所以我们要创造建设新西康的进步办法，就必须根据因教制宜的原则。否则，必然要碰壁”。②

刘文辉主政西康时期，针对西康藏传佛教势力较强的区域特征，采取“以教辅政，以政翼教”的治边政策，利用宗教在民族地区的影响力，引导宗教协助治理西康，康区政局呈现出相对安定的局面。

在刘文辉的治理下，西康结束了自清以来长期动乱的局面，康区各族人民得以在相对安定的生活环境加深了解、加强沟通。其治边政策以第三方干预的形式，从语言学习、商贸交流、文化了解、人与物的流动与流通等多方面促进了滇川藏毗连地区内部各民族之间关系的有序发展，其基本形式还是通过各民族之间频繁的流动，从而使交流成为可能，无论是“汉人习康、倮各族语文，康、倮各族习汉人语文”，还是加强相互的接触，最根本的动力还是为了便于各民族人口流动的顺畅，因为只有出现各民族之间的流动，才可能发生交流、相互学习、增进认识、商业贸易等活动。也就是说，人口的流动是各民族关系得以发展的重要前提。

（2）孙中山的“五族共和”思想及影响。孙中山所倡导的民族主义是国民政府关于民族问题的思想核心。国民政府对于国内民族问题的处理一概秉承孙中山先生的民族思想，所制定的一系列政治、经济、文化方面的民族政策都是以维护国家统一和强调民族平等为根本原则。1927 年，在孙中山先生民族平等思想的指导下，国民政府颁布了《改正西南少数民族命名表》，因为之前无论是官方

---

① 刘文辉：《建设新西康十讲》，载《康区藏族社会珍惜资料辑要》（下），第 722—727 页。

② 同上书，第 649 页。

资料的记载还是民间称呼，都无一例外地对少数民族采取带有“犭”“虫”等表示动物的歧视性名称，因此，国民政府提出，改正少数民族称谓，将少数民族的称呼中带有虫、兽、鸟及反犬旁构架的书写，一律改为人字旁，不允许再使用“苗”“夷”“蛮”“猺”“猡”“獞”等称呼。[①] 可以看出，国民政府的施政纲领均是围绕建设和促进新型平等、统一的民族国家而制定的，足见国民政府改风易俗、改善民族关系的决心和意志力。

1912 年 5 月，国民政府成立蒙藏事务处，专司蒙藏地区政治、宗教等各项事务，隶属于内务部。由于蒙藏事务处事务繁重且事关重大，国民政府两个月后改设蒙藏事务局，直隶于国务总理。随着西南边疆危机的日益加深，国民政府深感西南地区战略位置之重要，于 1914 年 5 月 18 日设置蒙藏院，直隶于大总统。1928 年 7 月，南京国民政府设立蒙藏委员会筹备处；1929 年 2 月 1 日，正式设立蒙藏委员会，阎锡山任委员长，恩克巴图、班禅额尔德尼、李培天、诺那呼图为蒙藏委员会委员，下设蒙事处、藏事处、调查室、总务处、翻译处等多处办事机构，负责办理蒙藏地区的行政事务及其他有关事宜。[②]

蒙藏委员会设立后，把促进西藏地方与中央政府的关系、去除西藏与中央的隔膜，作为解决西藏问题的第一要务。其中，最值得称道的是，重视蒙藏地区教育事业的发展，兴办学校，培养各类人才。先后在南京、北京和甘肃、青海、四川、西藏等藏区设立蒙藏学校，不仅开办中学教育，还开办了师范、畜牧、农业、卫生等专业班级或专门学校。对蒙藏地区赴内地学习深造的学子从宽录取，施行公费教育或助学补助，极大地促进了蒙藏地区与内地的人

---

① 《改正西南少数民族命名表》，1940 年 10 月 11 日，云南省档案馆藏，12 全宗 1011 卷。转引自张媚玲《中国西南边疆近代民族关系史研究——以政治关系为中心》，博士学位论文，云南大学，2012 年。

② 张媚玲：《中国西南边疆近代民族关系史研究——以政治关系为中心》，博士学位论文，云南大学，2012 年。

员、科技、文化交流，为少数民族地区培养了一批具有新观念、新思想、新技能的知识分子。①

（二）边疆治理与滇川藏毗连藏区多民族的经济交流

1. 中央政府对滇川藏毗连藏区的经济开发

晚清民国时期，清政府为了开发川边地区的广袤土地，在内地招募大量边民出关屯垦。清咸丰年间，“川、广、黔、粤无业之徒，负孺携妻，垒垒踵至，为人充佃户，垦火山，诛茆结社于羊塘里，不下数千人”。② 到光绪三十二年（1906），四川省各县已招来垦民八百名，其中有眷属者三百七十余人，分发给定乡二百名、稻城二百名、巴塘二百名、河口二百名、另留二百名开垦东俄洛。③ 清政府的屯垦政策在短时间内使川边藏区的农业耕地增加了两万多亩，对川边藏区农业生产的恢复和发展起了较好的促进作用。④ 大量汉族移民进入滇川藏毗连藏区，对当地汉藏之间的族际经济文化互动产生了深远的影响，留驻在巴塘的汉族大多娶当地藏族妇女为妻，他们把汉族先进的缝纫、酿酒、屠宰、木刻、制革等技艺带到藏区，极大地促进了当地经济的发展。汉族的一些风俗习惯也随之流传到了藏区，当地藏族的年节假日、丧葬祭礼等都深受汉族的影响。

清政府对滇川藏毗连藏区矿产资源的开发，带动了人口向滇川藏边区的流动，促进了当地社会经济的发展，推动了滇川藏毗连藏区民族经济的交流与互动。四川省康定县的孔玉、鱼通，丹巴县境内的永绥、铜炉房等地有丰富的铅、铜、金等矿产资源，清政府在矿产富集地区开矿办厂，招募工人。一时间，汉、藏、回等族商

---

① 蒲文成、王心岳：《汉藏民族关系史》，甘肃人民出版社 2008 年版，第 210 页。

② 咸丰《邓川州志》卷四《风土志》，咸丰三年石印本。转引自周智生《藏彝走廊地区历史上的族际经济互动发展研究》《中国社会经济史研究》2010 年第 1 期。

③ 冯有志：《西康史拾遗》，甘孜藏族自治州政协文史资料委员会编印，1993 年，第 49 页。

④ 何一民：《20 世纪初年川边藏区政治经济改革述论》，《西南民族学院学报》（哲学社会科学版）2001 年第 6 期。

人、矿工纷至沓来。赵尔丰主政时期，川边巴塘、河口、德格、理塘等地的矿产资源得到开发，矿工多是从周边招募而来的边民。滇西北的中甸蕴藏着丰富的铜、银、金等矿产资源，众多山西、陕西、江西、河南、江苏、四川籍的汉族商人慕名前来开矿办厂。阿墩子一带发现矿藏后，也有众多外省商人相率前往开采，民国学者黄举安说："发现茂顶矿藏，时有江西、陕西、四川各省人民相率前往开采……马鹿厂地方发现银矿……兴工挖采。并兴街设市，丽江、鹤庆、维西各属人民亦相继来此，市面逐渐繁荣。"① 清代以后，大批商人进入滇川藏毗连藏区开采矿藏，兴办实业，初步实现了川藏边区矿藏资源的有效开发和利用。大量外来人口的涌入对当地民族分布格局和族际经济关系也产生了一定的影响，当地藏区形成了许多小范围的汉藏交错聚居区和杂居区。滇川藏毗连藏区各民族之间的接触和交往比以前更加频繁，通过汉藏等民族之间的种种经济联系和互动，边疆和内地之间产生了更为密切的经济联系。

2. 抗日战争中滇川藏毗连藏区商道开辟与多民族经济交流

1937 年 7 月 7 日，震惊中外的卢沟桥事变标志着抗日战争的全面爆发，仅仅一年的时间，中国东部沿海地区以及南京、武汉等城市相继陷落，国民政府被迫迁都重庆，西南地区因此成为全国抗战的大后方。日本人对各大出海口实施封锁，导致国民政府的经济陷入危机，所有物资的运输只能依靠"云南→西藏拉萨→印度噶伦堡"的西南通道；1940 年 7 月，我国西南地区仅存的一条连接国外的滇缅公路被封锁，国民政府一方面加紧筹划中印公路的修建，另一方面积极打通从印度经西藏、云南进入四川的西南交通要道。② 在这样的背景下，中国西南边疆的各族人民与全国人民积极投身到

---

① （民国）黄举安：《云南德钦设治局社会调查报告》，载《德钦县志》，云南民族出版社 1997 年版。转引自周智生《藏彝走廊地区历史上的族际经济互动发展研究》，《中国社会经济史研究》2010 年第 1 期。

② 美朗宗贞、德西永宗：《康藏人民以商抗日与中华民族命运共同体的构建》，《西藏大学学报》（社会科学版）2011 年第 4 期。

这场正义的自卫战中，他们并肩携手、通力合作，共同为抗日战争的最终胜利谱写了可歌可泣的壮丽篇章。

康藏地区邦达多吉带领的邦达昌家族是康藏人民以商抗日的典型代表。在当时中缅公路被封锁，中印公路尚未完全开通，抗战前线物资面临供不应求、极度短缺的危机情况下，邦达昌家族的邦达多吉和邦达养碧兄弟二人，共同开辟了从印度经西藏、云南到四川的交通线路，他们完全凭借骡马的驮运，向抗战前线输送了大批重要物资，为抗战的胜利做出了巨大的贡献，这条交通线可以与驰名中外的驼峰航线并称为西南地区抗日救亡运动的陆、空两条重要生命线。为了支持抗战，邦达昌家族将从印度购进的大批医疗用品、中西药物、日常用品等，通过自己在印度加尔各答和噶伦堡的分支机构转运到西藏拉萨，进而运往甘青、康藏、川渝等地区。当时邦达昌家族共投入2000多匹骡马，行程总计千里之遥。[①] 在整个抗日战争过程中，总共为抗战前线运送了价值达1.5亿美元的物资。[②] 邦达昌家族的以商抗日行为是康藏人民不畏艰险、排除万难、精诚合作、保家卫国精神的集中体现。在邦达昌家族的积极带动和强烈爱国精神的感召下，滇川藏毗连藏区的汉、藏、白等民族商人积极投身到抗日斗争中，在滇川藏边区掀起了以商抗日的热潮。1942年，藏族兄弟格桑泽仁和格桑悦希通过努力获得了康藏地方官员和企业、寺庙的多方支持，在康定成立“康藏贸易股份有限公司”，并在成都、重庆、西康的甘孜、西藏的拉萨和昌都等地，以及境外的印度加尔各答、噶伦堡等地设立分支机构，专门为抗日战争运送相关物资。[③] 许多经济实力并不雄厚的商人也不甘落后，他们一方

---

① 美朗宗贞、德西永宗：《康藏人民以商抗日与中华民族命运共同体的构建》，《西藏大学学报》（社会科学版）2011年第4期。

② 西康省人民政府公安厅：《邦达多吉小传》，昌都地区档案馆，昌都地区解放委员会1959年。转引自美朗宗贞、德西永宗《康藏人民以商抗日与中华民族命运共同体的构建》，《西藏大学学报》（社会科学版）2011年第4期。

③ 美朗宗贞、德西永宗：《康藏人民以商抗日与中华民族命运共同体的构建》，《西藏大学学报》（社会科学版）2011年第4期。

面积极从事抗战物资的运输销售活动，长途跋涉到西藏拉萨、印度噶伦堡等地，采买物资并带回康定、丽江等地销售，采用小批量多批次的方式运输了大量抗战物资；另一方面各民族的商人积极筹措物资、主动捐赠物品支援抗战。如在1941年重庆举行的全国抗战捐献飞机的活动中，云南大理、丽江、腾冲等地的汉族、白族、回族、藏族、纳西族商人共捐献了数百万云南半开银元。① 在抗日战争的后期阶段，在中华民族面临生死存亡的重要历史关头，汉、藏、白、回等各族人民主动要求加入战略物资的运输队伍，动用全部的人力、物力、财力，采用手提肩扛、人背马驮甚至用牦牛运输等多种方式，保障了抗战前线物资的供应。各族人民的通力合作使这一时期云南、四川、西藏、印度北部成为紧密联系的整体，形成一个跨地域、跨国家的特殊经济交流圈，各族人民在共同抗击外来侵略的过程中加强了彼此之间的沟通和了解，促进了滇川藏毗连地区经济文化的交流与繁荣。②

滇川藏毗连藏区各族人民自发联合起来抵御外来入侵，在民族危亡的关键时刻心向祖国，这一方面集中体现了“边内结构”下地方与中央的关系；另一方面通过各民族之间的通力合作，滇川藏毗连藏区的各民族之间的交流更加频繁，特别是邦达昌家族开辟的商业线路，在保证战备物资运输的同时，为民族商人商业贸易和各民族社会文化交流开辟了重要的通道。邦达昌家族开辟的商业线路曾经一度中断，此后，云南商人在“恒盛公”等重要商号的带领下再一次开辟了从云南经过四川到西藏，再由西藏进入印度，通过印度进入缅甸，再到云南的商业环线。③ 商道的开通是商业贸易发展到一定阶段的产物，也是市场需求的集中体现，这些商道将滇川藏毗连藏区内部区域化的商业贸易形成一个整体，商道所到之处，各民

---

① 杨新宇、张锡禄、刘荣：《民国时期藏族与白族的经济文化交流》，《大理学院学报》2015年第1期。

② 同上。

③ 张相时：《恒盛公商号史略》，《鹤庆县文史资料》第二辑，第20页。

族商人纷纷参与，形成了“由于（地理的原因）文化分野和信息交流不畅造成经过不同民族区域时存在着分阶段转运接力传递”①，而各民族商人就是这场“分阶段转运接力传递”的“运动员”。从另一个层面而言，流动性是商人的重要特征，商人的流动恰好强化了各民族之间的交流，而互补性的商业贸易促进了滇川藏毗连藏区各民族之间的政治、经济、社会和文化的交流，一定程度上确保了该区域民族关系的有序发展。通过以商抗日、通过商道的各民族之间的贸易，滇川藏毗连藏区各族人民加强了彼此认同，促进了民族团结，为平等互助，和谐共生民族关系的构建奠定了基础。

（三）人口迁徙与滇川藏毗连藏区的多民族文化联系

晚清民国时期，滇川藏毗连藏区的多民族格局出现了新的变化，主要体现在改土归流、移民屯垦、兴办教育等政策推动下汉人迁徙到滇川藏毗连藏区和汉文化的传播。在政府鼓励下，大量内地汉人迁入川边，工匠、垦民、矿工、商贾、采药夫、杂役人员、政府官员等各行各业人员的到来，不仅带来了丰富的劳动力，开发了滇川藏毗连藏区的广袤土地，而且在与当地少数民族交错杂居的过程中，潜移默化地传播着丰富多样的汉族文化。根据时人记载，大量汉人迁入川边后，“康定、泸定、巴安、道孚、雅江等地渐染汉俗，在节日、祭礼等方面均有模仿汉俗之处”。② 久之，当地少数民族出现了汉化的趋势，在社会风尚、宗教信仰、丧葬礼仪、节日习俗等方面与汉族逐渐趋同。“西康东部本为汉藏杂居，而血缘上已早混合，除掉特殊语言和风俗外，几无从辨别。”③ 任乃强在《西康图经》中也记载，邻近汉地的泸定“至清末改流时，已成纯粹之汉

---

① 转引自周智生主持的云南省社会科学基金项目“滇藏民间商贸交流机制发展研究”，结题报告，第 26 页。

② 蓝铣：《西康小识（续）》，《康藏前锋》1933 年第 3 期。转引自邹立波《民国时期康区的族群、社会与文化——以〈西康图经〉为视角》，《康定民族师范高等专科学校学报》2007 年第 16 卷第 6 期。

③ 柔克义：《甘孜到道孚见闻记》，杜品光译，《四川民族史志》1989 年第 2 期。

县”。[①] 由此可见，晚清民国时期，汉人迁徙入滇川藏边区对当地民族文化产生了强烈冲击，为滇川藏毗连藏区多元共存的民族文化增添了鲜明的汉文化特点。

中央政府在川边地区提倡汉学、兴办汉式学堂、设立各级民众教育馆，加速了汉文化在滇川藏毗连藏区的传播。在西康省，民国政府设立了各级民众教育馆，以此作为抗战时期普及基础教育、提高文化素养、促进社会进步和组织大规模民众教育的重要依托。属于省级的民众教育馆主要有4所，分别是康定民教馆、雅安民教馆、富林民教馆和西昌民教馆。为了提高民众教育馆的办学水平，省政府还特意开办了培训班，对民教馆工作人员进行专门培训，就连省立各民教馆馆长及各部主任都必须前来接受培训。县立民教馆分设于康属、宁属、雅属各县，天全、冕宁、泸定、越巂、炉霍等县都设立有民教馆。[②] 县立民教馆自设立后，发展迅速，数量不断增加，1939年仅有16所，一年后即增加到25所。民众教育馆承担着对西康人民教化宣传、帮助民众学习科学知识、了解时政新闻、理解中央政策的功能，对抗战时期西康省的民众教育起到了积极作用。民众教育馆的职责主要有三项：其一，为民众普及科学知识，民众教育馆指导农民合理利用土地资源，发展养殖，繁荣市场，解决民众生活上的困难，有效地提高了西康人民的生活质量。其二，兴办民众学校，大力推行识字运动，为启迪民智做了大量工作。其三，编制时事简报，张贴宣传公报，使民众了解时事政治，为宣扬抗战主张、争取滇川藏边区人民的支持创造了有利环境。

晚清民国时期，大量内地汉人迁徙到川边，与当地少数民族通婚，传播了丰富的汉族文化。中央政府采取的兴办学堂、推行汉字等措施，从官方渠道有力地推动了汉文化的传播。民间传播和官方推动双管齐下，大大加速了川边民众的汉化进程。

---

① 任乃强：《西康图经》，西藏古籍出版社2000年版，第230页。

② 车莉：《抗战时期西康省的民众教育馆》，《西南民族大学学报》（人文社会科学版）2011年第11期。

二 滇川藏毗连藏区内部各民族之间的冲突与融合

晚清民国时期，中华民族面临内忧外患的困顿局面，西南边区局势动荡不安，混乱的时局下滇川藏毗连藏区多民族文化产生剧烈的交会、碰撞，这一时期的民族关系既有矛盾与冲突，也有交流与融合，滇川藏毗连藏区各民族在政治、经济、文化各方面共生发展，形成了相互依存、密不可分的多民族共生格局，成为中华民族多元一体格局的重要组成部分。

（一）国族建构与民族关系整合

1. 滇川藏毗连藏区的族际纠纷

1911 年，辛亥革命推翻了清王朝的统治，清政府在川边的势力随之瓦解，驻守川边的官员士兵四散逃逸。新成立的中华民国政府刚刚接手政权，面对内忧外患和千头万绪的事务已经疲于应付，更无暇分身管控西南民族地区。英国趁西南空虚之机，唆使当时滞留印度的十三世达赖喇嘛土登嘉措抓住机会反汉排汉，谋求西藏独立。1912 年 5 月，波密等地的藏军对当地川军发起进攻，并一举拿下江卡、乍丫等地，藏军乘胜继续向东进攻，“川边全境未被藏番攻陷者，南路仅有泸定、康定、巴安三县，北路仅有道孚、瞻化、炉霍、甘孜、德格、邓拓、石渠、昌都八县而已”。[①] 民国政府面对危机中的川边局势，迅速命令四川都督尹昌衡和云南都督蔡锷共同进军川边，川滇军队在澜沧江会师，一路西进，所向披靡，1912 年 9 月初基本平定川边各县。英国政府见川滇军队节节胜利，担心失去在西藏地区的既得利益，于是向国民政府提出强硬抗议，迫使国民政府停止向西藏用兵，国民政府妥协，下令阻止军队入藏，川藏双方遂成军事对峙局面。停战使藏军赢得了喘息的机会，英国积极向藏军提供资金和武器支援，在英国的支持下藏军开始积极谋划反攻。1914 年 10 月，藏军聚集力量挥师东进，至怒江上游嘉裕桥一

---

① 谢斌：《西藏问题》，转引自格勒《甘孜藏族自治州史话》，四川民族出版社 1984 年版，第 236 页。

带再次被川军击溃，两军在昌都类乌齐一线再次形成对峙局面。

（1）类乌齐事件。1917 年 9 月，川军抓获两名声称越界割草的藏军，未与藏军协调，川军统领彭日升便擅自将两名藏军处以斩刑，这引发了藏人的激烈反应，藏人纷纷指责川军的鲁莽行为，川藏之间积累已久的矛盾终于全面爆发。英国趁机挑拨离间，妄图彻底分裂藏区与内地的关系，藏军在英国的支援下装备了精良的武器，并有充足粮饷作为后盾。而此时的川边地区正值军阀混战，兵困马乏、民生凋敝，根本无力应对来势凶猛的藏军。1918 年 1 月，藏军攻陷恩达；3 月，攻陷宁静；4 月，昌都失守。藏军一路势如破竹，将川边十三县一举攻破。1918 年 8 月，川藏双方签订了《藏汉停战退兵条件》，约定川军退驻甘孜，藏军退驻德格，自退兵之日起，双方停战一年，等待国民政府大总统和达赖喇嘛的交涉结果，其间不得前进一步。① 1919 年，北京政府派人入藏，直接与达赖喇嘛交涉，商议结果为“西康所失各县，暂归藏管，北麓以绒坝岔、南路以宁静山为界”，并订立了双方互不侵犯的协约四条。② 川藏间“类乌齐事件”纠纷至此暂时告一段落。

（2）大白事件。甘孜县境内的大金寺和康北地区的白利土司素有恩怨，1930 年 6 月，为了争夺 15 户差民，双方发生激烈冲突。大金寺在西藏地方政府的支持下率领僧兵攻占了白利村，在村内烧杀抢掠、无所不为，白利土司逃至甘孜县向国民政府寻求帮助。当时，川康边防总指挥刘文辉派遣了军法官马昌骥、团长马成龙，会同道孚县灵雀寺、炉霍县寿灵寺的高僧以及甘孜孔撒土司、朱倭头人前往调解纠纷，暂时平息了事态。仅仅两个月之后，冲突再次产生，康军侦察排长李哲生在值勤巡逻时被藏军游骑开枪打死，这一

---

① 北京政府外交部编：《藏案要略》，民国八年印行，第 29 页。转引自郭卿友《民国藏事通鉴》，中国藏学出版社 2008 年版，第 67 页。

② 刘赞廷：《民六民七康藏战争及交涉之实况》，《康藏先锋》1934 年第 1 期。转引自周智生《晚清民国时期滇藏川毗连地区的治理开发》，社会科学文献出版社 2014 年版，第 103 页。

事件触及康军的原则底线，战友之谊点燃了康军心中的怒火，康军当即部署武装，炮轰大金寺。南京国民政府为了避免事情愈演愈烈，下令双方停火，这一决定使大金寺有了休整的机会。西方列强想把事态扩大，以便趁势介入中国西南政局，于是偷偷地向藏军提供军火，支持藏军介入大金寺事件。在英帝国主义的唆使下，藏军开始向东进攻，将战火燃烧到了青海地区。之后，随着 1932 年“巴安事件”、1935 年“诺那事件”与红军入康、1935 年大金寺僧人在德格县所属松林口地面抢劫甘商大宗货物以及抢劫并焚毁邓柯县保正泽旺彭措官寨等事件接连不断地发生，大白事件越来越复杂，并最终演化为大规模的军事冲突。在 1930—1940 年长达十年的时间里，国民政府不断派官员进行调解，康藏双方也进行了多次谈判和反复交涉，终于在 1940 年将这一波及范围极广、涉及人员众多的大白事件和平解决。

康藏之间旷日持久的纠纷中断了中央与西藏地方之间关系改善的进程，达赖和班禅的矛盾再次被激化，康藏百姓更是生活在动荡与战乱之中，饱受战祸之苦，康藏地区社会经济发展停滞，对康藏民族关系造成了极大的负面影响。但在大白事件的解决过程中，国民政府行政院、蒙藏委员会、达赖喇嘛及西藏驻京办事处、川康边防总指挥刘文辉、青海省政府、西康政务委员会、西康民众团体、中央特派专员等各方人员都做出了积极的努力，并为事件最终圆满解决做出诸多有益贡献，在一定程度上增加了中央与地方的沟通和了解，增进了滇川藏各民族的感情和联系。①

2. 滇川藏毗连藏区各民族精诚合作、抗击外来侵略的斗争

晚清民国时期，滇川藏毗连藏区各族人民同仇敌忾、精诚合作，共同抵御西方列强的入侵。在抵御英军侵藏的战争中，藏族同胞浴血奋战，誓死保卫家园，与汉族军民一起抗击英军。汉藏等各族人

---

① 王川：《近代康藏史上的“大白事件”及其解决》，《西藏民族学院学报》（哲学社会科学版）2008 年第 2 期。

民并肩携手、一致对外，不仅誓死保卫自己生息繁衍的家园土地，而且远赴他乡与各族同胞并肩作战，共御外敌。1842 年 2 月，四川大金河千总阿木穰和瓦寺守备喀克里奉旨率藏族屯兵，以及瓦寺土舍索文茂所属藏兵共 2000 人，由游击张富川、总兵恒裕带领，奔赴浙江参加抗击英军的战争，在和英军展开的殊死搏斗中，藏族官兵无一幸免，全部英勇阵亡。[①] 光绪十一年的镇南关战役中，面对实力悬殊的敌我军队，民族战士们不畏艰难，拼尽全力，战斗到最后一刻，激烈的战事中很多来自不同民族的士兵为国家献出了自己宝贵的生命。光绪三十年，滇川藏地区爆发了大规模的反洋教斗争，纳西族人民与藏族人民联合起来，共同反对外来宗教势力的入侵，斗争持续了足有三个月之久。辛亥革命后，滇川藏毗连地区的民族知识分子和地方精英主动承担起保家卫国、救亡图存责任，带领各族人民参与到风起云涌的战争中，各民族爱国仁人志士为“重九起义”“护国运动”等都做出了重要贡献。1936 年，红二方面军长征经过丽江时被湍急的江水阻断了北上的道路，纳西族群众在乡绅王赞贤的带领下积极为红军准备渡江的船只和补充给养，帮助红军顺利地从石鼓渡江北上。在抗日战争中，数千纳西族子弟奔赴抗战前线，在著名的台儿庄等战役中立下汗马功劳，为国捐躯的官兵多达 280 多名。[②]

抗日战争爆发后，各族人民积极参战、主动加入反抗外来侵略的斗争。在川军队伍中，有许多少数民族官兵，其中来自西康省的藏族官兵最多，许多藏民还主动上书请缨杀敌，四川松潘地区 30 万番民发表联合《宣言》:“敝团代表三十万番民向政府诸公及抗战将士致敬，同时愿追随全国同胞之后，于蒋委员长的指挥之下，共负保土卫国的责任。我们三十万番民虽居边缘之地，知识比较落后，

---

① 参见方素梅、蔡志纯等编著《中国少数民族革命史》，广西民族出版社 2000 年版。转引自《中国西南边疆近代民族关系史研究》，第 89 页。

② 周俊华：《木氏土司时期纳西族政治文化的特征及其作用》，《学术探索》2007 年第 1 期。

但爱国之心，不敢后人。”① 字字句句饱含着浓浓的爱国之情，读之使人动容，更感慨于藏族同胞的生死大义和民族气节。在战斗中，部分少数民族官兵甚至比汉族官兵更加骁勇善战，更能适应恶劣的环境。在艰苦的抗战岁月中，各族儿女浴血奋斗，共同抗击日本帝国主义的侵略。

在川东地区，“土家族青年杨通惠联合秀山中学、国立八中的李万霜（土家族）、伍升猷（苗族）、颜学曾（汉族）等 30 人成立了抗敌救亡工作团，开展了一系列的抗日救亡活动”。② 叙永县回民成立了抗日救国促进会，1939—1945 年，每年 7 月都组织回民开展抗日捐献活动。“据初步统计，抗战期间叙永县回民捐献黄谷一万担，法币万元左右。抗战期间叙永回民每杀一头牛，都将牛头献给国家。按那时的水平，每年大约杀 850 头牛，牛头按现行价格每个 3 元计算，光这一项即捐献约合现在的人民币 15300 元。”③

滇川藏地区各族人民为抗日战争做出了卓越贡献。川籍彝、羌、藏、苗、土家、回等少数民族指战员在抗站前线英勇作战，云南参军出征抗日的彝、白、哈尼、纳西、回、蒙、壮、苗、瑶、傣等少数民族子弟达到 37 万多人，他们为抗战的最终胜利做出了巨大牺牲和贡献。④ 滇川藏地区的各族人民对帝国主义列强入侵的坚决反对和顽强抵抗，鲜明地反映出滇川藏地区各民族对中华民族的强烈认同感，在同胞遭遇外敌侵犯时，及时伸出援手，联合各族人民并肩作战、保家卫国，充分体现了国家危难、民族危亡时刻激发出来的中华民族的伟大凝聚力和向心力，是外敌入侵之下民族的自觉认同

---

① 李全忠、漆明生、张为波：《四川少数民族与抗战》，载中国人民政治协商会议西南地区文史资料协作会议编《西南民众对抗战的贡献》，贵州人民出版社 1992 年版，第 52 页。

② 杨策、彭武麟主编：《中国近代民族关系史》，中央民族大学出版社 1999 年版，第 374 页。

③ 《叙永县文史资料》第九辑，1987 年，第 32 页。

④ 杨策、彭武麟主编：《中国近代民族关系史》，中央民族大学出版社 1999 年版，第 375—376 页。

与内聚反映。

（二）滇川藏毗连藏区的多民族族际经济联系

1. 滇川藏毗连藏区各民族历史上形成的族际商贸关系

经济的发展必须依靠交流与互动实现资源的合理配置，历史上各民族经济的发展都是在交往互动、互通有无的过程中实现的，任何一个少数民族都不可能仅仅依靠自身而不与其他族群交往就发展起自己的民族经济。滇川藏毗连藏区山区坝区交错分布的地理格局，使不同民族寻找到了各自的生存空间，同时，农牧交错的生产方式也为不同民族群体之间进行生活物资的交换提供了基础和条件。牧民不能仅仅依靠食用酥油、乳酪和牛羊肉为生，也不能春夏秋冬都披着厚重的皮袄，他们需要食用五谷杂粮，需要穿轻薄的棉麻衣服，需要使用金属器具，但是，游牧生活的不稳定性决定了他们时常迁徙，只能过着逐水草而居的生活，当地少量的农业基地和手工业据点无法满足全部牧民的日常生活需要，因此，牧区人民生活物资的补给只能依靠农区。① 同样，农区人民所需的牛羊皮毛、山货药材等也只能依靠牧区提供。经济上的互补性催生了不同地域、不同民族之间的商业贸易的兴起和发展。

滇川藏毗连藏区的各民族间广泛地存在着经济上的互通有无关系。在彝、汉杂居区，彝民和汉民之间“为了相互取得对方的产品，彝、汉之间相互结拜为‘干亲家’和结拜为‘干兄弟’等，以某种宗教形式，甚至巫术，确立‘亲戚’关系，借以加入彝族的交换网络”。②

藏族农牧区之间盛行着以物资交换为载体的“乃仓”关系，其中，男主人称为“乃布”；女主人称为“乃姆”。“乃仓”在藏语中

---

① 费孝通：《中华民族多元一体格局》修订本，中央民族大学出版社 1999 年版。转引自沈再新《从“中华民族多元一体格局”到“共生互补”》，《湖北民族学院学报》2010 年第 3 期。

② 龙建民：《市场起源论》，云南人民出版社 1988 年版，第 156 页。转引自周智生《藏彝走廊地区族际经济互动发展研究》，《中国社会经济史研究》2010 年第 1 期。

的意思是“那一家”，指的是藏族在物资交换过程中与固定人员形成的长期稳定的交换关系。一般是来自农区的藏民到达牧区或来自牧区的藏民到达农区后，在村寨里挑选有意愿与之交换物资的人家，主动登门借宿，双方在交往中彼此取得信任，然后提出交换的需求，这种交换关系在得到双方认可后即可结为“乃仓”，以后凡是需要交换物资路过此地，都可投宿其家，并与之进行物资交换。以生活物资交换需求为纽带，来自不同地域而有着共同宗教信仰的人，就结成了一对一互助的乃仓关系。[①] 滇西北地区的纳西族商人在清中后期崛起，他们进入西藏、川西地区，将生活日用品销往藏区，再收购藏区的特色产品运回内地。在物资交换过程中，纳西族商人凭借与藏族的文化历史渊源成功地加入到藏族的“乃仓”交换关系中，并被赋予“藏客”的称号。

在四川彝族地区，雍正年间，大规模的改土归流引发了彝族人民暴力抵抗，造成川西地区大规模的流血冲突。许多彝族群众为躲避战乱而迁往四川省甘孜州九龙、泸定等地居住。他们来到藏族控制的强势区后，为了求得生存，一般都会主动寻求当地藏族土司或头人的居留许可和保护。他们以一定数量的银子向藏族土司租赁土地，取得藏族土司专门颁发的用藏文书写的“红照”，以此作为获得招佃开垦的凭证；除每年按规定向藏族土司交纳地租银子外，彝民一般不再负担当地的其他赋税和徭役，但逢年过节时，须向藏族土司或头人送礼。[②] 彝族人民在甘孜藏区通过向当地藏族头人缴纳垦殖田租，“赠送”牛羊、金银；与当地藏族农户交换生产生活物资等方式与藏族土著发生经济联系，逐渐定居稳定下来，两族关系也趋于融洽。[③]

---

① 周智生：《藏彝走廊地区族际经济互动发展研究》，《中国社会经济史研究》2010年第1期。

② 《木里县志》，中华人民共和国地方志丛书，四川人民出版社1995年版，第855页。

③ 《甘孜州志》，中华人民共和国地方志丛书，四川人民出版社1997年版，第281页。

2. 晚清民国时期滇川藏毗连藏区族际商贸活动的新内涵

晚清民国时期，随着帝国主义侵略的加深，沿海城市逐步落入列强之手，国内抗战物资的运输只能依赖西南通道，滇川藏地区作为抗战的大后方，受到中央政府的格外重视。在沿海城市沦陷后，云南连接缅甸的滇缅公路成为当时重要的生命线，大量物资全都仰仗这条西南通道。国内外商品在此交会流通，使滇川藏毗连藏区族际商贸关系内涵有了新的变化，从原先较为封闭的民族生活物资的调剂余缺功能，逐步转变为对外开放的初级商品市场和海外商品的流通区。在内外因素的双重影响下，滇川藏毗连藏区的族际商贸联系网络体系编织得更加细密，对于区域内各民族经济生活的影响也更加深远。①

（1）滇西北地区。德钦：滇西北地区与西藏昌都地区毗连，两地汉、藏、纳西等族边民贸易往来频繁，经济联系紧密。如在阿墩子（今德钦），民国时期入藏的刘曼卿女士看到："阿敦（即阿墩子）为朝山必经之道，远如拉萨、察木多，近如江卡、乍丫一带人民，邀群结伴，不惮千里之劳长途跋涉。其中，有黄发之幼童，有妙龄之少女，亦有强健男妇、苍颜翁妪，熙熙攘攘，络绎不绝。每至日暮，则张幕以局，汲水采薪，自起灶爨，至夜相与卧，杂沓纷陈，阿敦人称之为'阿绝哇'。彼等一至，则敦市妇女全体动员，阿觉哇照例野居街后地坝，是地妇女即向商店借贷货物，亟待转易。若商店稍有迟疑，则将所佩首饰临时抵押之，立与阿觉哇多方结纳，或以布区、铜锅，换其麝香药材，或以针线杂货，换其兽皮羊毛，均无不利布市什倍……阿敦本地妇女不农不牧，专靠与阿觉哇交易为生。"② 这段文字描述的就是迪庆阿墩子一带人民与转山朝圣者开展贸易的热闹景象。

---

① 参见周智生《藏彝走廊地区族际经济互动发展研究》，《中国社会经济史研究》2010 年第 1 期。

② 刘曼卿：《国民政府女密使赴藏纪实——原名〈康藏绍征〉》，民族出版社 1998 年版，第 149—150 页。

永宁：永宁是滇西北地区货物转运的重要中转站。来自周边地区的汉、藏、白、纳西等族商人长期在永宁从事商品收购与交换活动，他们把丽江、下关等地的糖、盐、布匹、菜蔬及生活日用品等运来永宁出售，再收购永宁出产的猪膘、猪油以及康藏转运至此的药材、土特产等贩卖至丽江、下关。汉族商人大多来自四川盐源，贩卖的商品主要是盐巴、布匹、针线等生活日用品。藏族商人主要来自中甸、康藏等地，也有一部分来自西藏，他们前来贩运藏服、毛织品和酥油等商品。纳西族商贩来自丽江，主要售卖手工制品、各种工具、农具、器皿以及茶叶等。20 世纪 40 年代，永宁的店铺已经发展得种类齐全，街市兴盛。皮匠街上有大大小小的百货商店、杂货铺、摊贩共计 30 多处。此外，还有皮匠 20 多家，铜、铁匠各 3 家，银匠 2 家，机器缝衣店 6 家，牛肉馆 2 家，饭馆 1 家，酒馆 5 家，理发店 2 家。①

丽江：七七事变后，我国沿海城市相继沦陷，连接国外市场的海外通道被切断，西南地区作为保障我国物资供应的大后方，当时国外物资的运输都仰仗滇缅公路。1942 年 7 月，著名的“驼峰航线”开辟，成为当时重要的空中运输通道。1941 年 12 月，日军截断滇缅公路并封锁国内所有港口，一时间“驼峰航线”保障物资运输的压力陡然增大。传统的马帮运输方式此时被当局所重视，在陆路运输上委以重用，凭借沟通滇、川、藏与印度的古老的茶马古道，许多重要的抗战物资得以及时补给。传统的马帮驿运方式在抗战期间承担着大西南后方生活物资运输的重任，在这种情势下，连接川西、滇西北、西藏地区和国外市场的茶马古道得到了空前的发展。②③

---

① 《宁蒗彝族自治县永宁纳西族社会及其母系制调查》，云南人民出版社 1988 年版，第 199 页。

② 杨福泉：《略论纳西族和藏族的历史关系》，《云南民族大学学报》（哲学社会科学版）2004 年第 3 期。

③ 杨新宇、张锡禄、刘荣：《民国时期藏族与白族的经济文化交流》，《大理学院学报》2015 年第 1 期。

滇西北地区的丽江作为内地与藏区贸易的集散地，汉、藏、白、纳西等民族商人将南来北往的货物汇集在丽江，然后继续转运到内地或者出口国外。最初，丽江的外地商号仅有20余家[①]，然而，到1943年时，丽江已有银行9家、商号1200多家。[②] 近代滇、川、藏毗连地区贸易如火如荼地发展，加强了区域内部的联系，使这一地域市场发生整合与重构，促进了市场等级体系的形成。最终形成了一个以丽江、下关为转运中心，以西藏昌都、芒康、盐井和川边康定、巴塘、理塘、得荣、木里以及云南德钦、中甸、维西、永宁为供货市场，面向整个滇川藏地区，辐射缅甸、印度等东南亚、南亚国家的完整贸易体系。[③] 汉、藏、白、纳西等民族商人穿行于滇西北的崇山峻岭、高山峡谷之间，他们用自己的双脚跨越地域的差异，用自己的双肩担起了为各族人民调剂余缺的重担。他们奔走在城市的大街小巷，成为滇西北地区各民族生活物资的保障队；他们冲破了地域的界限，将滇西北地区编制为一个疏密有致、联系紧密的整体；他们发展了民族商业贸易，激发了正在萌发的民族商贸意识，促进了民族经济的发展进步。[④]

（2）川西边区。康定：清初，川边地区汉藏贸易的中心转移到了打箭炉（今康定）一带，康定遂成为川藏贸易的枢纽与中转站。来康定经商的主要是来自川、滇、陕三省的汉族、藏族、纳西族与白族商人。随着商贸接触的日益频繁，商人们开始在康定等地租赁铺面，设立商号，办理茶货屯运、交易、收购土特产、转运等事宜，逐渐由“行商”向“坐商”转变。到清末民初，康南的巴塘、理塘，以及康北的炉霍、甘孜一带均有大量商人开设分号，之际从

---

① 参见许鸿宝《丽江县大研镇解放前的商业情况》，《纳西族社会历史调查》，云南民族出版社1983年版，第28页。

② 参见李硅主编《云南近代经济史》，云南民族出版社1995年版，第520页。

③ 周智生：《历史上的滇藏民间商贸交流及其发展机制》，《中国边疆史地研究》2007年第1期。

④ 周智生：《藏彝走廊地区族际经济互动发展研究》，《中国社会经济史研究》2010年第1期。

事贸易活动。

康藏地区货物交易主要通过两种方式：一是“由康定购买茶叶出关，于每年农历正月，即携茶叶作为礼品，送各牛厂主人，待牛厂娃来城贸易，遂投素有交情之老陕处脱售金香等，各项货物，售价高低，悉由老陕定之”。[①] 二是由商号派遣商贩到乡间直接收购货物，春去秋回。“此小贩悉行于乡间，经人介绍以某处为宜，即携货前往，至则择主而居，房饭不出分文，盖藏俗买卖出入，有主人三分手续费，以致殷勤招待，土人不敢歧视，以货掉货，春放秋收。”[②] 汉、藏、白、纳西等民族商人的贸易活动在滇川藏毗连藏区构建起商贸交流的网络，为滇川藏毗连藏区各族人民调剂余缺、互通有无创造了有利条件，为推动川边地区社会经济的发展、促进民族关系的交融、稳定川边政局发挥了积极的作用。

凉山：西昌一带的冕宁、石龙、泸沽、马房沟等地盛产黄花，晒干后既便于储存也方便携带，很多商人慕名前来收购干黄花。当地人仅凭种植黄花就能获得可观的收入，当时流传的俗语说：“多种黄花如挖金，户户屋里有钱银。”[③] 在凉山的彝族乡村，一些农户会利用农闲时间，将彝族地区的皮张、猪鬃、天麻、麝香、熊胆、花椒、蜂蜜等拿到附近的集市上贩卖，换取他们需要的盐巴、布匹、犁铧、铁锅、针线等生产生活用品。汉族商贩也会把布匹、盐巴、犁铧、铁锅、针线等生产生活用品拿到集市上贩卖，换取彝族商人的皮张、药材、花椒、蜂蜜、粮食等物资。此外，一些汉族商贩还会在彝族保头（保护人）的带领下深入彝族聚居的腹心地带，

---

① 陆予新：《康北经济杂谈》，《西康经济》（季刊）1942 年第 1 期。转引自石硕、邹立波《近代康区陕商在汉藏互动与文化交流中的角色》，《四川大学学报》（哲学社会科学版）2011 年第 3 期。

② 刘赞廷：《民国稻城县图志》，《中国地方志集成·四川府县志辑》，巴蜀书社 1990 年版，第 804 页。转引自石硕、邹立波《近代康区陕商在汉藏互动与文化交流中的角色》，《四川大学学报》（哲学社会科学版）2011 年第 3 期。

③ 李凯恩：《西昌的云南马帮》，载《凉山州文史资料》第六辑。转引自周智生《藏彝走廊地区族际经济互动发展研究》，《中国社会经济史研究》2010 年第 1 期。

用带来的枪支、弹药等物资换取鸦片。[①] 这种交易形式利润极其可观，但风险也是相当大的，因此，只有极少数汉商从事这种交易。解放以前，木里的村民会把手工制作的牛鞅皮张拿到周边的丽江、永宁等地出售，然后换回盐、糖、茶叶、针线等生活日用品。[②] 木里盛产麝香、贝母、知母等山货药材，大批纳西、白、汉等民族商人慕名来此经商，这些商人将茶叶、食盐等贩卖到木里，再把山货药材转运至丽江、下关等地。随着商业贸易的逐渐繁盛，木里境内渐渐出现了“坐商”的商人群体。据记载，木里“境内坐商主要是陕西人和云南人，百姓称为‘陕西帮’和‘云南帮’，均设店于三大寺驻地，绝大多数有商号名，如‘长兴昌’‘永和昌’‘恒盛和’‘德旭裕’之类”。[③]

（3）藏东南地区。藏东南的昌都地区是内地与西藏商贸交流的主要中转站，许多重要物资都在昌都汇集，然后转运他处。清初，昌都地区的市集已经相当繁盛。“江卡（今芒康——笔者注，下同）半隅平坦，为藏炉大道，系巴塘、乍丫之中途……有汉人寺仔南墩（今芒康县邦达乡之拉雅），每年七月，巴、查二地客民皆云集贸易，如内地庙会。”[④] 清末时，赴昌都经商的内地商户逐渐增多，渐渐地形成一定规模。根据清末驻藏大臣联豫的奏稿称昌都为“川、滇商旅会集之所……详查察木多、拉里、前后藏等处汉人日渐加增”。[⑤] 清宣统年间，昌都城中有“陕西商铺十数”。[⑥] 及至民国，昌都的贸易中转地位更加突出，时人评论（昌都）：“为康地交通之

---

① 参见周智生《藏彝走廊地区历史上的族际经济互动发展研究》，第 42 页。

② 夺取荣品藏语口述，阿仲文汉语口译，刘先进整理：《解放前木里的商贸情况》，载《凉山州文史资料》第六辑。转引自周智生《藏彝走廊地区族际经济互动发展研究》，《中国社会经济史研究》2010 年第 1 期。

③ 《木里县志》，中华人民共和国地方志丛书，四川人民出版社 1995 年版，第 433 页。

④ （清）黄沛翘：《西藏图考》，西藏人民出版社 1982 年版，第 136 页。

⑤ 吴丰培编：《联豫驻藏奏稿》，西藏人民出版社 1979 年版，第 15 页。

⑥ 傅崇矩：《成都通览》下册，巴蜀书社 1987 年版，第 406 页。

中枢……闻昔日昌都之繁盛，较打箭炉有过而无不及。”① 1939 年，路过昌都前往拉萨的汉族僧人刑肃芝也有相应的描述：“昌都此时有居民六百多户，川、滇、陕三省的汉商，有许多在此地经商。”②

在昌都地区经商设号、从事滇藏贸易的大多是来自丽江的纳西族商人、鹤庆的白族商人、陕西的汉族商人以及回族商人，他们在清代中后期及至近代一直活跃于滇藏贸易的舞台。时人记述：“西藏云南帮以云南鹤庆、丽江、阿墩子一带之人为多。”③ “他们在滇、缅、康、藏接境的区域，跑得很熟。”④ 回族商人一度垄断了昌都城的牛羊屠宰及零售，并建立了自己的联谊组织——“陕西会馆”。根据昌都地区的近代档案资料记载，民国时期，每年输入昌都的茶叶 12000—15000 驮，绸缎 300—500 驮，布匹 3000—5000 驮，哈达 2000—3000 驮，鼻烟 1500 驮，草烟 500 驮；其他为毛料、化妆品、日用品等，但本地的消耗量并不大。每年销茶 3000—5000 驮，目前（这里指调查时间，即 1950 年前后——笔者注）已减至 2000 驮左右，绸缎、鼻烟、布匹、哈达及日用品等消耗都不多，其余货物均分别运往拉萨、西康、四川等地；至于昌都本地的出产外销物品，则主要是以羊毛为大宗，其次为虫草、贝母、麝香、鹿茸等，羊毛一般每年可输出 500 驮，贝母每年可输出 300 驮，麝香可输出 400 多只，鹿茸 1200 对。⑤ 以族际经济交流为纽带，民族商人为联结西藏与内地关系、促进民族交流做出了重大贡献。

（三）滇川藏毗连藏区的多民族族际文化联系

1. 以藏族、纳西族、白族为主的多民族文化融合

在滇川藏毗连一带居住的藏族、纳西族、白族之间，自古流传

---

① 法尊上人：《现代西藏》，东方书社 1933 年铅印本，第 13 页。

② 刑肃芝口述，张健飞、杨念群笔述：《雪域求法记：一个汉人喇嘛的口述史》，生活·读书·新知三联书店 2003 年版，第 114 页。

③ 杨仲华：《西康纪要》，商务印书馆 1931 年版，第 222 页。

④ 李有义：《今日的西藏》，知识书店 1951 年印行，第 87 页。

⑤ 《西藏昌都地区社会调查资料》，2001 年内部印行，第 44—45 页。转引自周智生《藏彝走廊地区历史上的族际经济互动发展研究》，第 45 页。

着一个美丽的神话，传说三个民族原本是三兄弟，一直以来共同居住在一起，藏族是老大，白族是老二，纳西族是老三。这种虚构性质的族源认同追忆突出地体现了三个民族之间高度相融的族际文化联系。[①] 晚清民国时期，滇川藏毗连地区社会动荡不安，人员迁移流动频繁，民族分布格局打乱并重组，多元文化在此激烈交流碰撞。藏族独大的局面被打破，纳西族、白族等民族不断发展壮大，滇川藏毗连藏区作为多民族文化交流碰撞的核心地带，逐渐形成了以藏文化为主体、多民族文化并存的复合性的地域文化系统。因此，在这里我们重点阐述藏族、纳西族和白族之间的交流，其他民族也在滇川藏毗连藏区的多民族交流融合中具有重要的作用，但在此不再赘述。

（1）纳西族与藏族文化交融。纳西族和藏族在历史发展过程中有着密切的联系，双方在征战、移民开垦、经商贸易等交往形式中迁移流动，相互杂居。迁入民族的语言、宗教、风俗习惯、社会文化等随着迁入地主体民族的文化而改变。纳西族在明朝时期被丽江木氏土司大规模迁移安置在滇川藏毗连藏区，在与藏民长期的政治、经济、文化互动中，纳西族的生活习惯、文化风尚等都渐渐地趋同于作为主体居民的藏族。而以藏传佛教的传播和交流为载体，藏文化也对纳西族产生了深刻的影响。在频繁的交往过程中，纳西族和藏族相互适应，彼此趋同。

纳西族人大规模迁移到藏族聚居区应追溯到明代丽江木氏土司统治时期，木氏土司积极向周边拓展势力。“日率么些兵攻吐蕃地……遂取各要害地，屠其民，而徙么些戍焉。自奔子栏以北，番人惧，皆降。于是，自维西及中甸，并现隶四川之巴塘、理塘木氏皆有之。”[②] 木氏将大量纳西族先民迁往新占领地区（即今天巴塘、

---

① 周智生、张黎波：《云南多民族共生格局的历史形成机理初探》，《云南师范大学学报》（哲学社会科学版）2015 年第 1 期。

② 余庆远：《维西见闻录·自序》，转引自周琼《明清时期中甸民族迁徙与融合初探》，《学术探索》2005 年第 2 期。

理塘、乡城、木里、盐井、芒康、察隅一带）。据民国《中甸县志·大事记》记载："西康巴安县属（今四川省巴塘县）之白松脚村全为么些民族。"[①] 有学者估计，当时被迫迁徙的纳西族先民多达数万甚至更多。[②] 滇西北地区的中甸在大量纳西族移民徙入后，纳西族取代藏族，成为这一地区的强势民族，藏族在生产生活方面深受纳西族影响，并呈现出纳西化的趋势。

在农业生产方面，纳西族人为开发藏区、发展藏区农业做出了巨大贡献。纳西移民把水田耕种技术；核桃、蚕豆、玉米等作物种植技术；撮箕的制作和使用技术等传到藏区，至今中甸的藏族对上述农作物的种子及生产用品的称呼依然沿用纳西语。[③] 纳西族人善于修沟造田，打墙建屋，种植水稻，在纳西族人的帮助下，巴塘东南区的大片梯田被开垦出来，现在白松乡还居住着近600名纳西族同胞，门扎、白松两个村是现在巴塘县唯一种植水稻的地方。[④] 在纳西族人迁入后，巴塘的农业经济得到巨大的发展，被时人誉为"塞外江南"。[⑤] 任乃强在这些地区考察后评论说：纳西族迁入藏族聚居区"创文字，立制度，兴教化，约束附近诸蛮，隐然为一帝国。此开辟康滇间地之第一动力也"。[⑥] 凭借聪明智慧和辛勤努力，纳西族先民受到了藏民的热烈欢迎，成功地融入藏族聚居区。

纳西族人民移入滇川藏边区，在当地开垦荒地、开采矿藏、经营贸易，将优秀文化和先进技术传播到滇川藏边区，促进了滇川藏

---

① 戈阿干：《滇川藏纳西文化考察》，载《丽江文史资料》第七辑，丽江政协文史资料委员会编。转引自杨福泉《纳西族与藏族历史关系研究》，民族出版社2005年版，第384页。

② 赵心愚：《和硕特部南征康区及其对川滇边藏区的影响》，《云南民族学院学报》（哲学社会科学版）2002年第3期。

③ 王恒杰：《迪庆藏族社会史》，中国藏学出版社1995年版，第85页。

④ 张玉林：《巴塘历史沿革漫述》，《康定民族师专学报》（文科版）1990年第1期。

⑤ 林俊华：《康南纳西族文化的由来与变迁》，载木仕华主编《丽江木氏土司与滇川藏交角区域历史文化研讨会论文集》，中国藏学出版社2008年版，第125页。

⑥ 任乃强：《西康图经·民俗篇》，民国二十三年新亚细亚学会出版，第331页。

毗连藏区社会经济的发展。在相互交往中，当地藏族人对纳西族人形成了高度认同，纳西族人与当地藏族人形成了持久共生与交融的民族关系。前来丽江经商的藏族商人有些定居于此，在与纳西族人频繁的接触中逐渐学会了纳西话，他们的后代逐渐被纳西化，被称为么些古宗，时人记曰："古宗即吐蕃旧民也，有二种，皆无姓氏，近城及其宗、喇普，明木氏屠未尽者，散处于么些之间，谓之么些古宗，么些古宗大致同么些。"① 解放前，丽江一些乡村的山林都由藏族来管理，如仁里村、文明村、松云村等。这些藏族不仅精通纳西语，可以和纳西族人毫无障碍地交流，而且在日常生活、年节假日、宗教文化等方面都深受纳西族影响。②

藏文化也对纳西族产生了诸多影响，其中最重要的是藏传佛教的传入。明朝丽江木氏土司为巩固统治，采取"多派扶持、以教治教"的宗教政策，在控制的辖区内大力推行藏传佛教，木氏族人一方面积极结识藏传佛教各教派中德高望重的僧人，另一方面大兴土木修建藏传佛教寺院，在纳西族聚居地区掀起了信仰藏传佛教的风尚。在统治者的推崇下，藏传佛教在纳西族民众中获得了广泛的认可与信仰，纳西族人皆以入寺当喇嘛为荣。至清乾隆年间，"丽之夷人，凡有二三子，必令一子为喇嘛"。③ 藏传佛教在传入滇西北纳西族人聚居区后，与纳西文化产生了交融，藏传佛教活佛可以在纳藏两族中相互转世；纳西人当中产生了多位藏传佛教的高僧和居士。④《丽江府志略》载："土人家家供佛，信喇嘛僧。"藏传佛教在纳西族人中传播之广、地位之高可见一斑。

藏传佛教的影响也渗透到了纳西人日常生活、社会风俗的方方面面。方国瑜在《明十合院墓葬考》中说："么些族尚刀巴教（东

---

① （清）余庆远：《纳西见闻录·夷人·古宗》。转引自周琼《明清时期中甸民族迁徙与融合初探》，《学术探索》2005 年第 2 期。

② 朱映占：《民国时期的西南民族》，博士学位论文，云南大学，2012 年。

③ 杨福泉：《纳西族与藏族历史关系研究》，民族出版社 2005 年版，第 239 页。

④ 同上书，第 222—238 页。

巴教），以地近吐蕃，喇嘛教以颇占势力；土司木氏，盛于明，多留遗迹，唯宗教以喇嘛教为最多，则当时以喇嘛教为首，墓葬之用喇嘛教仪，亦意中之事，且所见骨灰朱书，悉喇嘛文，立墓碑，亦多刻喇嘛文，有多至数百字者；则墓葬由喇嘛主持，此为可知者也。"[①] 到民国时期，滇川藏毗连藏区聚居的纳西族和藏族已经逐渐融为一体。尤其在德钦、中甸、巴塘、乡城、稻城、得荣一带，纳西族移民和当地藏族在言语风俗上已难以辨别。民国学者黄举安在滇西北调查时曾说："在德钦广大地区内，迄犹有八个以上的村落，尚保存着么（些）宗族的语言。但其生活习尚、宗教文化，业经水乳交融全部藏化，其语言与藏人毫无差异。给你用国际音标区分析，其音韵恐也难以辨别。"[②]

藏传佛教对纳西族的社会文化、宗教信仰等方面的影响，加深了纳藏人共同的心理文化基础，加强了纳藏两族的彼此认同。出于共同的宗教信仰，藏族人早已将纳西族人当作兄弟一般，亲如一家；纳西族人看到藏民也会感到亲切，纳藏两族人在以藏传佛教信仰为纽带的文化认同中形成了紧密联系、不可分割的兄弟民族。[③] 纳藏两族以藏传佛教传播为媒介，形成了相同的宗教信仰，拥有了共同的心理文化素质，为纳藏两族人民的深入交往奠定了良好的基础。

（2）白族与藏族文化交融。白族与藏族的文化交融突出地表现在以马帮商人为载体的滇藏间商贸文化交流。滇藏茶马古道为白、藏两族提供了一个良好的交流平台，不同的民族文化在这条古道上交会、碰撞，相互吸收融合，促进了两者之间的共通和相容。晚清民国时期是白、藏两族经济交往最多、文化交流最频繁的时期，从

---

① 杨福泉：《纳西族与藏族历史关系研究》，民族出版社 2005 年版，第 239 页。

② 黄举安：《云南德钦设治局社会调查报告》，载赵心愚、秦和平编《康区藏族社会历史调查资料辑要》，四川民族出版社 2004 年版，第 497 页。转引自朱映占《民国时期的西南民族》，博士学位论文，云南大学，2012 年。

③ 周智生：《明代纳西族移民与滇藏川毗连地区的经济开发——兼析纳藏民族间的包容共生发展机理》，《思想战线》2011 年第 6 期。

19 世纪中后期到新中国成立后资本主义工商业的社会主义改造基本完成的这段时间里，滇西北及川藏毗连区的藏族、白族、纳西族等商人大量涌现，相继出现了喜洲商帮、鹤庆商帮、丽江商帮、中甸商帮等大批实力雄厚的商人群体。近代白族商人群体以下关为中心，将内地收购的日用品如丝绸玉石、香料、毛织品、玻璃（后期主要是英国、法国等欧洲国家或日本等生产的自鸣钟、香皂、肥皂、煤油、洋纱、火柴等）等运到下关后，一部分在下关出售，一部分则混同茶、红糖、盐、火腿等生活资料通过马帮运送到丽江、中甸等地，交与纳西族和藏族商人出售，或者通过马帮直接运送到藏区出售给当地的纳西族、藏族及其他少数民族。在返回时，又将从纳西族、藏族以及怒江地区的少数民族等手中收购的山货药材、皮革、猪鬃、黄金、白银、锡、钨、麝香等运回下关，再通过下关运送到内地及其他地方出售。[①] 马帮商人充当着白族、藏族经济文化交流的重要使者，藏族的许多民谣中都歌颂了白族商人不畏艰险、长途跋涉把盐、茶、红糖等生活必需品运送到藏区的故事。在德钦梅里雪山脚下的藏族村落加郎村，村民中流传着这样的歌谣："大理是个美丽的地方，洱海的茶叶香遍加郎，请将哈达和酥油收下，把我的歌声带回你的家乡。"[②] 藏民歌谣字里行间充满了对白族商人的感激之情，白族商人以自己的勤劳坚韧赢得了藏民的赞扬，藏白两族商人共同创造的马帮文化，造就了藏白两族和睦相处、团结协作、互通有无、互相学习的文化心态，马帮商人成为穿行在滇藏之间的一道独特风景线，歌颂白族商人的歌谣成为藏白两族人民共同拥有的珍贵记忆世代流传。

（3）纳西族与白族文化交融。纳西族在明木氏土司统治期间进行了大规模迁移，一部分纳西族迁移到白族聚居地区后，与白族长期杂居、相互通婚，文化上相互融合。在宗教信仰方面，白族与纳

---

① 李灿松：《白族商人与"藏彝走廊"地区经济发展研究》，硕士学位论文，云南师范大学，2008 年。

② 陈亚保：《茶马古道的历史地位》，《思想战线》1992 年第 1 期。

西族出现了相互适应、逐渐融合的趋势，如纳西族和白族都信奉山神，每个家族的坟地里都有山神牌，祭祖之前都要先祭山神，寺庙边也供奉有山神。在丽江九河乡的一些村寨里，白族和纳西族同样信奉“桑尼”，“桑尼”是对纳西族巫师的民间称谓，丽江九河乡的巫师一般由白族出任，也称为“桑尼”，“桑尼”既是男人也可以是女人，由男人担任的称为“男师”，由女人担任的称为“女师”，白族、纳西族、傈僳族的民众如若遇到婚丧嫁娶或是生病，都会请“桑尼”前来占卜、做法事、进行驱邪攘灾活动。① 白族的阿吒力教在一部分纳西族中也获得了信奉，现在九河乡仍然存在阿吒力教组织，其中，中和的“阿吒力”教会有四个，每会约百人，最少则有五十至六十人，分为道经会、黄经会、宗三教等，每会教仪各不相同，信众主要是白族，也有纳西族。几乎家家都有人参加，其中以老妈妈为主，也有少数的老公公，俗称“老妈妈会”，每个教会都有自己唱论经文的腔调、经文等，初一、十五都在家烧香拜佛、吃斋，更有定期的庙会，庙会几乎都在本主庙里进行。② 纳西族和白族在衣帽服饰上也相互融合，丽江九河乡的纳西族妇女头戴的璀帽在外观形态上仍保留着传统纳西“姑子帽”的特点，但是，在细节的处理上却融进了白族的元素，在璀帽上缀有叠彩头巾，并且绣有精美的蝴蝶、艳丽的蝴蝶，显然是受到白族妇女喜爱刺绣的影响。白族妇女在服饰上也受到纳西族的影响，丽江九河乡的白族妇女习惯于穿着羊皮披肩，并以双带束于胸前，这是典型的纳西族穿着风格。纳西族和白族在节日节庆方面也相互影响，白族的会亲羊日，会从丽江各地请来东巴表演法术，是在高寨天王庙前的空地上表演，无论纳西族还是白族都争相前往观看。③ 在长期杂居交往过程中，两族人民相互影响、相互渗透，彼此之间的文化界限逐渐模

① 和晓瑜：《当代丽江九河纳西族与白族的关系研究》，硕士学位论文，云南大学，2011 年，第 36 页。

② 同上书，第 36—37 页。

③ 同上书，第 37 页。

糊，通过相互学习和彼此包容，既丰富了本民族的文化内涵，又创造了和谐的民族共生环境。

2. 外来宗教势力对滇川藏毗连藏区民族关系影响

近代西方帝国主义用坚船利炮打开中国国门，西方天主教和基督教等教派作为侵略的先头部队，借传教之名进行侵略扩张。英国、法国、美国等国传教士借助设立医院、开办学堂、施与边民小恩小惠等手段，在滇川藏毗连藏区取得了边民的信任，逐渐在这些地方站稳了脚跟，继而开始建立教堂、购置地产、积极拉拢教徒。美国公使田贝自言："传教士是商业先锋。本着神圣的热忱，他走入白人足迹所不能到达的内地。他在所到的地方建立一个小小的教堂，一个诊疗所，一座学校和一座工厂，就这样在中国的心脏内居留下来了。鼓手跟着来到，外国的商业也就跟着开始了。"① 西方教派的传入使滇川藏毗连藏区各民族原本以藏传佛教和民族本土原始宗教为主的宗教信仰受到冲击。据统计，自1939年基督教在康定设立教区以来，云南维西教堂有信徒80人，四川巴塘县有信徒50人，丹巴县有信徒172人，道孚县有信徒50—60人，康定所属各区有信徒914人；1948—1949年，在康定教区内的信徒有530人。② 截至1947年，西康宁属地区的天主教徒也有7827人。

虽然基督教和天主教在某些地方笼络了一些信徒，但就整个滇川藏毗连藏区而言，西方宗教的传播并不顺畅，遭到了当地人民的强烈抵制和反对，并导致了一系列教案的发生。1848年，法国传教士进入康藏，在达林埠（华林坪）建立起一座教堂，以此作为天主教会势力进一步向康藏扩张的基地。滇川藏地区官民深知洋人在印度、尼泊尔、锡金、不丹等周边国家的侵略行径，对西方侵略者的斑斑劣迹积怨已久，清末打箭炉同知曾说："外人觊觎边荒，藉口传教，譬诸水银泻地，无孔不入。现在打箭炉、巴塘、理塘、炉霍

① ［美］田贝：《中国及其人民》第一卷，第220页。

② 徐君：《近代天主教在康区传播探析》，载石硕主编《藏彝走廊：历史与文化》，四川人民出版社2005年版，第204页。

等处以及各土司地方，法英教民日增一日。……强据我边界，扰乱我藩篱，虎视眈眈，要挟无厌，如蝗虫入境，不食尽不止。”① 因此，当西方传教士的爪牙试图深入滇川藏边区扩展势力时，各族人民奋起反抗，坚决抵制洋教传播。“藏中番众一闻洋人入境，哗然聚兵拦阻，情势汹汹……藏番意欲驱逐洋人……该藏番遍扎巴塘、理塘、霍尔章谷、叠盖各土司，及云南所属阿墩子、中甸、维西等处寺院僧俗人等，以后一体不许洋人过境，亦不准各处迎护接送各等情来……意在必得永无洋人游历入藏结据，并允以后驱逐法国教堂（士），始肯退兵，二者缺一不可。”②

在维护本土文化和抵制外敌入侵的共同目标指引下，各族人民奋起反抗，驱逐外来宗教，滇川藏毗连地区的反洋教斗争此起彼伏，接连不断。从1905年4—7月，仅仅4个月的时间，滇川藏毗连藏区接连爆发了多次重大教案。1905年，四川巴塘地区发生教案，巴塘藏民集结成群进攻并焚毁教堂，清政府派兵镇压起事的民众，双方在激战中死伤惨重。4月5日，巴塘群众再次起事，焚毁教堂三处，击毙法国教士牧守仁、苏烈和前来平乱的帮办大臣凤全及其随从50余人。四川总督锡良奉命镇压叛乱，清军和巴塘民众发生激战，战斗中壮烈牺牲的藏民达数百人，巴塘教案最终被镇压。1905年，滇西北阿墩子爆发教案，阿墩子民众围攻教堂，驱逐传教士。清政府命维西厅出兵镇压，阿墩子民众奋起抵抗，双方在阿墩子僵持了3个月之久，清政府为尽快结束战斗，增派重兵围剿阿墩子、枪杀数十名藏族僧民，最终平息了阿墩子教案。1905年7月20日，贡山白汉罗村怒、藏、独龙等族人民掀起了新一轮反洋教斗争，西藏察瓦隆喇嘛教率数百名群众包围并焚毁了教堂，在此传教的法国天主教司铎任安守被迫逃到昆明避难，清政府调集大批官兵

① 《新设炉霍屯志略》附录，《上赵次帅条陈》，转引自张力、隗瀛涛等《四川近代史》，四川省社会科学院出版社1985年版，第107页。

② 光绪元年四月七日（1881年5月15日）丁宝桢：《藏人驱逐洋人派兵弹压保护片》，参见王明伦选编《反洋教书文揭帖选》，齐鲁书社1984年版，第295—296页。

才最终镇压了贡山人民的反洋教斗争。①

西方宗教在滇川藏地区的渗透客观上传播和普及了先进的科学文化知识，建立医院、学校等举措具有一定的积极意义。但是，我们更应该看到其作为帝国主义势力入侵先锋部队的本质，传教士在当地购置地产、建立教堂、宣扬教义、招纳教徒，对当地的民族本土宗教文化造成了冲击，更有一些传教士仗势欺人、为所欲为，引发了当地群众的强烈不满。因此，滇川藏地区接连爆发的教案是各族人民维护自身宗教信仰，抵御外来侵略的自觉、自愿之举，是对本民族文化认同的重要体现。

第三节　人口流动与族际关系之间的辩证关系

就唐宋至晚清民国时期人口流动与多民族之间的历史进程而言，人口流动与族际关系两者表现为很强的关联性和联动性；中央王朝、地方政权或者少数民族政权对族际关系的干预是实现多民族和谐发展的重要途径。

影响族际关系发展的形式多种多样，主要有战争、边疆开发与治理、官方的互市、民间商贸、矿产开发、荒地开垦、迁徙、人口迁移、劳动力输出等形式。其中，主体民族或少数民族政权对滇川藏地区的影响是促进多民族融合的重要形式，直接影响了该区域汉族与其他民族，以及区域内部各少数民族之间的关系，战争和对边疆的治理开发是其促使人口流动从而导致族际关系发生变化的重要形式。

战争是促使人口在滇川藏毗连藏区急剧流动的重要形式，无论

① 张媚玲：《中国西南边疆近代民族关系史研究——以政治关系为中心》，博士学位论文，云南大学，2012 年。

是中央王朝与该区域内部政权的战争，还是不同历史时期藏族、白族、纳西族、蒙古族、回族等政权或地方武装之间的冲突均使区域内部的各少数民族之间被迫流动和交往，这种强制性、被迫的人口流动方式规模大，是一种被动性的交流，其对滇川藏毗连藏区族际关系的影响也较大。

边疆治理与开发则是对滇川藏毗连藏区族际关系影响最深远的形式，其中吐蕃对该区域的统治、木氏土司对该区域的治理、蒙古族和硕特部对滇川藏的统治、赵尔丰和刘文辉对该区域的治理，等等，均通过大量的人口迁移，提供多民族交流的平台、政策和举措实现各民族之间的政治、经济和文化交流，实现族际关系和谐，最终达到区域开发和发展的目的。

此外，民间商贸是影响滇川藏毗连藏区族际关系持续时间最长的方式。可以说，民间商贸是一种以追求商业利益为目的的人口流动，滇川藏毗连藏区外部及内部的商人以“茶马古道”和商人开辟的商道为依托，各民族商人、小贩和马帮因此频繁地往来于其间，部分商帮在丽江、香格里拉、康定、昌都等次区域的中心设立分号或转运站，进行区间和转运贸易。这些商人在追求利益的同时，满足了各族人民的需求。

商品的流动，也使区域内的各民族人民在近距离内就能完成生产生活物资的交换，便利了人民的生活，拓宽了藏区人民的物资补给渠道。不同地区各民族间的相互需要及其经济性的贸易交流就像一根纽带，把内地和滇川藏毗连藏区、滇川藏毗连藏区内部各个地域单元紧密地联系在了一起，形成了一条滇川藏毗连藏区与其他外部地区各族人民互补余缺、互通有无、互促发展的利益共生链。换言之，形成了一种互济余缺的族际共生形式。

此外，以人口迁徙、矿业开发等为目的的人口流动形式则成为影响滇川藏毗连藏区族际关系持续时间最长的方式。

从众多的影响多民族交流和族际关系的具体形式中不难发现，任何一种形式都与人口流动有密切的联系。也就是说，滇川藏毗连藏区的族际交流发生的前提是各民族群体在不同区域之间的流动。流动客观上成为族际关系形成和演变的重要动力，是族际交往的必要条件，没有各族群之间的人口流动就不可能有族际的交往。换言之，人口流动越频繁，各民族之间的交流也就越多，而各民族之间交流和交往的频次频度，一定程度上是族际关系协调的重要表现；反之，没有人口的流动，则各民族之间接触和交流的可能性就很小，因此，没有人口的流动就没有各民族之间的交流。相反，民族关系是人口流动的“风向标”，族际关系的发展方向决定了人口流动的动向，族际关系发展协调则人口流动往往比较频繁；反之，则人口流动较少。可以这么说，滇川藏毗连地区族际关系与人口流动之间是一种正向发展、相互建构的关系。没有人口的流动，就不可能存在族际的交往，而族际关系的变化同时制约着人口流动的方向和规模。人口流动与族际关系总是处在一个和平发展与不断冲突的循环之中，如果把民间商贸繁荣和主体民族对该区域的治理视为多民族族际交流最好的波峰状态，中央王朝与地方政府、少数民族政权之间以及不同民族势力之间的冲突则是低谷状态，那么从整个历史时期来看，滇川藏毗连藏区的多民族关系就是在波谷与波峰之间不断变化的曲线，而人口流动就是其重要的推动力。

第五章　滇川藏毗连藏区流动人口现状分析①

为了准确地把握滇川藏毗连藏区流动人口的族际关系及其影响因素，“滇川藏毗连藏区流动人口及其族际关系演变与调适”课题组（以下简称课题组）先在该区域做一个大范围的基本情况调查，在此基础上，选定三省区毗连地区的核心地带，同时也是流动人口相对集中的建塘镇作为典型案例来深入分析流动人口的族际关系。以滇川藏毗连地区流动人口与当地居民之间的居住关系为基础，进一步分析流动人口的社会交往、民族通婚、经济关系情况，然后，以米尔顿·戈登（Milton Gordon）提出的民族交往、通婚、民族认同、民族偏见、文化等民族关系理论为指导，并结合流动人口自身的特征对影响流动人口族际关系认同的因素进行实证分析，根据研究结论，提出针对性的建议。

第一节　滇川藏毗连藏区流动人口基本特征

一　调查概况

本节使用的数据来自2012年7月15日至9月7日、2015年8月20—24日课题组三个调研小组就西藏自治区林芝地区、昌都地

① 参见李灿松、梁海燕《滇川藏毗连地区流动人口族际关系调查与思考》，《南方人口》2014年第29卷第4期。

区，云南省迪庆州，四川省甘孜州 4 个地区开展的实地调研，调查内容主要涉及上述地区的流动人口构成、生存状况、民族关系和社会融入等方面。其中，西藏林芝和昌都地区的调研工作由西藏大学课题组负责人带领八位学生进行，主要对西藏林芝地区的八一镇和昌都地区的城关镇展开实地调研，两地各发放问卷 350 份，共 700 份，回收有效问卷 623 份；四川省甘孜州调查由云南师范大学课题组负责人带领三位课题组成员负责，调研的主要区域是四川省甘孜州的炉城镇和榆林乡，共发放问卷 300 份，回收有效问卷 224 份；云南省迪庆州建塘镇的调研由课题负责人带领三位课题组成员和迪庆州计生委流动人口办公室的两位工作人员负责，共发放问卷 400 份，回收有效问卷 356 份。四个地区共发放问卷 1400 份，回收有效问卷 1203 份，回收有效率为 86%。课题组以抽样调查为主、力争实现覆盖整个核心城区为主要导向，在征得当地流动人口办意见和建议的基础上实施调研。[①] 调查地以人口流动最为集中的区域优先，调查范围覆盖调查地 80% 以上的流动人口和建城区。为了保持数据与实际情况结合，每年我们都编制了报表，临时聘用当地流动人口办公室的工作人员为我们统计当年的人口流动的基本情况，该项工作主要集中在 2013 年、2014 年、2015 年，统计的区域主要是迪庆州的建塘镇、甘孜州的炉城镇和榆林乡，昌都和林芝相对而言，人口变化相对比较小，我们没有较多的统计，基于此次调查数据的统计分析（主要以 2012 年的系统调研数据与结果为基础），分析滇川藏毗连藏区流动人口的基本特征。

二　流动人口的基本特征

（一）年龄性别结构

根据本次调查数据计算统计可知，流动人口的年龄性别结构如表 5－1 所示，流动人口以男性为主，性别比为 127.34，反映了流

① 李灿松、梁海燕：《滇川藏毗连地区流动人口族际关系调查与思考》，《南方人口》2014 年第 29 卷第 4 期。

动人口以男性为主的特征。男性占56%，女性占44%。但具体从年龄来看，不同年龄的流动人口性别差异显著，流动人口的性别比随着年龄的增加而升高，20岁以下流动人口的性别比为98.21，反映年轻流动人口中的性别平衡特点，20岁以下的男性占该群体的49.55%，女性占50.45%；20—30岁的性别比为108.97；31—40岁的性别比为125.00；41岁及以上的性别比高达217.65，流动人口性别比随着年龄的升高而升高。年龄越大的流动人口中，男性的比例越高。

表5－1　　流动人口的年龄性别结构　　单位：人、%

年龄段	性别				合计（人数）	合计（比例）	性别比
	男	比例	女	比例			
20岁以下	55	49.55	56	50.45	111	9.34	98.21
20—30岁	243	52.15	223	47.85	466	39.19	108.97
31—40岁	220	55.56	176	44.44	396	33.31	125.00
41岁及以上	148	68.52	68	31.48	216	18.17	217.65
总计	666	56.01	523	43.99	1189	100	127.34

注：皮尔森卡方检验结果（下同）。Pearson $\chi^2(3)=18.4543$（卡方值），$P=0.000$（显著性）。

流动人口的年龄结构以中青年为主，其中，20—30岁的占39.19%，31—40岁的占33.31%，而20岁及以下和41岁及以上的比例明显偏低，流动人口的年龄选择趋向非常明显。总之，流动人口年龄结构以20—40岁的中青年为主，随着流动人口的年轻化，性别结构趋于平衡。

（二）民族结构

流动人口的民族结构如表5－2所示。从表中可以看出，流动人口以汉族为主，占53.64%，但与全国人口中的汉族比例相比，汉族比例明显较低，而少数民族比例较高，这反映了滇川藏毗连藏区流动人口中少数民族相对集聚的特点。藏族和白族是少数民族流动人口的主体，其比例分别为28.03%和10.04%，而回族和纳西族的比例非常低，其比例分别为3.77%和1.84%，不同民族的人口流动性差异很大。

表5－2　　分性别的流动人口民族结构　　单位：人、%

民族	性别				性别比	合计（人数）	合计（比例）
	男	比例	女	比例			
藏族	187	55.82	148	44.18	126.35	335	28.03
汉族	365	56.94	276	43.06	132.25	641	53.64
回族	30	66.67	15	33.33	200.00	45	3.77
白族	58	48.33	62	51.67	93.55	120	10.04
纳西族	11	50	11	50	100.00	22	1.84
其他民族	15	46.88	17	53.13	88.24	32	2.68
总计	666	55.73	529	44.27	125.90	1195	100

注：Pearson $\chi^2(5)=6.5355$，$P=0.258$。

从表5－2中还可以看出，不同民族流动人口的性别结构也存在一定的差异，但并不显著。分民族来看，纳西族流动人口的性别比最均衡，性别比为100，即男性流动人口和女性流动人口几乎持平；白族流动人口的性别比最低，仅为93.55，反映了白族流动人口中女性多于男性的情况，其他少数民族也有类似的特征。而回族流动人口的性别比最高，达到了200.00。这里的性别比计算尽管受样本规模的限制，但也可以反映男女两性的数量对比关系，男性回族流动人口比女性多的特征。因此可以看出，流动人口的性别比高只是一个整体情况，但不同民族也不能一概而论。

（三）流动人口的来源地分布

流动人口的来源地分布比较广泛，涵盖大陆24个省份，分别是四川省、西藏自治区、云南省、安徽省、福建省、甘肃省等。

流动人口的来源地空间分布呈现出随地理距离增加而衰减的规律。即流入滇川藏毗连藏区的人口主要来源于邻近的几个省份，随着距离的增加，流入滇川藏毗连藏区的人口呈递减趋势，这除了地理距离的邻近性，还有一个重要的因素是文化的同质性，这样就会减少流动过程中的社会关系调适成本，可以相对容易地融入当地的生产与生活之中。流动人口的来源地空间呈现出三个圈层：第一圈层是与调查区域直接邻接的三个省份：首先四川省是该区域流动人口的主要来源地，共370人，占有效样本（1200）的30.83%；其次是云南省共269人，占有效样本的22.41%；再次是西藏自治区，共265人，占有效样本的22.08%，三省份合计占总样本的75%；第二圈层是与滇川藏相距很近的省份，分别是湖南省、重庆市、甘肃省，来源于上述省份的比例分别为4.8%、3.41%、3.25%；第三圈层是陕西省和河南省，但其比例已经明显降低，分别为2.1%和1.67%。而其他省份的比例更少，还不到1%。

（四）家庭民族结构

自古以来，中国不同民族间的通婚现象就存在。改革开放以来，中国逐渐建立并完善社会主义市场经济，在市场经济体制下，实现了包括人力资源在内的资源优化配置，人们可以相对自由地迁徙流动。大规模的人口迁移流动促进了人们社会交往圈子的扩大，而且当前我国正处于流动人口代际转变的关键时期。根据国家卫生和计划生育委员会流动人口司的流动人口动态监测数据，2011年，新生代（1980年及以后出生）流动人口的比例为49.52%；2012年，正处于新老两代流动人口代际结构转变的关键时点，两代流动人口基本持平；2013年，新生代流动人口已经占据主流，超过老一代，在16—59岁的劳动年龄流动人口中，51.4%属于新生代，其中14.5%属于90后的新生代流动人口。[①] 可以肯定，将来会有更多的新生代流动人口，他们正处于生命历程中婚恋和生育的黄金时期。2013年的流动人口动态监测数据显示，16—59岁流动人口中未婚群体占

① 根据国家卫生和计划生育委员会流动人口司2011年、2013年流动人口动态监测调查数据计算整理。

21.8%。在未婚群体中，主要以新生代为主，“80前”出生一代的流动人口未婚比例仅为1.9%，而“80后”的新生代流动人口未婚比例为38.7%。迁移流动必然会对他们婚恋观念和行为造成重要的影响，他们不仅有和其他地方的流动人口恋爱和结婚的机会，而且也有同流入地人口婚嫁的机会。人口迁移流动促进了人们社会关系网络的拓展，也促进了不同民族之间的交流，不同民族在长期的交往过程中就会导致族际的通婚现象日益普遍。由于族际通婚的增加，相应的家庭民族结构也会趋于复杂，出现了双民族家庭或者多民族家庭，此次调查的流动人口家庭民族结构如表5-3所示。

表5-3　　分民族的流动人口家庭民族结构　　单位：%

民族	家庭民族构成		
	单一民族	两个民族	多民族
藏族	85.97	12.84	1.19
汉族	92.07	7.3	0.63
回族	81.82	18.18	0
白族	82.2	14.41	3.39
纳西族	68.18	22.73	9.09
其他民族	60.61	27.27	12.12
总计	87.65	10.83	1.52

注：Pearson $\chi^2(10)=68.4609$，$P=0.000$。

从表5-3可以看出，不同民族的家庭民族结构具有显著的差别，这主要与各民族的通婚态度有关。有的民族非常反对与外族通婚，他们担心混入别族的血缘，也有一部分民族担心结婚后不同民族的宗教信仰差异难以协调。从调查的结果来看，流动人口的家庭以单一民族为主（占样本的87.65%），两个民族的家庭占10.83%，而多民族的家庭比例不到2%。但是，分民族来看，差异非常显著，汉族的单一民族家庭明显高于其他少数民族，两个民族的家庭主要是少数民族。如纳西族和白族，多民族家庭中纳西族所占的比例比较突出（见图 5 –1）。

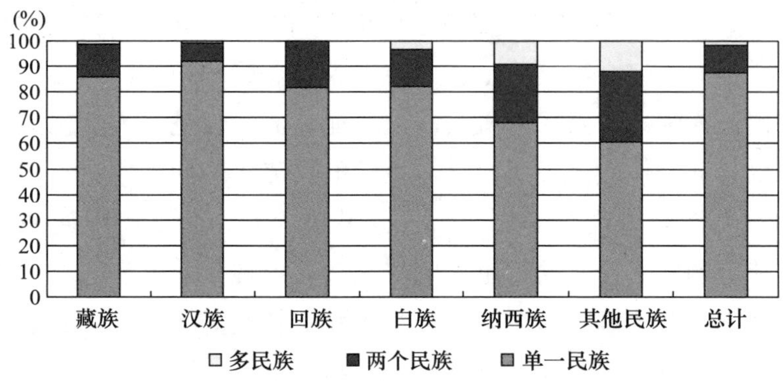

图 5 –1　藏区流动人口的家庭民族结构

（五）受教育程度

受教育程度是人力资本的一个重要方面，它影响着个人的社会选择机会。流动人口外出的目的是以经济原因为主，在流入地谋取一份待遇丰厚的工作是流动人口最主要的期望。如果在流入地没有找到一份工作，连基本的生存都难以维持。在找工作的过程中，他们的受教育程度明显起着关键的作用。

一般来说，受教育程度越高的人，他们的职业期望也会较高，尽管城市存在失业的风险，但是，城市的预期收入仍然比较高。流动人口的受教育程度如图 5 –2 所示，从图中可以看出一个明显的特征，随着年龄的增长，小学及以下人群所占的比例迅速升高，20 岁以下的流动人口中，小学及以下的占 10% 以下，20—30 岁、30—40 岁的比例相当，在 27% 左右，41 岁及以上的占 30% 以上。而受过大专及以上教育的人数比例随着年龄增大迅速递减。20 岁以下的流动人口中，大专及以上的占 30% 左右，20—30 岁的占 26%，30—40 岁的占 18.5% 左右，41 岁及以上的占 16% 以上，随着年龄的增加而呈明显的递减特征。从人力资本的角度来看，年纪偏大的流动人口在外出过程中寻找工作的难度比年轻人的要大，这是值得我们关注的一个问题。

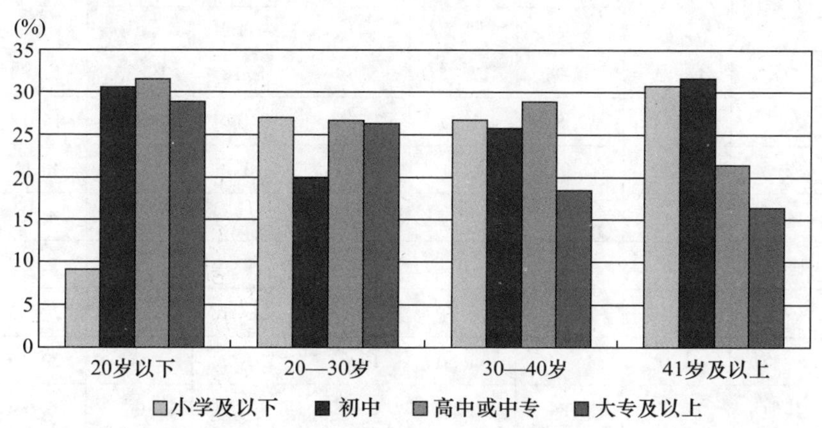

图 5－2　分年龄的流动人口受教育程度

注：Pearson $\chi^2(9)=40.2375$，$P=0.000$。

（六）职业结构

在调查中，我们将流动人口的职业分为工人、农民、公务员、教师、医生、务工、经商和其他八类（见表 5－4）。总体来看，流动人口以务工或经商为主，经商的占 29.19%，务工的占 22.06%，两者合计超过了流动人口样本的 50%。由此可以看出，流动人口的职业聚集性特征非常明显，而从事教师、医生、公务员的比例非常低。值得注意的是，有相当一部分群体尽管他们从农村流动出来，但是，他们的职业没有向上流动，也就是说，他们只是在地理空间上的流动，并没有发生社会性的流动。他们出来以后仍然还是做农民的工作，这一部分流动人口（农民职业的流动人口）占 15.18%。由于我国尤其是西部地区人口流动主要是乡城流动。由此可以看出，目前还有很大一部分流动人口的职业并没有发生流动，这主要与西部地区的流动特征有关，多数是就近转移，与“离土不离乡”不同，而是“离乡不离土”，尽管离开了家乡，但还从事着农业生产。

表 5－4　　分民族的流动人口职业结构　　单位：%

职业类别	民族						合计
	藏族	汉族	回族	白族	纳西族	其他民族	
工人	13.81	10.94	17.78	5.79	18.18	19.35	11.83
农民	13.81	12.81	11.11	35.54	9.09	9.68	15.18
公务员	21.32	2.97	4.44	1.65	0	12.9	8.22
教师	11.11	2.5	0	0	0	3.23	4.53
医生	4.8	1.88	0	0	0	0	2.35
务工	15.32	27.19	8.89	8.26	40.91	48.39	22.06
经商	6.91	36.88	55.56	46.28	27.27	6.45	29.19
其他	12.91	4.84	2.22	2.48	4.55	0	6.63
总计	100	100	100	100	100	100	100

注：Pearson $\chi^2(35)=376.8960$，$P=0.000$。

分民族来看，经过 Pearson χ^2 检验发现，不同民族之间的职业差异非常显著。藏族从事公务员的比例最高（21.32%），这主要与该区域的藏族聚居有关，很多藏族都是在这里出生长大的。汉族、回族、白族主要从事经商工作，而纳西族和其他民族主要是务工。不同民族之间的职业差异很明显。

（七）宗教信仰

宗教信仰是一种人类诞生早期即具有的意识形态，它来源于人类对自然现象和世间万物的敬畏及崇拜，通过各种仪式、规章制度、固定流程等形式表现出来，对人类的饮食起居、生产劳作等日常生活方方面面起到指导和规范的作用。许多民族至今仍信奉原始宗教，崇拜山石草木，相信万物有灵，这是人类早期宗教文化形态。随着道教、佛教的发展和基督教、天主教、伊斯兰教的传入，许多原本拥有自己宗教信仰的民族逐渐吸收了其他宗教的理论，将外来宗教改良为适合本民族实际的宗教，实现了外来宗教的本土化，形成本民族独特的宗教信仰。滇川藏毗连地区的很多民族都经历了这样的宗教文化交融与变迁过程。

流动人口的宗教信仰结构如图 5－3 所示，从图中可以看出，不同民族的宗教信仰确实存在极大的差异。就总体而言，流动人口中大约有一半（47.55%）的人群没有宗教信仰，在有宗教信仰的流动人口中，主要信奉佛教，占 45.92%（占有宗教信仰流动人口的 86%），其次是伊斯兰教，占 3.7%，信奉基督教和其他宗教的占 1.5%左右。分民族来看，藏族不信教的比例很低，而其他民族的流动人口不信教的比例较高，汉族不信教的比例最高。藏族主要信仰佛教，回族主要信奉伊斯兰教，汉族、白族、纳西族和其他民族信奉佛教的比例也较高。

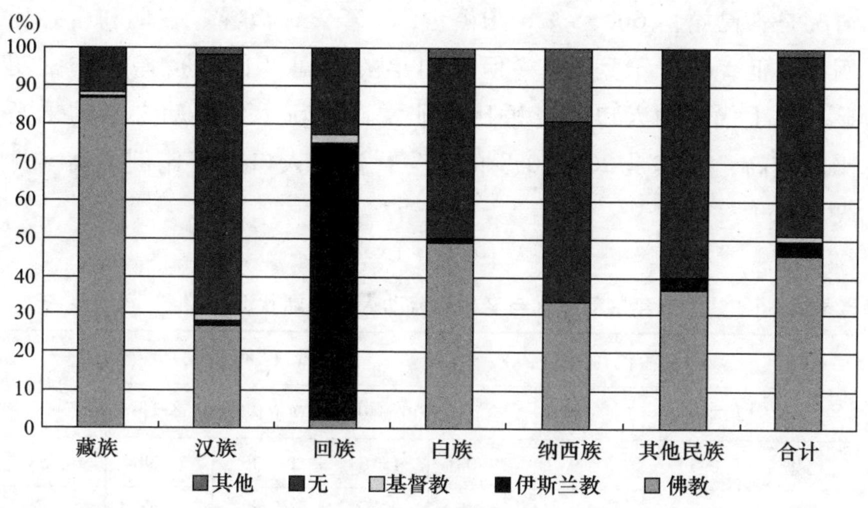

图 5－3　分民族的流动人口宗教信仰情况

注：Pearson $\chi^2(20) = 986.7115$，P = 0.000。

（八）婚姻状况

当前，我国正处于流动人口代际更替的关键时期。即新生代流动人口占总流动人口的比例逐渐超过老生代，成为流动人口的中坚力量。新生代（1980 年之后出生的人口）与老生代在各方面都可能存在着一定的差别，其中，婚姻和生育是主要方面。老生代流动人口，他们曾经主要是从事农业生产活动，而且大多是已婚（或结束生育）之后才流动。随着80年代家庭承包到户以后，同时随着市场经济的发展，城市就业机会增多，农村人口才逐渐流动出来。在市场起着资源配置的基础作用之下，出现了农村人口向城市流动，并且规模逐年迅速递增。而新生代流动人口与老生代有着明显的差别，他们不是从农业中脱离出来，相当一部分是从学校毕业出来就直接流入城市谋求发展，他们大多还没有进入或即将进入婚育的生命历程阶段。

从此次调查结果来看，新生代（年龄大约30岁及以下）与老生代的流动人口婚姻特征差别也十分显著。流动人口总体的婚姻情况是：已婚占66.58%，未婚占30.55%，离异、丧偶和再婚比例都很低，合计不到3%。但不同年龄之间（代际）差异非常明显，老生代流动人口的已婚比例非常高，新生代流动人口的未婚比例较高，尤其是20—30岁的新生代流动人口未婚比例更高（见表5－5）。

表5－5　分年龄新生代与老生代流动人口婚姻状况比较　单位:%

婚姻状况	新生代（“80后”）			老生代（“80前”）			总计
	20岁以下	20—30岁	合计	30—40岁	40岁以上	合计	
已婚	0.13	28.9	29.03	45.63	25.35	70.98	66.58
未婚	29.01	63.26	92.27	6.91	0.83	7.74	30.55
离异	6.67	26.67	33.34	40	26.67	66.67	1.27
丧偶	15.38	0	15.38	38.46	46.15	84.61	1.1
再婚	0	0	0	50	50	100	0.51

注：Pearson $\chi^2(12) = 512.4585$，$P = 0.000$。

三　流动人口的社会关系

马克思指出，“人的本质属性是一切社会关系的总和”，人们在社会中形成的人与人之间的关系就是社会关系。从关系的主体类型来讲，社会关系包括个人之间的关系、个人与群体之间的关系、个人与国家之间的关系；从关系发生的领域来看，社会关系的涉及面很广，主要有经济关系、政治关系和法律关系。经济关系是社会关系中最重要的一种关系，即人们在生产、分配、消费、交换等经济活动中所形成的人际关系。流动人口在迁移流动过程中，不论居住场所的变更还是职业的升迁或平移，对其社会关系都会产生重大的影响。这里主要从流动人口经济、婚姻家庭、语言使用和日常交往等方面来分析流动人口的社会关系及其特征。

（一）流动人口与本地员工的关系

我们首先考察流动人口与本地员工的关系。就流动人口总体而言，他们与本地员工的关系还是很好的，他们认为，自己与本地员工的关系很好的占30.5%，认为比较好的占39.3%，认为关系一般的占29.4%，而认为关系不好的占1%以下，总的来说，两者的关系非常不错（见表5－6）。

表5－6　分职业的流动人口与本地员工关系　单位：%

关系	职业类别								总计
	工人	农民	公务员	教师	医生	务工	经商	其他	
很好	32.9	28.3	25	33.3	30.8	34.9	27	36.4	30.5
比较好	51.3	28.3	46.43	50	53.9	40.8	36.3	36.4	39.3
一般	15.8	41.3	28.57	16.7	15.4	23.7	36.3	24.2	29.4
不好	0	2.17	0	0	0	0.66	0.49	3.03	0.81

注：Pearson $\chi^2(21)=32.5174$，$P=0.052$。

从表5－6中可以看出，流动人口从事的行业与他们和同事的关系存在一定的相关性。务工和从事其他工作的流动人口认为，与本地员工的关系很好的比例明显高于其他职业，比如农民和公务员。而认为关系比较好的流动人口的职业主要是教师、医生和工人，从事这些职业的流动人口认为，与本地员工的关系比较好，从事经商的流动人口认为关系一般，认为与本地员工的关系最不好的是农民。因此，我们必须关注那些从老家流动出来仍然从事农业生产的流动人口与本地员工的社会关系。导致此现象的原因可能是流动人口的职业期望没有得到满足，他们曾经就从事农业生产，想获得在职业方面的向上流动以提高收入水平，可是结果是，由于文化素质低的限制，一部分流动人口只能继续从事农业生产，心理职业期望没有得到满足，而把怨气转移到本地员工身上。

（二）流动人口的族际通婚状况

古代"通婚"亦作"通昏"。主要是因为男方去女方家迎亲的时候均在夜里进行，所以叫通昏，《仪礼·士婚礼》谓"婚礼下达"。"姻"做"因"，意思是"关系"，是指由婚姻结合而成的社会关系。《礼记·昏义》称，"婚礼者将合二姓之好，上以事宗庙，下以继后世也"。[①] 我国著名社会学家费孝通在《生育制度》中提及婚姻的概念，即男女双方定下契约，共同承担抚育后代的责任就是婚姻，费老认为，婚姻不是两个异性个体间的私事，也不仅仅是两性的关系，婚姻更多的是社会方面的属性，婚姻要受到社会规范的限制与约束，其用意就在于维持长期的夫妇关系，以满足抚育子女的必需条件。[②] 在日常生活中，我们经常听到或谈论的不是"通婚"，而是"结婚"，"结婚"一般指两个个体之间婚姻的缔结过程，是就微观而言的，而"通婚"是特指两个家庭尤其是两个群体之间出现婚姻缔结的现象。没有个体的结婚事件就不可能出现就群体而言的通婚现象，两个群体间的通婚现象正是通过个体的结婚事件表现出来的。由于人的本质属性是社会性，人总是处在一定社会关系网络中的人，一个心智健全的人只能以群体的形式生存并发展着。因此，在出现个体结婚的同时，也必然会出现这两个个体所属

① 汤兆云：《人口社会学》，华中科技大学出版社 2010 年版，第 169 页。

② 费孝通：《生育制度》，商务印书馆 1999 年版，第 69—84 页。

的群体间的通婚现象。随着人口流动距离和范围的逐渐扩大，西部少数民族也有相当一部分向沿海发达地区流动，少数民族在流动过程中和汉族或其他少数民族交往日益频繁，促进了族际通婚现象的增加。但不同的民族对族际通婚持有不同的观点和态度，导致族际通婚的民族差异明显。

尽管族际通婚现象随着时代的发展而增加，但是，各个民族的族内婚仍然占据主导地位（见表5－7）。从表中可以看出，不论是汉族还是少数民族，均以族内婚为主体，丈夫和妻子的民族类别相同的频数是最多的。经过检验后发现，不同民族的族际通婚是存在显著差别的。藏族、汉族和白族的族内婚比例明显高于纳西族和回族，这可以反映出不同民族之间的族际通婚情况。

表5－7　流动人口的族际通婚状况　　单位：人、%

本人民族	配偶民族							族内婚比例
	藏族	汉族	回族	白族	纳西族	其他民族	合计	
藏族	215	26	1	0	3	2	247	87.04
汉族	32	430	5	11	3	3	484	88.84
回族	0	7	27	2	0	2	38	71.05
白族	0	12	0	99	3	0	114	86.84
纳西族	3	4	0	1	6	0	14	42.86
其他民族	3	6	1	1	0	14	25	56
合计	253	485	34	114	15	21	922	

注：Pearson $\chi^2(25)=2.3e+03$，$P=0.000$。

（三）族际通婚态度

以上是从客观的通婚行为进行族际通婚的分析，下面将从主观评价方面进行通婚态度的分析，不同民族对族际通婚所持的观点和态度如图5－4所示。

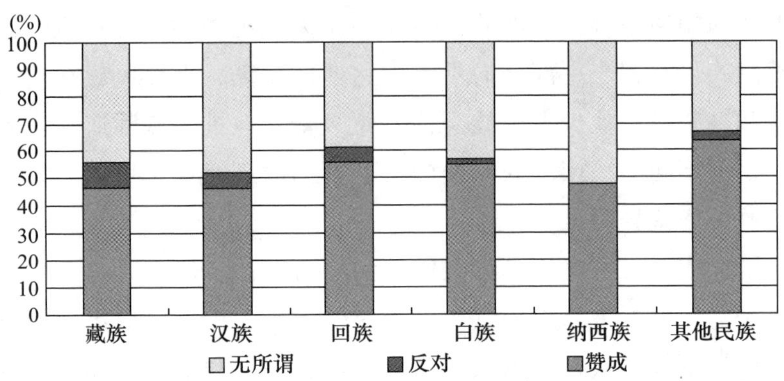

图5－4　分民族的流动人口族际通婚态度

注：Pearson $\chi^2(10)=18.4069$，$P=0.048$。

从图5－4中可以发现一个明显的特点，不论汉族还是少数民族对族际通婚都很赞成，或者说无所谓，而持反对态度的比例都非常低。相比较而言，藏族反对的人数较多，而纳西族基本上没有人对族际通婚进行反对，虽然各个民族对族际通婚的态度存在差别，但是，差别并不显著，每个民族对族际通婚都不会强烈反对，这不仅可以促进通婚圈的扩展，也会使人们的社会交往圈子扩大，突破了以往仅仅在本族内通婚的现象，族际通婚的扩展还可以促进后代遗传素质的提高，降低出生婴儿缺陷率，对提高国民身体素质起着十分重要的作用，但是，我们也必须注意到通婚圈扩展带来的弊端。比如，风俗习惯差异、语言使用障碍、饮食口味、婚后两个“母家庭”[①] 以及“子家庭”与“母家庭”之间的互动成本加大等。

（四）民族语言使用情况

语言是人与人交流中不可缺少的重要工具，它既是一门文字，又是一门艺术。在我们的衣食住行中，没有一样是离得开语言的沟

① “母家庭”是指丈夫父母所在的家庭和妻子父母所在家庭，相应地，将夫妻（和孩子）组成的小家庭叫“子家庭”。——笔者注

通与表达的。就广义的语言而言，还包括肢体语言。但本书中仅指用语言或文字表达的语言，没有包括肢体语言在内的狭义上的语言。随着现代化的发展，我国的民族语言也受到了一定的冲击，有些民族语言由于年轻一代（指1980年后出生的人）的成长环境主要不是在老家，而是在学校和现代化的大城市中，他们使用本民族语言的频率远远少于祖辈和父辈，很多年轻人已经不会使用（或没有完全掌握）本民族的语言，有些民族的语言在发展过程中已经出现了失去书面语而仅保留口头语的语言流失现象，这是值得关注的一个重要问题，毕竟民族语言也是中国文化的一个精髓和灵魂。

随着人口迁移流动和族际通婚的发展，不同民族杂居的现象越来越明显，但是，不同民族往往使用不同的语言。流动人口从非民族地区流入民族地区，一个主要的障碍就是语言，因为少数民族在日常交往中一般使用的是本民族的语言，而很少使用普通话或其他民族的语言，即便他们讲普通话，很多词语发音不准也听不清楚，这就加大了流动人口的社会融合难度。这方面国际上有比较先进的经验供我们参考学习。德国在引进外籍劳动力的时候，把语言培训作为一个主攻项目，他们的具体措施包括开办语言班等。外来移民要进入德国的劳动力市场，首先要过语言关。因此，联邦政府认识到要想使外来移民成为一个合格的劳动力，必须帮助外来移民克服语言障碍。从2005年开始，联邦政府每年提供2.1亿欧元，截至目前，共投入13亿欧元的资金，专门用于广泛开办的语言班。国内流动人口虽然和德国外籍劳动力引进有本质的差别，但是，对我们解决不同民族的流动人口社会融合方面的问题仍然具有重要的借鉴和参考意义。从表5－8可以看出，不同民族主要使用本民族的语言，其次使用较多的是汉语，而对其他民族的语言可能了解不多，也不会使用。为了能够使流动人口更好地融入当地社会，语言培训和学习是一个重要的方面。

表 5 – 8　分民族的流动人口语言使用结构　单位：人

语言	民族						合计
	藏族	汉族	回族	白族	纳西族	其他民族	
藏语	230	122	6	9	2	3	372
汉语	296	616	40	99	16	33	1100
白族语	9	12	4	95	2	5	127
纳西语	1	6	0	2	13	4	26
其他民族语言	1	5	0	0	0	14	20

（五）流动人口与当地人交流是否有困难

在本次调查中，我们考察了流动人口对与当地人的交流困难程度的主观感觉。总体来看，流动人口认为，他们与当地人口的交流没有困难的比例最高，占 65.43%，认为比较困难的流动人口占 31.09%，只有很少比例（3.48%）的人认为，交流非常困难（见表5 – 9）。因此可以认为，流动人口与当地的交往不存在大的困难。

表 5 – 9　不同受教育程度的流动人口与当地人交流情况　单位:%

交往难度	受教育程度				合计
	小学及以下	初中	高中或中专	大专及以上	
非常困难	3.45	3.85	4.55	1.64	3.48
比较困难	33.99	20.51	34.3	37.16	31.09
没有困难	62.56	75.64	61.16	61.2	65.43

注：Pearson $\chi^2(6)=19.7589$，$P=0.003$。

但是，我们根据受教育程度的差异深入分析后发现，不同受教育程度的流动人口与当地人交往的困难程度存在显著差异，认为非常有困难的主要是文化程度相对于大专及以上较低的那一部分，而具有大专及以上文化程度的人认为，交往非常困难的比例要低于小学及以下、初中和高中或中专。这给我们一个重要的启示，提高受教育程度有利于减少他们与流入地人口的交往难度。

（六）交往困难的主要表现

上一部分是对流动人口与当地人口交往难度做一个概括性评价，但是，这并不能深入分析他们到底在哪些方面存在困难或障碍。因此，本部分将深入分析流动人口交往困难的主要表现，从表5－10中可以看出，流动人口与当地人口交往的困难主要表现在语言障碍方面，这与前面的分析相吻合，因为各民族主要使用本民族的语言，而对其他民族的语言使用得很少甚至不了解，尤其是那些从非少数民族地区流入的人口，他们不仅听不懂流入地的民族语言，连少数民族的普通话也不能完全听懂。总体上看，流动人口中有70%的交流困难表现在语言障碍方面，其次是风俗习惯。我国不仅民族众多，地域也非常辽阔，不同民族、不同区域都具有不同的风俗习惯。据此次调查资料，风俗习惯的差异也是导致流动人口与当地人口交往困难的另一个主要表现，第三个表现是宗教信仰的不同。不同的宗教信仰也很难使他们有共同的价值观和理想。从表5－10中还可以看出，流动人口与当地人口交往困难的主要表现在一个方面，而同时面临两个或多个方面的困难还是很少的，占1%左右。

表5－10　分民族的流动人口与当地人口交往困难的主要表现　单位：%

困难表现	民族						合计
	藏族	汉族	回族	白族	纳西族	其他民族	
语言障碍（1）	63.93	74.55	76.19	56.5	26.67	78.6	70
宗教信仰（2）	11.48	4.09	0	4.35	0	0	4.51
风俗习惯（3）	22.95	19.09	19.05	35.9	73.33	21.4	23.2
1+3	1.64	1.36	4.76	0	0	0	1.24
2+3	0	0.23	0	1.09	0	0	0.31
1+2+3	0	0.68	0	2.18	0	0	0.78

注：Pearson $\chi^2(30)=56.2838$，P=0.003。

（七）流动人口身份是否受到歧视

我国自出现大规模人口流动以来，流动人口就一直受到不同程度和不同方面的歧视。比如，就业的户口限制，曾经媒体中出现的“超生游击队”、城市“犯罪分子”等都被刻画成流动人口的形象。即便在今天，流动人口在城市仍然存在一些制度性的歧视。但是，流动人口是否真的像上述刻画那种负面印象有待深入研究和反思。有专家研究认为，流动人口是农村中受教育程度较高、年轻力壮的一个群体，他们具有较高的人力资本，是农村人口的精英和骨干，他们来到城市为城市发展做出了巨大的贡献，流动人口不应该受到歧视，他们理应和户籍人口一样平等地享受城市基本公共服务。

从表5－11可以看出，流动人口因自己民族（或外地人）身份经常受到歧视的比例很低，只有2.14%，总体来说，流动人口认为，没有受到歧视的比例最高，占70.61%，但是，偶尔受到歧视的比例也并不低，占27.25%。因此，流动人口受歧视的现象一直存在，只是受歧视的程度和表现的领域不同而已，这是需要社会给予关注和解决的重大问题。

表5－11　分民族的流动人口是否因自己民族（或外地人）身份受到歧视

单位：人、%

民族	频率			合计
	没有	偶尔有	经常有	
藏族	245	79	5	329
汉族	428	185	15	628
回族	25	13	1	39
白族	82	34	4	120
纳西族	17	3	0	20
其他民族	27	4	0	31
合计	824	318	25	1167
比例	70.61	27.25	2.14	100

注：Pearson $\chi^2(10)=12.4393$，$P=0.257$。

（八）流动人口受到歧视的主要场所

从上面的分析发现，流动人口偶尔受到歧视的比例并不低（27.25%），为了深入了解他们到底在哪些领域、在哪些场所受到歧视，我们做了进一步的调查和分析，其结果如表5－12所示。总体来看，流动人口主要是在公共场所受到歧视，占40.32%；其次是在工作和生产中的歧视，占21.70%；在求职和子女上学方面受到的歧视比例相当，分别为14.81%和14.22%，在看病就医方面是最低的，这可能与最近几年实施的新型农村合作医疗制度有关。

表5－12　　分民族的流动人口被歧视的主要领域　　单位：人、%

民族	受歧视的主要场所					合计
	公共场合	求职	工作和生产	子女上学	看病就医	
藏族	66	38	22	8	7	141
汉族	155	46	98	67	37	403
回族	13	3	5	2	0	23
白族	32	12	19	14	16	93
纳西族	3	1	4	2	0	10
其他民族	6	1	0	4	1	12
合计	275	101	148	97	61	682
比例	40.32	14.81	21.70	14.22	8.94	100

四　流动人口的经济与生活展望

（一）月平均工资水平

流动人口外出的主要目的就是获得高额的收入。此次调查结果显示，流动人口的平均工资非常低，62.17%的流动人口月工资在1000—2000元，23%的流动人口月工资在2000—3000元，7%的流动人口月工资在3000—4000元，只有3.17%的人群工资水平超过4000元。另外，4.67%的人群月工资不到1000元（见表5－13）。因此可以看出，流动人口的收入水平相当低，这就使他们难以在经济上适应高昂的城市消费。

表 5－13　　分受教育程度的流动人口月平均工资　　单位：%

月工资	受教育程度				合计
	小学及以下	初中	高中或中专	大专及以上	
1000 元以下	2. 88	4. 09	5. 39	6. 5	4. 67
1000—2000 元	58. 99	76. 61	55. 69	54. 47	62. 17
2000—3000 元	22. 3	14. 62	27. 54	29. 27	23
3000—4000 元	11. 51	4. 09	6. 59	6. 5	7
4000—5000 元	2. 88	0. 58	1. 8	0. 81	1. 5
5000 元以上	1. 44	0	2. 99	2. 44	1. 67

注：Pearson $\chi^2(15) = 33.7482$，P = 0. 004。

流动人口的收入为何会如此低？从人力资本来说，前面的分析结果显示，流动人口的受教育程度整体偏低，初中及以下的比例很高，而大专及以上的比例较低，由于较低的人力资本限制了他们的职业选择空间，进而对收入产生影响。从表 5－13 的统计结果可以发现，流动人口的月工资水平与其受教育程度显著相关，月工资在 5000 元及以上的流动人口主要是受教育程度较高的（高中或中专及以上）群体，受教育程度高的流动人口月工资在 5000 元以上的比例也相对较高，而只受过小学及以下和初中教育的流动人口高收入所占比例均非常低。值得注意的是，受教育程度不是高收入的决定因素或者说唯一因素，因为低收入中也有相当一部分受教育程度较高的人群。因此不能认为，受教育程度高，收入就必定高。受教育程度只是其中的一个重要因素，收入的高低还取决于其他很多因素，如就业率和职业差别等。

（二）对目前生活状况的满意度

以上分析发现，尽管流动人口的收入并不丰厚，但与老家的人群相比，可能还是具有一定的优越感，对目前的生活总体上还是比较满意。流动人口对自己当前的生活评价满意度还是很好，认为非常满意和比较满意的比例相当，分别为 46. 4% 和 44. 6%，两者合计占 91%，而认为不满意的只有 9. 0%（见表 5－14）。因此可看出，流动人口对自己当前的生活还是很满意的。

表 5－14　　分民族的流动人口生活满意度　　单位：%

满意程度	民族						合计
	藏族	汉族	回族	白族	纳西族	其他民族	
非常满意	51.2	41.26	39.02	60.83	52.38	48.39	46.4
比较满意	40.06	49.84	48.78	28.33	47.62	45.16	44.6
不满意	8.73	8.9	12.2	10.83	0	6.45	9.0
合计	100	100	100	100	100	100	100

注：Pearson $\chi^2(10)=26.9454$，P＝0.003。

但是，不同的民族可以有不同的生活期望，导致他们对当前的生活满意度存在显著的差异。白族流动人口对当前的生活满意度最高，认为非常满意的比例高于回族、汉族、藏族和纳西族。而认为比较满意比例最高的是汉族，认为最不满意比例最高的是回族。因此可以看出，不同民族对当前生活状况的评价具有明显的差别。

（三）定居意愿

德国从国际上引进劳工时，德国政府认为，这些劳动力赚到一定的收入后就会返回流出国，不会在德国“落地生根”。可是，实践证明，他们当初的设想错了，多数外籍劳工在德国工作一段时间后并没有返回流出国，反而把家人带来德国，没有结婚的却在德国结婚生孩子，出现了二代移民。这对国内流动人口的定居意愿仍然具有参考和借鉴意义。流动人口在流入地工作几年后将何去何从？回乡还是留城？回的是家乡还是他乡？留的是此城还是彼城？清楚地了解这些问题，对于我国开展城乡发展规划具有重要的指导意义。我们此次不仅调查了解到流动人口自身的居留意愿和居留地选择，同时还从代际角度调查了流动人口对其子女的发展期望，他们希望子女将来在什么地方发展，具体结果如表 5－15 和表 5－16 所示。

表 5-15　　分年龄段的流动人口定居意愿　　单位：%

定居意愿	年龄段				合计
	20 岁以下	20—30 岁	30—40 岁	41 岁及以上	
是	17.33	28.19	23.73	16.23	23.58
否	82.67	71.81	76.27	83.77	76.42
合计	100	100	100	100	100

注：Pearson $\chi^2(3)=10.2150$，P＝0.017。

从表 5-15 可以看出，总体来说，流动人口的留城意愿并不太高，留城的占 23.58%，而不留城的占 76.42%，为何流动人口跋山涉水地来到大城市却不愿意留在城市长期发展。结合我国的实际情况，我们认为，主要有两个原因：其一，城市的生活成本远远高于农村，仅仅在城市从事一般的工作，一个月 2000—3000 元的收入远远不能满足家庭的生产生活需要。其二，中国的土地制度，在农村虽然没有像城市一样健全的社会保险制度，但是，有一份可以让农民安心踏实的土地，离开了农村转为城市户口，长期居留在城市就意味着要放弃农村的土地，这对老生代流动人口来说有点困难，他们真心不安于大城市的生活。他们更能够适应长期生活的乡村环境。从表 5-15 的统计结果发现，年纪较轻的新生代流动人口与老生代流动人口之间的留城意愿存在明显的差异，年龄较大的流动人口留城意愿较低，而 20 岁以下的留城意愿也非常低，这主要与人的生命历程有关，因为 20 岁以下的流动人口各种思想都还不成熟，他们可能还不会过多地考虑这些问题，很多年纪很轻的流动人口不是真的为了挣钱，而是追逐"流动"的大潮流。他们认为，只会在农村待着不敢出来的年轻人是没有出息的一类。很多年轻流动人口纯粹是为了赶潮流或者是想逃避家人的唠叨而选择流动。这一部分人肯定不会深入考虑未来在哪儿发展的问题。

（四）流动人口对本人或子女的发展期望

前面分析了流动人口的居留意愿，了解他们是否考虑当前在流入地定居。分析结果显示，在当前流入地定居的比例并不是很高。那么他们还会选择哪些地方？进一步研究发现，流动人口在本地发展的比例只有30.75%，而有35.28%的流动人口希望自己或孩子在内地城市发展，不一定非要在本地发展，也不希望回老家发展，还有相当比例（12.08%）的流动人口对子女的发展期望更高，他们希望自己或者是孩子去国外发展。另外，有21.89%的流动人口对自己或者孩子的发展没有明确的期望（见表5-16）。

表5-16　分年龄段流动人口本人及其对子女发展期望　　单位：%

发展地选择	年龄段				合计
	20岁以下	20—30岁	30—40岁	41岁及以上	
本地	34.69	32.18	30.6	26.04	30.75
内地城市	40.82	33.17	33.33	40.63	35.28
国外	20.41	15.35	8.2	8.33	12.08
无所谓	4.08	19.31	27.87	25	21.89

注：Pearson $\chi^2(9)=21.8595$，$P=0.009$。

表5-16的统计结果显示，不同年龄段人口的发展地点选择具有明显的差别，年龄较大的流动人口，在本地发展的比例较低，而年龄较小的流动人口在本地发展的比例较高。希望孩子或者自己到内地城市发展的人口随着年龄的增长呈“U”形变化，希望到国外发展的主要是一些年纪较轻的流动人口。20岁以下的流动人口比例明显比30岁以上的要高，他们的发展期望很高。出现这种变化的一个重要原因是不同年龄段的人口人力资本的差距造成的。第一，年纪较小的流动人口受教育程度比年龄较大的流动人口要高。第二，随着年龄的增长，身体健康状况也会不断地趋于下降，导致在一个新环境中的适应能力下降。

第二节　滇川藏毗连藏区人口流动的驱动机制

改革开放后，我国经济飞速增长，农村和城市之间发展水平的差异随之逐渐凸显。农村匮乏的资源条件使农民产生了强烈的走出去的愿望，而大城市对劳动力的强烈需求又使一批批农民得以走进城市。追求经济利益成为新时期我国人口流动的主要驱动力。人口从农村流向城市是不发达地区强大的推动力和发达地区巨大的拉力之下所产生的必然结果。流动人口的产生不是偶然现象，它背后存在着历史、社会经济、政策制度、地理环境和区位等一系列原因。正是这些因素的相互交织所产生的驱动力作用于个体，才导致滇川藏地区流动人口的产生与快速增长。本章首先从历史角度对我国人口空间分布变动的历史过程与特点进行简要回顾，然后结合国家政策与发展战略以及滇川藏地区的历史、地理环境、地理区位、民族特征等宏观与微观因素，对滇川藏毗连区人口流动的驱动机制进行深入分析。

学术界对人口流动的动力机制普遍采用“推—拉”理论进行解释。每个区域都同时存在推力与拉力两种作用力，但不同地区，推力与拉力所形成的合力具有明显的差异。有的地区推力大于拉力，而有的地区则推力小于拉力。两者形成的合力不同，对流动人口具有不同的作用。改革开放后，我国流动人口持续增长的动力机制，除历史的惯性作用外，主要是现实的区域经济发展水平差距在推动，是劳动力资源在不发达地区和发达地区之间分配的必然结果。随着农业科技水平的提高与农村土地制度改革，农村剩余劳动力规模逐渐扩大所形成的推力与城乡之间、地区与地区之间的经济水平差距逐渐扩大而形成的拉力，以及城市本身所具有的先天优势——基础设施完善、交通方便快捷、企业种类齐全、环境整洁卫生等都驱动着农村人口向城市的持续流动。

从理论层面来看，人口（尤其是劳动力人口）是否会发生流动行为，主要取决于他们所在地区与流入地之间收益预期差距（区域经济发展的不平衡性），而收益预期又主要取决于地区工资差距与就业概率两个因素，而就业概率又与劳动力市场的发育程度有很大的关系。目前，我国的劳动力就业市场还没有发育健全，劳动力的供求信息对称性不够，农民进城择业途径主要依靠非正式关系来获得，如农民工的血缘关系、地缘关系在外出就业中发挥了极其重要的推动与引导作用。因此，是否具有这种移民网络关系资源成了人口流动与否的关键因素，而少数民族长期受浓厚乡土气息的熏陶，十分重视亲缘、家庭团聚、老乡等初级群体关系，这必然对滇川藏地区的流动人口发挥至关重要的作用。

对于滇川藏毗连藏区而言，人口流动也摆脱不了流出地的推力与流入地的拉力作用。具体分析，滇川藏毗连藏区是一个以农业经济为主要产业的区域。

一方面，农业生产率的提高将“潜伏”在农业中的劳动力推出水面，为人口流动提供了一个巨大的“蓄水池”，农业劳动力人口的剩余为人口流动提供了条件。农村土地资源的总量是一定的，人们只能根据现有的土地资源制订合理的农业生产计划，尽可能提高土地利用率，增加农业产出。近年来，随着农村经济的发展，大量农业用地被划分为居住用地、商业用地、工业用地，农村可供耕种的土地已经越来越少，许多农民被迫背井离乡、去大城市打工，赚钱养家糊口。而且随着农业机械化水平的提升，农村已经实现半机械化甚至全机械化，农产品的种植、收割、加工可以靠机械一条龙完成。农民从土地中解放出来，可以从事更加多样化的工作职业。但是，农村并不能吸纳被解放出来的大量劳动力，很多人只能选择去条件更加优越的大城市打工。农业用地的减少和农业机械化水平的提高形成了大量的农业剩余劳动力，是促进滇川藏毗连藏区人口流动的一个强大推力。

另一方面，改革开放以来，我国沿海地区经济的飞速发展对人口流动形成了巨大的拉力，主要体现在以下几个方面：

第一，经济拉力。东部沿海地带和中西部经济发展水平的差距是人口流动的根本推动力。城市本身所具有的先天优势——基础设施完善、交通方便快捷、企业种类齐全、环境整洁卫生等都驱动着人口向城市的流动。城市里“苦、脏、累、险”等行业为农业剩余劳动力的流入提供了接纳条件。

第二，制度拉力。改革开放之前，我国人口流动受到户籍制度的限制，人口流动较少。改革开放之后，户口政策有所放松，为人口流动创造了较为宽松的制度环境，长期被抑制的流动人口被释放出来。城市敞开大门，户籍制度松动，束缚人口流动的各种条条框框被打破，人口流动才得以加强。

第三，从众效应。全国范围的人口流动大趋势为滇川藏毗连藏区人口流动发挥了示范效应，传播了人口流动的相关信息。当然，在同样的制度下、同样的环境中，为什么有的人（家庭）选择流动，而其他人（家庭）没有选择流动？这与微观层面的个人发展期望和动机这一基本的动力也有很大的关系，有的民族就喜欢安贫乐道，而有的民族却非常追求上进。

总之，滇川藏毗连藏区的经济发展、新型工业化与现代化的扩大和制度改革促使滇川藏毗连藏区中个人发展愿望强烈的少数民族人口也卷入了这场流动浪潮，一系列的因素导致滇川藏毗连藏区的人口流动在所难免。该区域是一个多民族聚居的区域，区域内部山区坝区相间分布，自然环境差异显著，经济发展水平参差不齐，短期内这种经济上的差距不会被改变，只要这种差异继续存在，人口流动现象就会随之而存。所以，滇川藏毗连藏区人口流动现象将具有长期性。

一　人口变动历史

在不同的历史阶段，受社会经济条件的影响，各地区的人口增长与分布变动趋势并不一致，下面将从我国各个历史时期的人口分布变动，来理解滇川藏地区流动人口的流动机制。

1933—1953 年，滇川藏地区人口增长明显快于全国（27%），如云南（48%）、西藏（59%）。这个时期，西部地区人口增长明显快于全国平均增长率的原因是战争的影响。

1933—1953 年是全国局势最为混乱、最为动荡的一段时间，为求自保，许多人携家带口前往西南地区。抗日战争爆发后，中国东南沿海地区以及一些重要城市被日军占领，中国的政府机构、学校、企业等被迫向西迁移，大量人口随之迁入滇川藏地区，导致这一时期滇川藏毗连地区的流动人口显著增长，呈现出西部快于东部的特点。

1953—1964 年，全国总人口增长率 20%。这个时期，由于经济建设的重心都在东部沿海地区，尤其是东北三省，人口大量东迁。相比之下，西部地区的人口增长就要迟缓得多，占全国总人口的比例下降了 1 个百分点。

1964—1982 年，中国人口处于高速增长阶段。一方面，由于号召知识青年到农村去接受再教育的政策，即知青上山下乡活动，一部分城市人口流入农村，同时政府严格控制农村人口向城市的流动。另一方面，由于城乡生育率差别（农村高于城市），西部省份人口增长速度大大高于全国，所以，全国人口地区分布的格局再一次向西部倾斜。

1982—1990 年，计划生育政策遏制了中国人口迅猛增长的势头。一方面，西部地区由于受到民族众多、经济发展水平低、人民受教育水平低等多种因素影响，各省份对计划生育政策的执行力度远远不如东部地区，因此，这个时期，西部人口增长明显快于东部地区。另一方面，由于改革开放的主要试点区在东部沿海地区，因此，东部地区获得了更加丰富的资金和技术支持，东部地区的发展速度远远超越西部地区，西部地区的人口开始向东部地区流动。在这两方面因素的共同作用下，全国人口地区分布格局基本保持稳定，东部地区人口增长略微多于西部。

1990—1995 年，全国的人口增长速率基本持平，西部地区由于少数民族众多，计划生育政策较宽松，因此，人口增长率稍高。东部地区一些大城市和发展较快的省份如北京（16%）、海南（11%）、广东（9%）等，由于迁入人口数量多，因此，人口增长快于全国平均水平。

1995—2000 年，人口出现大幅增长的主要地区依然是东部。同时，随着西部大开发战略的实施，西部地区部分省份如新疆（18.2%）、青海（13.5%）、西藏（11.2%）、云南（10.7%）、宁夏（9.68%）等人口增长也比较快。

2000—2010 年，全国 31 个省份，人口增长最快的 5 个省份是广东、上海、北京、浙江和天津，依然集中于东部地区。其中，广东省占全国总人口的比例增幅最大，这主要是由于广东省跨省流动人口规模大幅度增加。①

二　国家政策与制度

人口流动虽然自从人类产生的那一刻开始就一直存在，甚至原始人的“逐水草而居”的迁徙活动也可以算作是人口流动的雏形，但那时候发生人口迁徙活动的行为主体并不能算作流动人口或迁移人口，因为流动人口是在中国户籍制度下产生的一个特殊群体，与国外的移民相比，具有显著的差别。

在 1958 年的户籍制度实施以前，我国是没有流动人口与迁移人口之分的，真正的流动人口是在户籍制度建立以后，随着国家改革开放政策的实施，在市场经济条件下出现的一个大规模群体。

20 世纪 80 年代中期以前，我国居民都无一例外地受到户籍制度的限制，导致社交活动范围非常狭小；这种状况一直持续到 1984 年以后才有所改观，国家逐渐意识到户籍制度在市场经济背景下的局限性，于是开始对户籍管理制度进行改革、完善，户籍制度终于

① 段成荣：《倾斜的人口分布——1933—1995 年我国人口地区分布的变化》，《西北人口》1997 年第 2 期。

有了松动。如1984年10月，国务院允许在小城镇工作的居民办理“自理粮”户口，允许农村人口流入城市投资办厂、务工经商等，这是城乡间森严的界限开始松动的明显标志，于是出现了人户分离的现象。紧接着，在1985年公安部又出台了针对迁移人口的暂住政策；就在1985年，六届全国人大常委第二次会议通过了相关的条例，建立了居民身份证制度，居民身份证制度替代了户口簿的一部分作用。①

2001年，国务院下发《关于推进小城镇户籍管理制度改革的意见》，小城镇户籍制度不断改革完善；2003年，国务院发出指示，支持进城农民工的合法权益；等等。这一系列改革措施以及住房、粮食和其他日常生活用品的市场化都有利于农村人口向城市的自由迁徙和流动。《国家新型城镇化规划（2014—2020年）》中明确提出，要加快我国户籍制度改革，逐步消除城乡区域间户籍制度壁垒，回归户籍的人口登记管理功能，健全农业转移人口落户制度，并实施差别化落户政策。这在一定程度上削弱了人口迁移流动的制度障碍，客观上促进了人口更加合理有序地迁移流动。可以预料，随着经济的发展和结构优化，第三产业中服务业迅速增加，对劳动力的需求不断增多以及交通条件的日益便利，未来流动人口会更加普遍。

1982—2005年，我国流动人口的分布出现明显集中于东部沿海地区的趋势并一直延续至今。但是，随着国家西部大开发战略的实施，西部地区承接东部地区的产业转移，劳动力出现回流趋势，西部地区经济正在腾飞。大量人口流向东部地区的人口地域分布格局正在慢慢改变，人口流动的空间分布开始趋于分散，西南地区流入人口的比例逐年增加。2005—2010年，西南地区人口增加仅次于黄河中游地区，这可以从全国八大经济板块中流动人口占全国流动人

① ［美］范芝芬：《流动中国：迁移、国家和家庭》，邱幼云、黄河译，社会科学文献出版社2013年版，第59—64页。

口比例的变化中得以证实[①]，具体如表5－17所示。

表5－17　八大经济板块流动人口占全国流动人口比重　单位:%

经济区	2005年	2010年	变化值
东北地区	6.95	6.20	-0.75
北部沿海地区	11.97	13.22	1.25
大西北地区	3.14	4.13	0.99
黄河中游地区	7.98	11.14	3.16
大西南地区	10.98	13.53	2.55
长江中游地区	9.71	11.01	1.30
东部沿海地区	20.58	19.86	-0.72
南部沿海地区	28.70	20.91	-7.79

资料来源：2005年全国1%人口抽样调查；2010年全国第六次人口普查。[②]

长期以来，我国广大中（内蒙古除外）西（新疆除外）部地区是人口的主要流出地，研究这些地区人口流出状况的成果不可胜数，但是，对这些地区人口流入情况的研究却屈指可数。近年来，随着中西部地区经济的发展，人口开始回流，滇川藏毗连地区作为曾经的人口流出重要区域，有可能向人口流入的重要地区转变，相关部门应提前做好应对措施。

三　民族经济发展

自古以来，因地缘和族缘的关系，滇西北地区就与西藏、川边等藏区有着密切的联系。茶马古道是横跨滇川藏等多个西部民族地区，以骡马运输为主，网络状连接辐射到各民族聚居区的民间商贸交流通道，其跨越横断山脉、行走雪域高原的艰险，以及对于维系中国西南边疆地区各民族生存发展的重要性，都堪称人类交往史上

① 段成荣、吕利丹、邹湘江：《当前我国流动人口面临的主要问题和对策——基于2010年第六次全国人口普查数据的分析》，《人口研究》2013年第2期。

② 同上。

的壮举。茶马古道是西部地区各民族合作共赢的发展之路，在这条商贸古道上，汉、藏、纳西、白、回、普米、傈僳等不同民族的人，冲破了地理和行政区划带来的种种限制，促进西南边疆不同民族聚居区间形成了历史悠久、扩散力强、联系紧密的地缘经济上的合作与互动关系。[①]

近代以来，以族际商贸为纽带的经济活动对联结内地与西藏之间的经济联系、促进该区域经济开发和改善人民群众生活均起到了积极的作用。地区经济发展的不平衡性是推动人口迁移流动的核心动力，因经济原因而流动即经济型流动的人口所占比例较大，而社会型流动的人口比例较低，目前我国流动人口迁移的根本原因是追求经济目标。根据昌都地区的近代档案资料记载，民国时期，每年输入昌都的茶叶为12000—15000驮，绸缎300—500驮，布匹3000—5000驮，哈达约2000—3000驮，鼻烟约1500驮，草烟约500驮；绸缎、鼻烟、布匹、哈达及日用品等消耗都不多，其余货物均分别运往拉萨、西康、四川等地；至于昌都本地的出产外销物品，则主要是以羊毛为大宗，其次为冬虫夏草、贝母、麝香、鹿茸等，羊毛一般每年可输出500驮，贝母每年可输出300驮，麝香可输出400多只，鹿茸1200对。[②] 这种跨越族际和地理界限的民间商贸交流的持续与拓展必然对人口流动产生重要的影响。自古以来，滇川藏毗连地区就是以氐羌民族为源流的藏、彝、纳西、普米、傈僳等各民族迁徙流动、繁衍生息之地。民族迁徙与流动成为区际经济联系交流拓展的重要基础和途径。

滇川藏毗连地区蕴藏着各种丰富的矿产资源，矿产资源的开发直接促发了族际人口的迁移与流动，由此导致了族际经济之间的互动与交流。在四川省康定县的孔玉、鱼通有丰富的铅、铜、金等矿，在清地方政府的许可下，咸丰年间，陆续得以开采，一些汉族

① 周智生、李伟：《茶马古道发展启示与西部多民族地区和谐社会的构建》，《理论前沿》2006年第2期。

② 《西藏昌都地区社会调查资料》，2001年内部印行，第44—45页。

矿工、淘金者从川中各地蜂拥而至，从事开采，并逐渐在此定居。清朝末年，赵尔丰经营川边，丹巴县境内矿产得到进一步的大规模开发，从内地招募的汉族工人纷至沓来，不少人就此定居当地。九龙县的湾坝、三垭、烟袋等地金、银、铜矿在清道光年间得到大规模开发，矿业工人主要是从贵州招募来的汉族，这些矿区最盛时有矿工两三千人，这些矿工后来大部分定居下，这些汉人聚居区后来逐渐发展为集镇，繁荣一时，在当地藏区形成了许多小范围的汉藏交错聚居区和杂居区。①

清代中期以后，清政府通过改土归流等措施，对于滇西北等西南边疆地区的直接控制和开发经营能力大大增强，边疆安全环境得以逐步构建。于是，内地人口深入云南民族地区或经商或开矿，寻利求富者纷至沓来，外省商人投资开矿，在滇西北地区中，以中甸最为普遍。不仅外省商人大量在中甸设厂驻足，而且处于滇藏门户的阿墩子（今德钦一带），也有外省商人开矿的足迹。清代发现茂顶矿藏，时有江西、陕西、四川各省人民相率前往开采。清代以后，大批内地商人进入藏彝走廊地区，或经商或开矿，或兼而有之，族际的接触和互动对边疆和内地之间的经济交流，对这一地区社会经济的发展和“太古”民风的转变均起到了积极的促进作用，对藏彝走廊地区民族经济的发展起到了催化剂的作用。

另外，通过征收赋税、索取贡物等方式，也使这些地区内纳西族、白族等民族先民生产的盐、马匹、羊等大量物资流向吐蕃。②而这种以贡赋为主的区际物资流动，成为当时滇川藏毗连地区经济联系的一种重要方式。在滇川藏毗连地区矿产资源较丰富，明代纳西族移民也在木氏土司的驱使下进入这些矿区，以矿产资源开发、运输为纽带，促进了毗连区域内各民族聚居区的经济联系和交流。如在中甸白马厂大开银矿、中甸天生桥金矿、兰坪盐井、安南东炉

① 《甘孜州志》，四川人民出版社1997年版，第279页。

② 赵心愚：《纳西族与藏族关系研究》，四川大学出版社2004年版，第136页。

房银矿等矿产资源丰富的地区，木氏土司都“招引来内地大批汉族、回族和白族工匠，有力地促进了当地经济的发展”。[①] 明代丽江木氏土司从丽江、鹤庆等地组织大量移民进入滇川藏毗连地区，是藏彝走廊地区历史上第二次大规模的族际人口流动高潮。

改革开放以来，随着市场经济的发展，微观层面的个体和私营企业迅速增长，以及宏观层面的产业结构调整都对人口的空间分布产生了重大影响。地区之间产业结构的差异，决定了人口流动的结构性变化，劳动力人口在产业和部门间流动形成了流动人口的产业分布结构变化，由传统型向发展型转变，进一步向现代型转变，人口在产业结构间的转变必然带来人口流动的结构性变化，在传统型向发展型转变阶段，大量的农业剩余劳动力向城镇非农产业集聚；在发展型向现代型转变阶段，主要是第一、第二产业向第三产业的转移，而且少数民族从事服务业的比例较高。

四　地理区位因素

自古以来，滇川藏毗连藏区就是连接中国西部南北两大区域的重要地带、连接中国西部与内地的重要区域，也是沟通中国西南与南亚、东南亚地区的中间地带，是中国西南部一个重要的地理区域。[②] 同时，这一区域作为“藏彝走廊”、茶马古道、南方丝绸之路、康巴藏区的核心区，除汉族外，还有藏、彝、纳西等十多个少数民族，不仅是中国西南部多个少数民族交错聚居、互动发展最为典型的区域，而且也是中国西南部少数民族集中分布最广泛的区域。[③]

在世界经济一体化与区域一体化蓬勃发展的时期，中国与南亚地区在更广领域和更高层次上开展合作正面临一个重要的历史时

---

① 郭大烈、和志武：《纳西族史》，四川民族出版社 1994 年版，第 318 页。

② 张兴燕：《滇川藏三省交接区经济一体化研究》，硕士学位论文，云南师范大学，2006 年。

③ 李灿松、周智生：《滇川藏毗连地区区域功能定位与多向度研究价值——基于非传统安全的视角》，《云南师范大学学报》（哲学社会科学版）2015 年第 5 期。

期，双方将在旅游、科技、经济等领域进一步合作。在这样的背景下，滇川藏毗连地区作为面向南亚开放的桥头堡，战略地位将显得更加重要，为我国与南亚双边合作水平提升到新的高度和台阶将做出重要的贡献，具有十分重要的地缘政治区位优势。如此重要的区位优势不仅是中国西部地区人口流动的活跃区，同时也是联系世界人口的重要通道。

五　地理距离

早在1885年，著名的英国统计学家雷文斯坦（E. G. Ravenstein）在《人口迁移规律》一文中就已经明确地提出了人口迁移的距离律①，该文主要归纳了英国国内人口迁移的六条规律，此后他又根据世界上20多个国家的人口迁移资料，发展补充了原来的迁移法则，最后形成七条人口迁移规律，其中一条认为，地理距离与人口迁移规模大致呈反向的负相关关系，即对于一个移民吸引中心来说，移民距离这个中心越远，迁入的人数就越少，迁入的可能性也越小；反之，移民距离这个移民中心越近，迁入的人数就越多，迁入的可能性也越大。雷文斯坦在大量经验研究的基础上也得出了区域之间劳动力流动强度与距离成反比的结论。

根据前文流动人口的来源地空间分布可知，滇川藏毗连藏区的流动人口主要是邻近的几个省份。总体上看，滇川藏区流动人口的来源地空间呈三级阶梯梯次分布：第一圈层是与调查区域直接邻接的三个省份：四川省是该区域流动人口的主要来源地；第二圈层是与滇川藏相距较近的省份，分别是湖南省、重庆市、甘肃省；第三圈层是陕西省和河南省，来自其他省份的流动人口很少。可见，滇川藏区流动人口呈现梯次分布特征，流动人口随地理距离的增加明显减少。

六　民族语言与文化

滇川藏毗连地区的一个重要特征就是少数民族众多，占整个区

① E. G. Ravenstein, 1885, "The Laws of Migration", *Journal of the Statistical Society of London*, Vol. 48, No. 2, Jun., 1885, pp. 167 – 235.

域总人口的78%[①]左右。在这里生活着20多个民族，各个民族根据不同的居住环境，有不同的文化，这些各具特色的语言文字、民居建筑、服饰、音乐舞蹈、节庆习俗等，造就了该区域民族文化多元化和文化多样性并存的格局。由于语言交流障碍和文化习俗的差异，各民族地区的少数民族跨区域的流动相对较少，外出地点的选择主要在家乡附近，省份内本县市的流动较多，而且受熟人关系网络“迁移链”的影响，这种趋势会越来越明显，血缘关系和地缘关系对迁移决策发挥了重要的作用。

地理距离邻近性除降低交通成本外，另一个非常重要的因素就是文化的相似性。一般来说，地理距离较近的居民，生活习惯与文化习俗也比较接近，与相似文化圈的居民相处，可以减少流动过程中的社会关系调适心理成本，相对容易融入当地社会。所以，部分西部民族地区的流动人口不愿流动到沿海经济发达的地区（主要是汉族聚居的地区），更倾向于短距离流动，尤其是未婚女性可能表现得更为明显。西部地区是我国少数民族聚居的地区，而有些民族（如回族）的观念还比较保守，难以接受未婚先孕（或先育）、女孩外嫁等，她们比较反对少数民族的女孩远距离地外出，因为远距离流动离开了家庭监督、保护，导致女孩上述行为发生的可能性更高。因此，相对于男性而言，女性少数民族的近距离流动更为明显。

关于人口流动的动机，国外经典的模型是建立在经济利益的基础之上，认为城乡预期收入差异是驱使人口流动的主要动力，人们流动的原因在于经济利益的诱导，但是，在我国滇川藏毗连藏区，除了经济利益，各种文化习俗、居住偏好、生活方式偏好等非经济因素也可能是广大民族地区居民在做迁移决策时必须考虑的因素。罗西（P. H. Rossi）在1995年提出了城城迁移的居住满意度动机；邓肯（O. D. Duncan）和林杰（Rarriger）等认为，乡城迁移流动的

① 据2010年全国第六次人口普查的数据计算。

动机在于农村缺乏社会垂直流动渠道与机会；而泽林斯基（W. Zelinsky）认为，乡城迁移流动主要是对城市生活偏好所导致的结果；R. J. 梅等强调生活方式偏好是许多发展中国家乡城迁移的主要动机。因此可以看出，国外专家提出了许多非经济的因素来解释乡城迁移人口。对于民族文化丰富多彩的滇川藏毗连藏区来说，流动人口除受经济因素的驱动之外，还可能掺杂着许多非经济的文化因素。这对于少数民族地区以及少数民族人口本身而言，也具有与经济同样重要的理论意义。

总之，滇川藏毗连藏区人口流动的内在动力是农村排斥力、城镇吸引力和乡村就地转移力三者相互作用的结果，三者形成的合力在很大程度上决定了人口流动的流向、流速、规模以及流动方式。若无农村排斥力，农业人口就不会流动；若无城镇吸引力，农村人口最多也只能是就地转移，三者形成的合力对农业人口表现出既推又拉的现象。很显然，在农业人口流入城市的过程中，存在着农业人口与城镇人口、农村与城镇两对矛盾。在第一对矛盾中，农业人口起主导作用，农业人口的社会地位、经济收入、生产方式、思想观念等在一定程度上决定了人口流动的动力及规模，而部分城市人口对农业人口的流动有一定阻力；在第二对矛盾中，经济发展水平的差异发挥了主导作用，城市经济发展为滇川藏毗连藏区农业剩余劳动力的流入提供了可能性。[①] 正是由于农业资源对农业劳动力的排斥力和城镇的吸引力等经济发展差距以及非经济的民族文化特色，才导致大规模的人口流动。改革开放以来，滇川藏毗连藏区与发达地区之间的经济发展水平差距不断扩大、内部区域分化、科学文化技术水平的差异和政策导向决定了人口流动规模及其流向。人口、区位、经济、资源、环境等因素相互协调关系的地区差异是滇川藏毗连藏区人口流动的主要动力机制。

---

① 吴玉麟、李玉江、孙希华：《农业人口转化内动力综合研究——以山东省淄博市为例》，《中国人口科学》1995 年第 4 期。

第六章　当前滇川藏毗连藏区流动人口的族际关系及其影响因素①

第一节　流动人口的族际关系

现有文献从居住关系角度分析了流动人口的族际关系，发现民族之间具有较大的差异，但仅从居住关系角度还难以反映流动人口族际关系的全貌。为此，我们进一步从交友圈、经济圈和通婚圈等角度全面地分析流动人口族际关系，在此基础上进一步分析影响因素。

人口流动已成为人类发展过程中的一个重要现象，各民族之间的流动使各民族之间的关系变得更为复杂。我们在对滇川藏毗连藏区流动人口的实地调研资料进行深入分析后发现，在滇川藏毗连藏区，除米尔顿·戈登提出的七要素之外，民族歧视、族际通婚态度、婚姻状况、宗教态度都会显著影响他们对该地区民族关系的评价。此外，流动人口的流动地域范围、从事的行业等流动特征也会影响民族关系的发展。

一　研究现状

国内外关于民族关系的研究已经有丰富的成果。美国早期由于

---

①　本部分参见李灿松、梁海燕《西南边疆民族地区流动人口的族群关系研究——以迪庆藏族自治州建塘镇为例》，《西北人口》2014 年第 3 期，以及李灿松、梁海燕《滇川藏毗连地区流动人口族际关系调查与思考》，《南方人口》2014 年第 29 卷第 4 期。

黑人和白人之间激烈的种族冲突，不少学者针对这一情况展开了深入的研究并产生较有影响的成果。其中，米尔顿·戈登在1964年出版的《美国人生活中的同化》一书中从民族交往、通婚、民族认同、民族偏见、文化、民族歧视和权力分配七个维度探讨了民族关系，为后来的民族关系研究奠定了坚实的理论基础。[①][②] 美国著名学者塞缪尔·亨廷顿从人口数量与结构解读了民族关系，认为人口数量与结构迅速变化的影响，不仅表现在社会和经济层面上，还与文明兴衰和民族冲突有关。[③] 苏联解体以后，伴随着民族主义的冲击，曾爆发了一场深刻的民族危机，其中经济问题就是一个很重要的原因。[④] 张琳参照米尔顿·戈登的民族关系理论，从族际交往、居住格局、通婚、宗教信仰和族际认知五个方面，结合临夏回族自治州的实际情况，分析了民族关系的影响因素。[⑤] 民族关系不是空洞的，它是依托一定的经济、文化、政治等具体关系展现出来的。[⑥] 随着世界政治经济的全球化发展，区际联系越来越密切，传统民族国家的民族构成发生了极大的变化。对于多民族国家而言，处理好各民族之间的关系意义重大。中国经过数千年的发展，各民族通过政治、经济、文化交流和人口迁徙融合而形成了“中华民族多元一体”的内在联系格局和“大杂居、小聚居”的空间分布格局。[⑦] 民

---

① 李建新：《转型期中国人口问题》，社会科学文献出版社2005年版，第205—206页。

② 马东平：《民族关系的社会学研究综述》，《成都理工大学学报》（社会科学版）2013年第1期。

③ 塞缪尔·亨廷顿：《文明的冲突与世界秩序的重构》，新华出版社1999年版，第15页。

④ 赵龙庚：《俄罗斯族际关系紧张的经济因素——以远东地区为例》，《世界民族》1997年第3期。

⑤ 张琳：《民族关系影响因素研究——以临夏回族自治州为例》，《中国—东盟博览》2013年第9期。

⑥ 黄维忠、周良熙：《内地藏族流动人口研究课题研讨会发言摘登》，《中国藏学》2012年第2期。

⑦ 费孝通：《中华民族多元一体格局》（修订本），中央民族大学出版社2003年版，第6页。

族关系的和谐与否直接影响着整个国家的安全与发展，任何一个多民族国家都非常重视民族和谐发展的政策与制度，以维护国家的统一。[①] 随着社会经济的迅速发展，人口迁移流动日益凸显，大规模的人口迁移流动是中国现代化与城镇化发展中最引人注目的人口现象。根据国家卫生和计划生育委员会流动人口流动司2012年统计，全国流动人口规模达2.36亿，约占总人口的1/6。如何处理好流入地各民族之间的关系、在人口的流动中实现多民族的和谐发展已成为各地政府面临的重大社会问题。

针对这样的现实问题，学者开始从人口迁移流动对民族关系的影响进行研究。马戎通过对蒙古族人口的迁移研究发现，蒙古族和汉族存在资源、文化与经济多组矛盾相互交织的现象，并指出在不同地区这些矛盾表现形式不同的特征。[②] 张时空认为，城市化进程中人口的流动给民族关系带来一定的影响，如何处理好城市化中的民族关系直接影响城市的和谐与发展。[③] 陈纪则提出，城市化是一把“双刃剑”，城市化总体上推动了民族关系的和谐发展，但也给民族关系发展带来了诸多不利的影响因素。[④] 吴奕认为，人口流动不仅突破了地理限制和居住形式，甚至跨越了文化而影响民族间的社会交往，从而也成为影响民族关系的重要方面。[⑤] 马戎指出，少数民族农民工在劳动力市场中的语言障碍和就业技能缺乏等实际问题比较突出，同时他们还会遇到“文化适应”的问题。[⑥] 李继萍等以大理白族为例，从通婚角度分析了人口迁移流动对族际关系的影

---

① 王恒：《加强民族整合，完善有中国特色的民族政策体系》，《法制与社会》2010年第3期。

② 马戎：《民族关系的社会学研究》，《民族社会学研究通讯》1995年第3期。

③ 张时空：《城市化对民族发展及民族关系的影响》，《内蒙古师范大学学报》（哲学社会科学版）2008年第3期。

④ 陈纪：《论城市化进程对民族关系发展的作用与影响》，《广西民族研究》2012年第3期。

⑤ 吴奕：《论人口流动与民族关系》，《社会科学战线》1993年第5期。

⑥ 马戎：《中国人口跨地域流动及其对族际交往的影响》，《中国人口科学》2009年第6期。

响。[①] 人口在地理空间上迁移流动不仅对已有的民族关系产生影响，还会形成新的族群结构和民族关系。[②] 综观已有的研究成果发现，当前的研究主要基于米尔顿·戈登提出的理论模型中的一个或几个方面进行验证。研究的地域范围相对较小，而从大区域范围对民族关系研究的成果相对较少。相比较而言，束锡红等的研究较为系统完整，他们对西部12个省份进行调查，从米尔顿·戈登提出的七个维度系统地对民族关系进行了描述与评价[③]，但他们更多的是现象的描述，缺乏理论的深层分析。已有的研究成果主要针对西部地区特定地域范围，研究的流动人口也主要为少数民族农民工等，而针对历史上本来就是整体的滇川藏毗连藏区（历史上的西康省，康巴藏区的核心区）的民族关系研究以及这一区域内外来流动人口的民族关系、外来人口与当地民族关系的研究相对较少，以上研究成果为本书提供了重要的理论基础。鉴于此，我们将参照米尔顿·戈登提出的民族关系理论模型和已有的研究基础对滇川藏毗连藏区流动人口的族际关系进行全面深入的分析和思考。[④]

二　研究方法

滇川藏毗连藏区流动人口族际关系及其影响因素，流动人口之间的族际关系以及流动人口与当地民族之间的民族关系是我们研究的核心问题。我们利用课题组在滇川藏毗连藏区所做的问卷调查数据，使用Logistic回归模型进行分析，在模型中把被调查者的族际关系视为因变量，由于该变量在调研中是以定序的方式来测量的，即以“非常和谐”“基本和谐”“存在问题”和“不关心”四个等级来测量，因此，序次Logistic回归是分析该问题的最佳方法，该方法

① 李继萍等：《西部少数民族人口流动与族际通婚——以大理州白塔村为例》，《求实》2011年第2期。

② 李健：《人口流动、族群结构与族际关系——关于西藏山南地区泽当镇的实证调查研究》，《中国藏学》2012年第2期。

③ 束锡红、聂君：《西部地区民族关系的实证研究》，《民族研究》2012年第5期。

④ 李灿松、梁海燕：《滇川藏毗连地区流动人口族际关系调查与思考》，《南方人口》2014年第29卷第4期。

的详细讲解与应用参见斯科特·朗（Scott Long）。[①] 在这里没有使用多项式 Logistic 模型，其原因是对次序变量使用多项式 Logistic 模型往往会丢失包含在因变量次序中的一些有用信息，从而降低统计效力。为了更深入地分析流动人口日常交往对族际关系的影响，在模型中还增加了一些控制变量，这些控制变量包括个人的基本特征（性别、年龄等），自变量包括职业、居住意愿、族际通婚、民族认同、民族偏见、受教育程度、宗教态度、家庭民族结构和流动地域范围等。本章利用 Stata12.0 统计软件中的 Ologit 程序进行模型建立和回归分析。[②]

三　流动人口及其族际关系的基本特征

（一）流动人口的基本特征

滇川藏毗连藏区流动人口的基本特征如表 6－1 所示，从表中可以看出流动人口的基本特征。性别结构以男性为主，占 55.8%，女性的比例稍低，占 44.2%，流动人口的性别比为 127.3。年龄结构主要以中青年为主，20 岁以下和 40 岁以上的比例合计不到 30%，20—40 岁的占所有流动人口的 70% 以上。从民族结构来看，滇川藏毗连藏区主要是汉族流动人口，但从表 6－1 中不难看出，藏族流动人口明显比其他少数民族人口多，非藏族少数民族流动人口为藏族流动人口的一半多一点，反映了滇川藏毗连藏区流动人口的民族构成主要以汉族和藏族为主。流动人口的职业结构以务工、经商为主，而从事教师、医生和公务员职业的比例都比较低；他们的月收入多数在 1000—1999 元，占 62.17%，2000—2999 元的占 23%，1000 元以下和 4000 元以上的比例也非常低，反映了流动人口的收入水平总体偏低。从婚姻结构来看，流动人口主要以已婚为主，占 66.7%；未婚的占 30.49%，而丧偶、离异和再婚比率都很低，只有

---

① Scott Long, *Regression Model for Categorical and Limited Dependant Variables* [M]. SAGE Publication, 1997.

② 李灿松、梁海燕：《滇川藏毗连地区流动人口族际关系调查与思考》，《南方人口》2014 年第 29 卷第 4 期。

1.26%。流动人口无宗教信仰的比例较高，占总流动人口的一半左右；在其余的宗教信仰人群中，其宗教信仰以佛教为主，有小部分是基督教、伊斯兰教或其他宗教的信徒。从流动人口的流出地来看，滇川藏毗连藏区人口流动以区内（滇川藏毗连藏区）流动为主，如果我们把云南、西藏和四川三省份看作一个区域整体，将会发现滇川藏内部的流动人口占总流动人口的75%，而区域外部的流动人口只占25%，反映了滇川藏毗连藏区流动人口的“内卷性”或“毗连性”，这可能与该区域内的自然环境、长期的文化交流和民族融合、经济上相互依赖以及该地区对流动人口的吸纳能力有很大的关系。滇川藏三省份外部流动人口主要以湖南、甘肃、青海、河南、江西等省份为主。从此次调查的数据来看，流动人口的民族关系相对融洽，37.9%认为民族关系是非常和谐的，57.03%认为基本和谐，只有2.46%的流动人口认为民族关系存在问题，2.54%的流动人口对民族关系和谐与否根本就不关注。①

表6－1　　　滇川藏毗连藏区流动人口基本特征　　　单位：人、%

变量名称	变量描述	频数	比例	变量名称	变量描述	频数	比例
性别				月收入			
（对照组）	男	669	55.8	（对照组）	1000元以下	28	4.67
	女	529	44.2		1000—1999元	373	62.17
年龄					2000—2999元	138	23
（对照组）	20岁以下	111	9.3		3000—3999元	42	7
	20—29岁	466	39.06		4000—4999元	9	1.5
	30—39岁	400	33.53		5000元及以上	10	1.67
	40岁及以上	216	18.11	婚姻状况			
民族				（对照组）	已婚	796	66.67
（对照组）	藏族	336	28.02		未婚	364	30.49
	汉族	642	53.54		离异	15	1.26

① 李灿松、梁海燕：《滇川藏毗连地区流动人口族际关系调查与思考》，《南方人口》2014年第29卷第4期。

续表

变量名称	变量描述	频数	比例	变量名称	变量描述	频数	比例
	回族	45	3.75		丧偶	13	1.09
	白族	121	10.09		再婚	6	0.5
	纳西族	22	1.83		宗教信仰		
	其他民族	33	2.75	（对照组）	佛教	534	45.84
	教育程度				伊斯兰教	43	3.69
（对照组）	小学及以下	314	26.14		基督教	16	1.37
	初中	302	25.15		无宗教信仰	554	47.55
	高中或中专	321	26.73		其他	18	1.55
	大专及以上	264	21.98		流动范围		
	职业			（对照组）	滇川藏	903	75.23
（对照组）	工人	142	11.88		非滇川藏	296	24.77
	农民	181	15.15		家庭民族结构		
	干部或公务员	98	8.2	（对照组）	单一民族	1039	87.68
	教师	54	4.52		两个民族	128	10.8
	医生	28	2.34		多个民族	18	1.52
	务工	263	22.01		宗教看法		
	经商	350	29.29	（对照组）	欣赏	113	9.54
	其他	79	6.61		尊重	866	73.14
	族际通婚态度				反感	16	1.36
（对照组）	赞成	568	48.14		无所谓	189	15.96
	反对	71	6.02		族际关系		
	无所谓	541	45.84		非常和谐	448	37.97
	受民族歧视				基本和谐	673	57.03
（对照组）	没有	827	70.68		存在问题	29	2.46
	偶尔有	318	27.18		不关心	30	2.54
	经常有	25	2.14				

注：样本量 = 1200，但部分变量存在缺失值，所以有的变量合计小于1200。

资料来源："滇川藏毗连藏区流动人口与族际关系调适与演变"课题组。

（二）居住圈中的族际关系

邻居关系的融洽程度是衡量民族关系的一个重要指标。在此次调查中，我们将其作为度量民族关系的一个重要变量，对流动人口的居住意愿进行调查，具体调查了流动人口对邻居选择是否具有民族偏好，结果如表 6－2 所示。

表 6－2　滇川藏毗连藏区流动人口邻居民族选择意愿　单位：人

本人民族	邻居民族						
	藏族	汉族	回族	白族	纳西族	其他民族	无所谓
藏族	220	59	5	3	7	1	74
汉族	95	289	9	10	8	3	253
回族	2	2	20	2	0	0	20
白族	21	22	3	47	5	0	56
纳西族	4	5	0	0	6	0	12
其他民族	2	6	0	1	4	2	18

从表 6－2 可以看出，不论是汉族还是少数民族，对邻居民族选择都有明显的族内倾向。矩阵对角线表示愿意选择同民族为邻居的人数，该对角线上的人数从行和列来看都是相对较多的，而对角线两侧则表示没有本民族居住趋向意愿的人数，这部分人相对较少。从表 6－2 还可以看出，滇川藏毗连藏区流动人口中白族、回族和纳西族对邻居的族别要求不是太高。通过邻居民族的选择可以发现不同民族之间的关系。如果某一族群的成员不愿与另一族群为邻，那么在一定程度上可以认为，这两个民族之间的关系存在一定的不融洽性；反之，则可以认为两个民族的关系相对融洽。

（三）交友圈中的族际关系

在考察生活中的民族关系时，我们可以从两个方面着手：一是调查流动人口除本民族外，他们的朋友中哪个民族最多；二是考察流动人口在生活中得到哪个民族的朋友帮助最多。从表 6－3 可以看出，除本民族外，不同民族的朋友圈有一定的差异，如藏族的朋友圈中最多的是汉族，汉族的朋友圈中最多的是藏族，回族的朋友圈中最多的是藏族，白族的朋友圈中比例最高的是汉族，其次是藏族，纳西族的朋友圈中最多的是汉族，藏族和汉族的比例相差不大。从这些现象我们可以看出，在滇川藏毗连藏区，流动人口的族际关系主要以汉族和藏族为中心，他们的朋友圈中，除本民族以外，最多的是汉族或藏族，这可能与该地区的主体民族是藏族而汉族是最多的流动人口有关。从这些统计数据背后也可以发现，汉族与藏、回、白、纳西等民族之间的关系比这些民族与其他民族之间的交友数量都比较高，从侧面反映出汉族更能与其他民族相处与交往，这与汉族在流动人口中比例较高、汉族适应性比较强有很大的关联。

表 6-3　滇川藏毗连藏区流动人口的朋友圈　单位：%

本人民族	除本民族外，哪个民族的朋友最多					
	藏族	汉族	回族	白族	纳西族	其他民族
藏族		67.86	1.79	0.89	0.6	28.86
汉族	54.86		2.66	1.88	1.1	39.5
回族	57.78	20		4.44	0	17.78
白族	27.5	49.18	2.5		0	20.73
纳西族	31.82	40.91	0	0		27.27
其他民族	36.67	40	3.33	6.67	10	3.33
本人民族	哪个民族的朋友帮助自己最多					
	藏族	汉族	回族	白族	纳西族	其他民族
藏族	66.27	29.25	1.79	0.9	0.3	1.49
汉族	34.75	59.12	3.14	0.31	0.16	2.52
回族	26.67	15.56	44.44	0	0	13.33
白族	10.69	27.12	0.85	57.88	0	3.46
纳西族	13.27	18.37	9.09	10.12	40.91	8.78
其他民族	22.58	41.94	3.23	6.45	3.23	22.57

从流动人口自己平时得到朋友帮助的情况来看，个人社交的

“差序格局”在同民族之间也得到了集中体现，即每个民族得到的帮助主要来自本民族，而其他民族的帮助相对较少，其中，藏族最为明显，达到66.27%，汉族和白族的比例相当，纳西族得到同民族帮助最低。流动人口平时的交往圈决定了获得帮助的范围，个人社交的“差序格局”决定了流动的各民族获得帮助主要来自同一民族内部；在本民族内获得帮助越多，反过来又促使了本民族之间交往更加密切，交往和获得帮助是一个互动的过程。

（四）经济圈中的族际关系

经济活动是人类活动的主要内容之一，人们在经济活动中容易形成比较稳定的利益关系，而在我们的调研中也同样发现，滇川藏流动人口的主要目的就是获取经济利益。通过对滇川藏毗连藏区流动人口调查发现，除回族和纳西族之外，各民族成员在选择合作伙伴时主要以本民族为主。究其原因，主要与本民族交流方便、文化趋同、成员之间长期以来形成互补的行业链有较大的关系；在我们的访谈中发现，最主要的原因还是同民族之间来源地比较靠近，大家从事的行业相近或互补，成员之间比较了解，容易构建彼此之间的诚信体系。

从表6－4可以看出，不同民族的经济活动也会影响到民族的日常交往与互动，包括经济活动的内容、生产方式等方面的差异都会在一定程度上从民族关系中折射出来。值得注意的是，回族、纳西族以本民族为生意合伙人的比例较低，而以汉族和藏族为合伙人的比例较高；汉族与藏族除与本民族合伙之外，两者选择以其他民族为合伙人的比例远远高于其他民族，其中汉族总体比例最高。出现以上现象，既可能与该地区流动人口的民族构成有很大的关系，也可能与他们从事的行业有很大的关系，还有可能与本民族同行竞争有关。在我们的调查中也发现，汉族从事的行业比较广泛，涉及当地生活的各个方面；而回族、纳西族主要以餐饮为主；白族主要以藏房装修、金银首饰加工、蔬菜和日用品销售为主；藏族则从事服务业、寺院绘工、住宿餐饮、建筑等行业，行业的分化客观上决定了生意合作伙伴的选择范围。

表 6－4　　滇川藏毗连藏区流动人口经济圈　　单位：%

本人民族	生意、事业合作伙伴民族					
	藏族	汉族	回族	白族	纳西族	其他民族
藏族	55.34	39.89	1.69	1.69	1.12	0.28
汉族	31.85	60.83	2.73	2.44	1.72	0.43
回族	25.58	51.16	18.60	2.33	0.00	2.33
白族	27.61	23.31	2.45	39.26	4.91	2.45
纳西族	19.23	53.85	3.85	3.85	19.23	0.00
其他民族	28.95	47.37	2.63	7.89	7.89	5.26

（五）族际通婚状况

不论在国内还是国外，族际通婚都被视为衡量民族关系的一个重要指标。如果两个民族之间的关系长期不和谐，那么两个民族之间通婚的可能性就比较小。民族之间不和谐可能与历史上长期以来的资源争夺、利益冲突、生活习性有很大的关联。但是，随着改革开放的不断深入，不同民族之间的通婚也越来越普遍，汉族与少数民族之间通婚、少数民族之间彼此通婚的现象普遍存在，这是各民族不断交往、互相了解和不断融合的集中体现。

从本次调查的结果来看，绝大多数民族（40%以上）都非常赞同族际通婚，另外40%的人群对族际通婚没有明确的态度趋向，他们认为，族际通婚无所谓好坏，只有很小的比例反对族际通婚，但这只是他们的主观态度，而实际的通婚行为是不是这样值得深入探讨，通过对被调查中的已婚群体做族际通婚结果分析发现，同一民族通婚的比例仍然是最高的。为什么会出现族际通婚态度与行为的偏离呢？究其原因，一方面可能与被调查者不愿表达真实意愿有关；另一方面与不同民族的思维惯性和文化习俗受到外在文化的影响而发生变化有关。此外，民族个体日常交往的范围在不断扩大，这也可能导致其通婚观念不断发生改变。因为已婚群体族际通婚行为已经成为不可改变的事实，不会因其态度而更改其通婚的对象。但已婚群体由于受到外在观念的影响、交友范围的扩大，他们已逐渐接受族际通婚的事实，他们的观念在潜移默化地影响其下一代通婚圈的变化，进而导致了族际关系的变化。①

第二节　典型区流动人口基本情况及族际关系②

一　流动人口的基本概况

在滇川藏毗连藏区的流动人口调查的基础上，我们选择流动人口比较集中的区域做深入调查与分析。建塘镇是迪庆自治州的州政府、香格里拉县的县政府所在地，也是全县乃至全州政治、经济、文化中心。历史上，这里一直是藏族与其他民族开展经济文化交流的中心之一。清末民初，这里商业贸易盛极一时，不仅成为康巴藏区对外联系的重要中转站，而且成为各民族商人和人口流动较频繁的场所之一。长期的人口流动和商业贸易，使建塘镇成为一个多民族融合和聚居的场所，这里居住的民族主要有藏族、汉族、纳西族、白族等多个民族，藏族是这一区域的主体民族。

1982—2000 年，我国流动人口总量由 3000 万上升到 13428 万，流动人口占总人口的比例由 2. 97% 增加到 10. 81% 。2012 年，流动人口规模达 2. 36 亿，占总人口的比例超过 17% ，平均每六个人就有一个人是流动人口。中国地域广阔，不同省份之间具有明显的地区差异，不同的地区具有不同的流动人口吸引力和吸纳能力。目

① 参见李灿松、梁海燕《滇川藏毗连地区流动人口族际关系调查与思考》，《南方人口》2014 年第 29 卷第 4 期。

② 李灿松、梁海燕：《西南边疆民族地区流动人口的族群关系研究——以迪庆藏族自治州建塘镇为例》，《西北人口》2014 年第 3 期。

前，流动人口研究的焦点主要集中于东部沿海发达地区和大城市（群），而对西部地区尤其是西南边疆少数民族地区的流动人口研究较为薄弱。鉴于此，课题组展开了此项调查研究。

本书使用的数据是4位课题组成员和迪庆藏族自治州计划生育委员会建塘镇流动人口办公室的5位工作人员于2012年7—8月对建塘镇建塘社区、仓房社区、北门社区、北郊社区和金龙社区展开调研获得。本次调查历时25天，流动人口数据主要分为两类：一类是2002—2012年7月之前流入和流出的具体数据，这部分数据由流动人口办提供，由于流动人口办每季度都对建塘镇的流动人口的变动情况进行统计，所以这部分数据比较翔实；另一类是2012年7—8月的数据，由课题组成员在流动人口办工作人员的协助下通过对5个社区分街道的流动人口基本情况进行统计和发放问卷的形式获得，其中基本情况的统计是对建塘镇所有的流动人口基本情况进行详细的登记，包括年龄、性别、民族、文化程度、来源地、流入时间、就业、职业、婚姻状况、生育情况等。问卷发放涵盖5个社区，每个社区选择5个流动人口最集中的街道进行调查和部分深度访谈，调查主要涉及流动原因和机制、流动人口在当地的社会融入状况、流动人口与不同民族人口之间的交往、通过何种途径获取藏区信息并找到当前工作、生存状况等方面。本书主要选择流动人口的民族构成和居住空间来反映各民族之间的居住分离状况。在一个以少数民族为主体的民族地区处理好本区域各个民族之间的民族关系、流动人口内部各民族以及流动人口和原住居民的各民族关系具有非常重大的社会现实意义，对维持民族地区的社会秩序发挥至关重要的作用。①

（一）年龄性别结构，以男性青壮年劳动力为主

流动人口年龄性别结构是影响流入地社会经济发展最基本的因

---

① 李灿松、梁海燕：《西南边疆民族地区流动人口的族群关系研究——以迪庆藏族自治州建塘镇为例》，《西北人口》2014年第3期。

素，我们只有掌握流动人口的年龄特征、性别结构，才能有针对性地满足流动人口需求，尽可能为他们提供优质的服务，以实现基本公共服务常住人口全覆盖的社会发展目标。其年龄结构如图 6－1 所示。

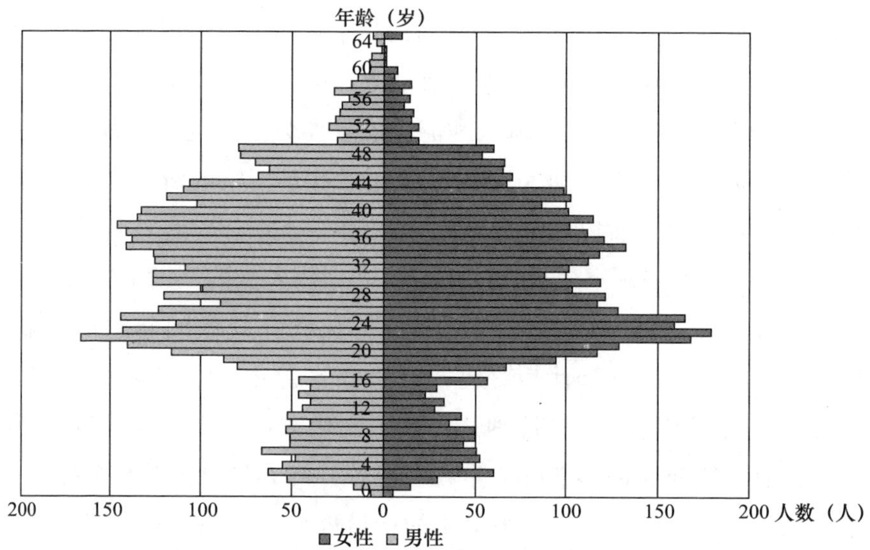

图 6－1　藏区流动人口的人口结构金字塔

样本总量为 9012 份，调查的地理区域分布在云南省迪庆州建塘镇的 5 个社区。其中，北郊社区共 1668 份，北门社区 1275 分，仓房社区 1857 份，建塘社区 3241 份，金龙社区 971 份。样本中男性人口数为 4915 人，女性人口数为 4257 人，流动人口总人口性别比为 115.45，反映了藏区流动人口以男性为主、男性多于女性的特点，这与全国各地的流动人口性别结构基本吻合。但是，从年龄结构来看，0—14 岁的少年儿童组共 1244 人，其比例（占该变量有效样本 8941 人）为 13.92%，比全国水平较低，15—64 岁的劳动年龄人口数共 7682 人，其比例为 85.89%，显著高于全国该年龄段的比例，65 岁及以上的流动老年人口总数仅为 15 人，其比例仅为

0.15%，这反映了老年人口的“安土重迁”思想，他们不愿意流动到一个陌生的地方去度过晚年生活。再者，老年人口对一个新环境的适应能力大大下降，所以，流动老年人的比例非常低，而主要是年纪较轻的青壮年劳动力。

（二）民族结构以汉族为主体，白族是藏区少数民族流动人口的主流

从此次调查的结果来看，流动人口的民族构成以汉族为主，汉族是流动人口的主体，占有效样本（8993 人）的 66.75%。流动人口的民族结构如图 6－2 所示，汉族占 2/3，其次是白族，约占样本总量的 21%，是少数民族流动人口的主体，而其他所有少数民族的比例合计约占 12%。在少数民族中，白族流动人口具有明显的集中趋势。而很多民族的绝对规模不足 10 人。比如布朗族、布依族、朝鲜族、景颇族等。这大致反映了不同民族具有不同的流动性，有的民族具有很强的“文化惰性”，习惯于长期适应的生活环境，对于新环境具有畏惧心理。白族人主要分布于云南大理，自古白族人喜欢经商，使他们拥有很强的流动能力，藏族人也具有相同的特点，目前，很多藏族甚至跨越省域范围，来北京从事经商。而傣族和白族、藏族就大不一样，他们的生活很容易满足，傣族主要分布于云南的西双版纳州，受生活环境的影响，他们很少外出务工，一方面傣族以农耕为主，在传统文化中较少有迁移；另一方面西双版纳地处北回归线以南，受热带雨林气候影响，其物产丰富，经济作物类型多样，目前西双版纳的经济支柱是橡胶种植业，由于在家割橡胶或种植其他经济作物也能获得丰厚的收入，因此，他们不愿意流动出来到一个陌生的地方去。在此次调查中，不同民族流动人口的流动性差异也得到了很好的体现。

（三）户籍结构，以农村户籍的乡城流动人口为主

翟振武和段成荣按照户籍地和居住地的不同组合，将流动人口分为乡城流动、乡乡流动、城乡流动和城城流动四大类。乡城流动是指流动人口从农村流向城镇，迁出地类型为“乡”或“镇的村委

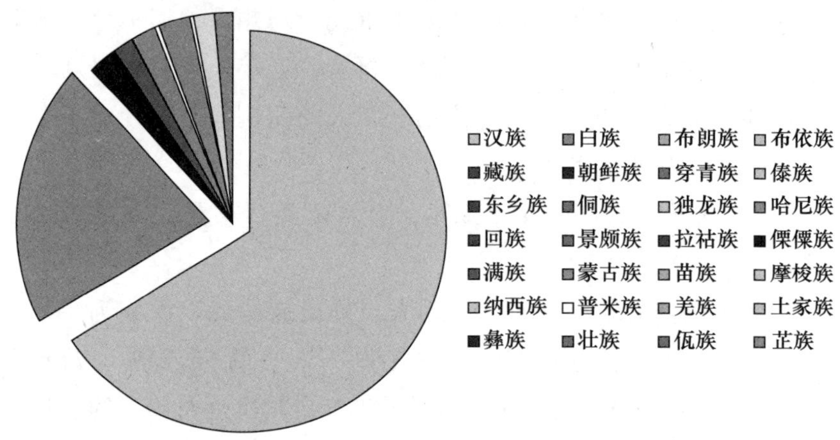

图6－2　藏区流动人口的民族结构

会”，而现居住地的性质为“市”或“镇”；乡乡流动是指流动人口从农村流向农村，迁出地类型为“乡”或“镇的村委会”，而现居住地的性质为“县”；城城流动是指从城镇流向城镇，迁出地类型为“街道”或“镇的居委会”，而现居住地的性质为“市”或“镇”；城乡流动是指从城镇流向农村，迁出地类型为“街道”或“镇的居委会”，而现居住地的性质为“县”。① 目前，我国的流动人口类型主要是乡城流动，即大量的流动人口从农村迁移出来进入到大城市务工经商或从事其他社会经济活动，藏区流动人口的户籍结构如图6－3所示。

从图6－3中可以清楚地看出，藏区流动人口的户籍结构和全国的类似，也主要是农村户籍的人口流动出来进入大城市，但是，进一步研究发现，其水平与流动人口总体和东部沿海地区相比，农村户籍的比例更高，而城市户籍的比例更低。这主要与经济因素有关，其中之一是西部省份的城镇化水平远比东部地区低，而西部地区流动人口主要是省份内流动占主导地位，跨省流动比例相对较

① 翟振武、段成荣：《跨世纪的中国人口迁移与流动》，中国人口出版社2006年版，第112页。

小，所以，流动人口的主体是来自区域内部的农村户籍人口，而来自城市户籍的比例非常低。

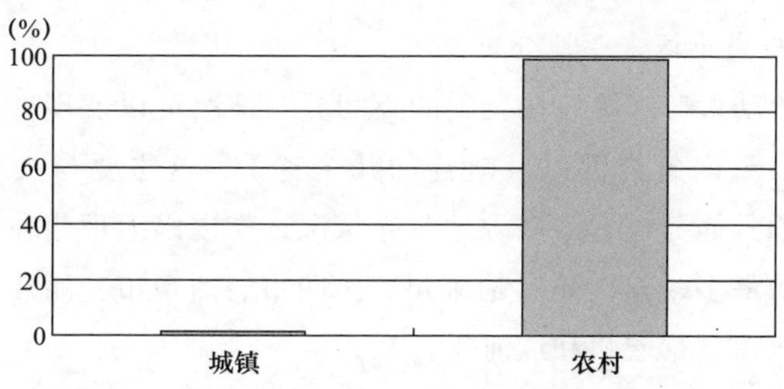

图 6－3　藏区流动人口的户籍结构

（四）流动人口的来源地空间分布极不均衡，集中于省内的几个州市

1. 省际来源地分布

在本次调查的9000个有效样本中，来自云南省内的流动人口最多，为4917人，占样本一半以上（54.64%）。这表明，云南全省流动人口的户籍构成主要来自本省，其次来自四川（18.75%）、湖南（6.57%）、重庆（4.24%）等几个相邻或毗连省份。流动人口出现以上空间分布，与流入地和流出地之间的地理距离有很大的关系。

距离流出地越远，导致迁移流动的各种成本会越大，获取流入地就业等相关信息也比较困难，而且背井离乡来到流入地后的社会适应难度也较大。另外，还可能与社会经济因素有关，美国地理学家 W. R. 托布勒（W. R. Tobler）于 1970 年提出了两个城市间经济联系的万有引力模型，如式（6－1）所示：

$$R_{ij}=\frac{\sqrt{P_iV_i}\times\sqrt{P_jV_j}}{D_{ij}^2} \quad (6-1)$$

式中，R_{ij}表示经济联系势能强弱，P_i、P_j 表示城市 i 与城市 j 的人口规模，V_i、V_j 表示两个城市的 GDP，D_{ij}表示两个城市之间的直线距离。W. R. 托布勒的万有引力模型揭示了地理距离、社会经济和人口因素对两个城市间的经济联系强弱的影响。①

2. 省内市域来源地分布

从流动人口来源地在全国的空间分布情况可以发现，流动人口主要来自云南省内部以及毗连的几个省份，这主要与文化因素有关。下面具体分析省内来源地分布情况，省内以大理州在建塘镇务工的人数最多，其次还有楚雄州、昆明市、曲靖市、丽江市、保山市、临沧市、德宏州和红河州。

流动人口在省内的空间分布也极不均匀，主要来自滇西北地区，来自大理白族自治州的流动人口最多，占来自云南全省流动人口的52%，其次是丽江和迪庆，均在16%左右，而其他州市的流动人口非常少。

（五）流动人口的受教育程度偏低，以初中和小学为主

受教育程度的高低是影响个人发展的重要因素。作为人力资本的一个重要构成因素，相关研究表明：人口的收入与教育程度呈正相关关系，而与生育水平呈负相关关系，尤其是妻子的受教育水平对生育水平的影响更为显著。此外，还有研究表明，受教育程度高低不仅会影响到当代人的发展，同时一个家庭中父母的受教育水平高低还会影响到孩子的教育和职业选择等。针对流动人口而言，他们出来的主要目的是就业赚钱以养家糊口，那么其文化程度的高低就会影响到他们职业的选择，进一步影响到收入。本次调查流动人口的文化构成如图 6－4 所示。

从图 6－4 中可以看出，流动人口的受教育程度非常低，以初中文化程度为主，占样本的70%以上，其次是小学文化程度，占17%左右，而高中及以上文化程度的比例非常低，高中、大专、大学本

---

① 转引自张耀军、岑俏《基于人口与经济要素的京津冀空间联系》的演讲报告，2013 年 11 月 20 日中国人民大学社会与人口学院周三学术报告。

科及以上文化程度合计仅占样本的7.3%。这反映了西部地区流动人口的受教育程度较低的现状。

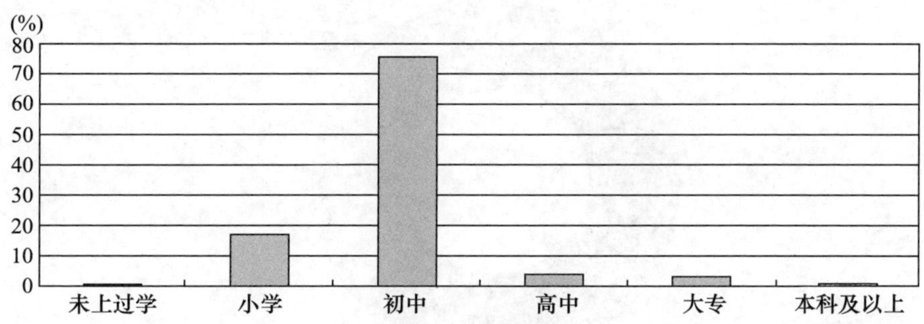

图6－4　藏区流动人口的受教育程度分布

（六）流动人口的婚姻状况以初婚为主，未婚的比例也较高

随着流动人口的代际更替不断进行，当前，我国流动人口的代际结构逐渐由过去的老生代（1980年以前出生的）向新生代（1980年及以后出生的）流动人口转变。流动人口是一个以青壮年为主体的变动群体，他们大多处于青春期、婚育期，其特殊的生殖健康问题和需求值得关注。如何有效地掌握流动人口的计划生育管理信息，关系到能否有针对性地提供流动人口需求的计划生育、优生优育、生殖健康等服务。其中，婚姻是他们人生中的一件大事，他们与老生代相比发生了重要的变化，老生代主要是在老家结婚生完孩子，把孩子留在家里，让老人或妻子留守在老家照顾，而新生代则大多初中毕业后直接进入城市，在城市务工一段时间后，要么直接在流入地结婚，要么把认识的对象带回老家结婚，流动人口的婚姻状况如图6－5所示。

因此，要关注流动人口在流入地的发展，必须注意到流动人口代际转变带来的不同影响以及不同需求。从我们的调查结果来看，人口的婚姻状况以初婚为主，占总样本的63.33%，未婚的比例占35.8%，而离婚、丧偶和再婚的比例均非常低，反映了流动人口群体的婚姻比较稳定。

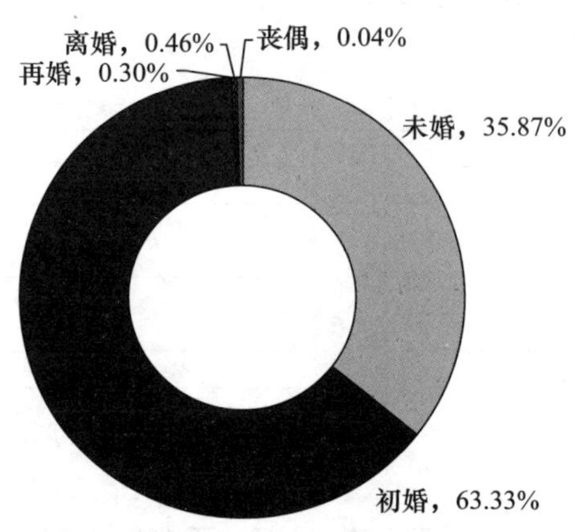

图 6－5　藏区流动人口的婚姻状况

（七）流动人口现有孩以二孩和一孩为主，三孩和四孩比例都很低

关于流动人口生育状况和存在问题的认识以及对全国生育水平的看法一样，一直没有一个科学的判断，对于流动人口的生育问题更是不甚了了，加上一些媒体的宣传使人们形成了流动人口超生比例很高的一些思维定式。流动是为了超生？还是生育影响了流动？这些深层次的问题目前学术界还没有定论。因此，对人口流动与生育水平的相互影响进行深入细致的研究具有重要的学术价值和应用价值。在本次调查中，我们也对流动人口的生育孩子数进行了调查，其结果如图 6－6 所示。

从图 6－6 可以看出，流动人口现有孩子数以两个为主，占有效样本的 51.5%，现有一孩的占 43.68%，而三孩和四孩的比例都很低，合计不到 5%。这是从数量方面进行考察，但是，由于我国复杂的地域性和民族性，形成了不同地区、不同民族的生育政策的特殊性。因此，仅从数量方面还难以全面考察流动人口的生育状况，而必须结合当地的生育政策进行分析，流动人口政策外生育的情况如图 6－7 所示。

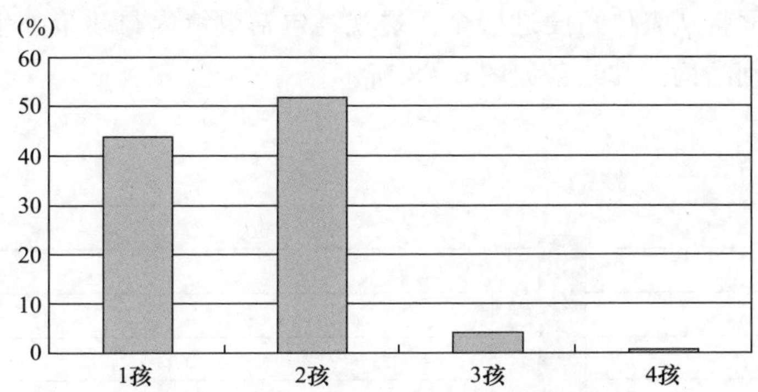

图 6－6　藏区流动人口家庭现有孩子情况

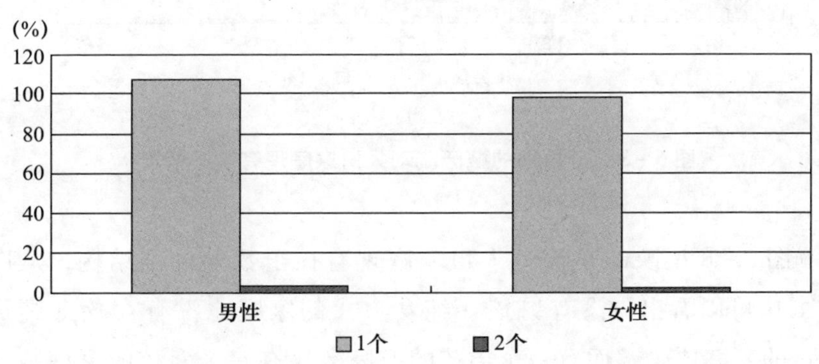

图 6－7　藏区流动人口政策外生育孩子情况

图 6－7 反映了流动人口的政策外生育情况，从数量上看，不管男孩还是女孩，都出现超生一个的情况较多，而超生两个的情况很少；从性别上看，不管超生一个还是两个，都是男性较多，体现了我国传统的“重男轻女”的性别不平等思想，但两者之间的差异并不明显，这主要反映了随着社会的进步与发展，这种性别不平等思想在逐渐弱化，性别平等发展是社会发展的主要方向和趋势。

（八）流动人口现有孩子性别结构以男孩为主，逐渐趋于平衡

以上仅从政策外的生育情况来分析藏区流动人口孩子的性别结构，下面将从整体角度进行全面透视，包括政策内与政策外生育的孩子性别结构。其结果如图 6－8 所示。

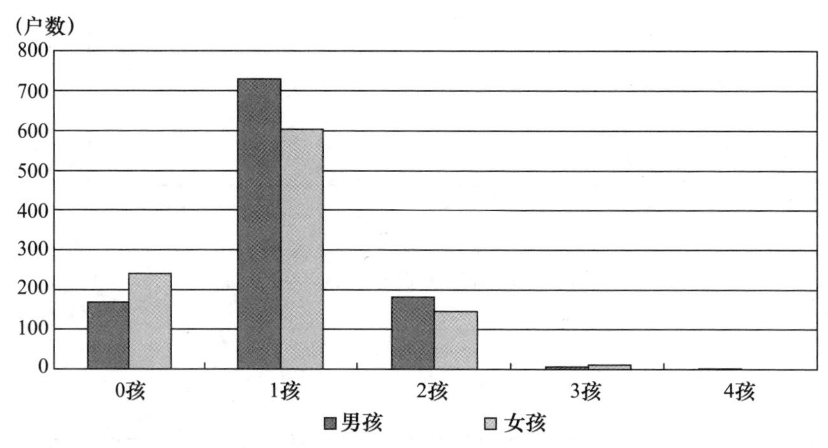

图 6－8　分性别的藏区流动人口家庭现有孩子情况

图 6－8 反映的是流动人口家庭现有孩子数的性别结构，从图 6－8 中可以看出，没有男孩（纯女户）的家庭比没有女孩（纯男户）的家庭要少，而有一个男孩的家庭数比有一个女孩的家庭数要多，有两个男孩的家庭也比有两个女孩的家庭要多，因此，从现有孩子数的情况来看，也反映了男孩数多于女孩数的情况。

二　流动人口内部及其与主体民族之间的关系分析

我国流动人口在出现从少数民族聚居区的西部落后地区向东部沿海发达地区大规模迁移流动的同时，也有局部的逆向流动。这种逆向流动的规模尽管不如前者显著，但却涉及更复杂的民族关系，而各民族的居住格局又是影响民族关系的一个重要因素。以西部云南省迪庆州为例分析发现，总体上看，流动人口中汉族与其他少数民族整体居住分离程度还是比较低的，反映了民族之间的居住融合

比较理想，但分民族来看，汉族与藏族、回族的居住分离程度较高，远远大于白族、纳西族和傈僳族。有效地进行居住迁移调整不仅可以减少各民族流动人口内部的矛盾，而且也能促进各民族流动人口之间、各民族流动人口与原住居民之间的融合，从而推动民族地区社会经济的和谐发展。

针对流动人口与区域之间的问题，学者做了诸多有益的探讨。其中，朱卫等提出，各民族之间形成的关系直接或间接地影响到所在区域乃至整个中国的政治稳定与社会发展，深入研究各区域的民族关系，无论是对这些民族地区的经济发展、社会进步与和谐社会的建设，还是对加强整个中华民族团结与维护国家统一，都具有十分重要的理论意义和现实价值。[①] 史闻在总结中国民族关系史研究学术座谈会中提出，加强我国民族关系的研究工作，有助于各族人民了解我们多民族国家形成和发展的历程，促进各民族间的团结友爱和互助合作关系。[②]

斯大林提出了“民族”的权威定义，虽然在马克思和恩格斯的著作中也曾多次提及民族和民族的发展，但他们均没有专门论述过“民族”的确切定义。苏联和国内学者将其奉为经典，斯大林提出，“民族”是人们在历史上形成的一个有共同语言、共同地域、共同经济生活以及表现于共同文化上的共同心理素质的稳定共同体。[③] 这个经典定义虽然也存在很多争议，但是，基本上能够在国内达成共识。米尔顿·戈登于 1964 年对美国民族关系进行研究，在《美国人生活中的同化》中提出了民族融合的“三阶段论”，即“盎格鲁—撒克逊”“熔炉”和“多元文化主义”三个阶段，并从民族交往、通婚、民族认同、民族偏见、文化、民族歧视和权力的分配七

---

① 朱卫、张彤磊：《近代甘宁青地区民族关系研究述评》，《湖北民族学院学报》2013 年第 2 期。

② 史闻：《开展中国民族关系史研究的一个新起点——中国民族关系史研究学术座谈会简记》，《民族研究》1981 年第 5 期。

③ 斯大林：《马克思主义和民族问题》，《斯大林全集》第二卷，人民出版社 1953 年版，第 289—358 页。

个维度来衡量民族关系。[①②] 赵健君、贾东海认为，民族（Ethnic group 或 Ethnicity）是指一群基于历史、文化、语言、宗教、行为、生物特征而与其他有所区别的群体。[③] 黄荣清等认为，民族关系是指人类自有民族分化以来的社会发展过程中，民族为了生存与发展，在一定的社会意识指导下形成的民族之间的共生关系，或在相互对抗中敌对双方民族的相互封闭隔绝的状态。[④] 研究民族或民族关系的前提是民族的识别，民族识别是一项非常复杂的工作，其政策性很强，我们国家在实际的民族识别过程中主要依据马克思主义有关民族问题的理论进行操作。

中国是一个统一的多民族的国家，在已识别的民族中包括 55 个少数民族，主要集中分布于西南地区、西北地区和东北地区，汉族遍布于全国各地，与各民族形成了“大杂居、小聚居”的分布格局。在改革开放以前，由于户籍制度的限制，相对固定的居住方式稳定了人口的区域分布，除历史上发生过一些大的战争和民族冲突或者朝代的更迭外，一般各个民族的人口居住地都相对稳定。但是，在 20 世纪 80 年代之后，这种稳定的民族分布格局受到了一定的冲击，各民族之间的迁移流动非常活跃，人口居住空间格局发生了极大的变化，这必然会导致人们所从属的社区也随之发生相应的变化。社区最早由德国社会学家滕尼斯提出[⑤]，之后其含义发生了很大的变化。现在的社区是指聚集在特定地域内的人群生活的共同体，具体而言，社区是指在一定地域内发生各种社会关系和社会活动，有特定的生活方式，并具有成员归属感的人群所组成的一个相

---

① 李建新：《转型期中国人口问题》，社会科学文献出版社 2005 年版，第 205—206 页。

② 马东平：《民族关系的社会学研究综述》，《成都理工大学学报》（社会科学版）2013 年第 1 期。

③ 赵健君、贾东海：《民族关系定义研究》，《黑龙江民族丛刊》2006 年第 4 期。

④ 黄荣清、赵显人等：《20 世纪 90 年代中国各民族人口的变动》，民族出版社 2004 年版，第 34—36 页。

⑤ 斐迪南·滕尼斯：《共同体与社会：纯粹社会学的概念》，北京大学出版社 2010 年版，第 23 页。

对独立的社会实体。因此，社区的改变进一步导致了以社区为依托的居民的文化、心理、社会关系等发生相应的变化。随着改革开放的不断深化、西部大开发战略的进一步推进，尽管西部地区的经济发展水平远远落后于中东部地区，但开发创造的机遇和广阔的市场吸引了全国各地的人往西部地区集聚。汉族或其他非原住少数民族流动人口流入到其他民族地区与少数民族地区的人口流入到汉族聚居区或者沿海发达地区的流动过程虽然表面上没有什么大的差异，都表现为人口超越了一定地域空间范围（以跨越乡镇或街道为基础），并在流入地居留相当长的一段时间（一般是半年及以上）而发生的移动现象。从表面上看，两种流动形式除了方向的差别，其他没有什么大的差异，可是，深入了解一下，就会发现两者的流动机制和各民族之间的融合有很大的差别。比如，单从最直观的语言而言，少数民族向东部发达地区的流动虽然也面临着语言的隔阂和障碍，但是，反向地从其他相对发达的地区向少数民族地区的流动面临的语言障碍更突出，因为在民族地区，他们的日常交流大都以本民族的语言为主，所以，其他少数民族或者汉族流入民族地区所面临的语言交流难度比在其他地区更大。

民族地区的流入人口的社会融合，一方面要考虑和当地主体民族的融合，另一方面又要考虑流入人口之间的融合。马戎在梳理民族社会学的相关研究中提出，对民族或种族关系的研究在国际上一直很受重视。[①] 美国由于其国际迁移人口较多，是一个多民族多种族融合而成的国家，尤其是美国的种族关系非常复杂，最明显的是黑人与白人之间的关系，种族或民族关系的融洽与否直接关系到一个国家或地区的社会安全与稳定。在传统的民族或种族研究中多以定性研究为主，到了20世纪60年代，由于美国的种族关系一度恶劣，很多黑人在美国大城市组织武装暴动，这些大规模的种族流血

---

① 马戎：《民族社会学：社会学的族群关系研究》，民族出版社2004年版，第404—409页。

冲突曾对美国经济的发展、社会的稳定以及外交关系等带来了极大的影响，为此，美国政府对种族融合问题极其重视，为了缓和国内的种族矛盾，政府和学者都做出了极大的努力。

在众多的解决措施中，有两个方面比较突出：一是创造各族群平等的发展机会，包括就业、入学、晋升、选举等，“民权运动”为美国的黑人争取了一些平等的权利并废除了种族分离法；二是调整各个族群的居住空间格局，为各民族成员的相互交流创造条件。①

（一）数据与方法说明

1. 调查基本情况及数据来源

本次调查的样本规模为9012人②，其中，汉族人口为6001人，少数民族3011人，汉族人口占66.6%，少数民族占33.4%，主要民族有汉族、白族、纳西族、回族、彝族、傈僳族、藏族、苗族、傣族等。女性人口为4255人，男性人口为4757人，总人口性别比为112，来源地构成主要以省内流动为主，省内以大理州在建塘镇务工的人数最多，其次还有楚雄州、昆明市、曲靖市、丽江市、保山市、临沧市、德宏州、红河州，省外流动人口以四川省和湖南省居多。其他有安徽省、广西壮族自治区、福建省、甘肃省、广东省、贵州省、河北省、河南省、黑龙江省、湖北省、江苏省、吉林省、江西省、辽宁省、内蒙古自治区、山东省、陕西省、浙江省、重庆市等。建塘镇流动人口的民族构成如表6－5所示。

表6－5　建塘镇流动人口的民族构成　单位：人

民族	建塘社区	仓房社区	北门社区	北郊社区	金龙社区
汉族	2257	998	901	1225	620

① 李灿松、梁海燕：《西南边疆民族地区流动人口的族群关系研究——以迪庆藏族自治州建塘镇为例》，《西北人口》2014年第3期。

② 这里的样本是为了特定的目的在建塘镇居住3个月以上（建塘镇相关部门每3个月登记一次人口变动情况，故选择3个月为期限）的流动人口，不包括短期旅游的游客或其他人员。

续表

民族	建塘社区	仓房社区	北门社区	北郊社区	金龙社区
白族	662	551	166	316	195
纳西族	87	73	39	19	31
回族	62	4	45	18	20
彝族	55	29	14	11	35
傈僳族	51	55	36	16	22
藏族	41	29	65	2	35
普米族	9	1	2	4	5
苗族	8	2	0	3	4
傣族	2	6	0	1	0
壮族	1	18	0	2	0
蒙古族	1	1	0	0	0
哈尼族	1	1	0	1	1
独龙族	1	1	0	0	0
侗族	1	0	0	0	0
布依族	1	0	0	1	0
佤族	1	1	0	1	0
其他	0	87	7	48	3
合计	3241	1857	1275	1668	971

资料来源：迪庆藏族自治州计划生育委员会建塘镇流动人口办公室和课题组调研数据，2012 年 7 月、2014 年 8 月。

2. 方法说明

关于族际关系的研究，美国学者采用一些定量的研究方法思路，其中，影响较大的研究方法是使用分离指数（Index of Dissimilarity，ID）来对民族关系进行深入研究。分离指数是反映一个国家或区域的整体结构与其内部各个部分结构之间差异的量化指标。分离指数的计算公式如下：

$$ID = 1/2 \times \sum_{i=1}^{n} \left| a_i/A - b_i/B \right| \qquad (6-2)$$

式中，ID 表示分离指数，n 表示计算的区域数量，a_i 表示 i 地区中 A 族群的人口数，A 表示全域的 A 族群人口数，b_i 表示 i 地区中 B 族群的人口数，B 表示全域的 B 族群人口数。

在实际应用中，也有人对分离指数进行过批判。其理由是：如果当一个族群的人数较少时，分离指数的数值可能会产生偏差。针对该弱点，我们把人口数较少的民族进行合并。马戎（2004）针对相关的研究指出，隔离指数研究的另外一个关键是对总体与局部的选择，在研究这个地域单元不能太大，也不能太小。针对这一质疑，我们选取迪庆藏族自治州建塘镇为研究总体，以建塘镇所辖的金龙、北门、仓房、北郊和建塘5个社区为局部，以建塘镇计划生育委员会流动人口办对流动人口管理的登记数据和课题组调研所得相关数据为基础，研究建塘镇的流动人口中不同民族的融合情况。

本章分析借鉴国外在研究种族关系时采用的定量方法来研究流动人口的民族关系，即用居住分离指数来定量分析建塘镇汉族流动人口与各少数民族之间的居住分离情况。按照国外的研究思路，分离指数的阈值为［0，100］，其含义是：在特定区域内（在我们研究中指的是建塘镇）为了使次一级区域单元（建塘镇所辖的5个社区）的民族比例达到总体区域中相应民族的比例，至少需要多少比例的人口在不同区域之间进行迁移调整。如果分离指数的值越大，说明需要迁移调整的人数就会越多，表示民族的居住分离的程度越高；相反，则表示民族的居住分离的程度越低。综上分析可以看出，使用居住分离指数方法来研究社区层面的族际关系是比较合适的。①

（二）结果与分析

1. 流动人口内部不同民族之间的关系分析

根据表6－5中流动人口的数据，利用分离指数公式（6－2），

---

① 李灿松、梁海燕：《西南边疆民族地区流动人口的族群关系研究——以迪庆藏族自治州建塘镇为例》，《西北人口》2014年第3期。

我们计算了建塘镇各民族的居住分离指数，但是，由于部分民族的绝对人口数很少，不宜用来分析民族的居住分离，因此，我们主要选取流动人口中占较大比例的汉族、藏族和白族三个民族为研究中心，以分析这三个民族分别与其他不同民族的流动人口之间的居住分离状况。尽管迪庆藏族自治州是以藏族为主体的民族地区，但是，从表 6－6 可以看出，5 个社区流动人口的民族构成都还是以汉族居多，各个社区汉族的平均占 66.6%，而少数民族的比例相对较低，因此，我们可能最关注的是流动人口内部各民族之间以及流动人口与流入地各民族之间的族际关系。由于数据的限制，没有具体分析流入地不同民族与各民族的流动人口之间的族际关系，而只分析了流入地中的主体民族（藏族）与各民族流动人口的族际关系。但在一个以藏族为主体的民族自治州，这样的分析仍然具有很重要的现实意义。

表 6－6　　建塘镇汉族与少数民族总体的居住分离指数　单位：人、%

社区	汉族	少数民族	汉族百分比	少数民族百分比	百分比差的绝对值
建塘社区	2257	984	37.61039827	32.6801727	4.930225567
仓房社区	998	859	16.63056157	28.528728	11.89816642
北门社区	901	374	15.01416431	12.42112255	2.593041755
北郊社区	1225	443	20.41326446	14.71272003	5.700544429
金龙社区	620	351	10.3316114	11.65725673	1.325645327
合计	6001	3011	100	100	26.4476235

根据表 6－6，可以计算出汉族与少数民族整体的居住分离指数为 13.22，这表明为了使 5 个社区的汉族与少数民族分布要达到全镇的汉族和少数民族的比例，需要在不同社区间进行现有 13.22% 的流动人口迁移调整，总体来说，这个比例算很低了。也就是说，流动人口的居住分离程度不明显，多数汉族流动人口都还是和少数民族混居，与总体民族的居住格局较为吻合，在流动人口内部也形

成了“大杂居，小聚居”的分布格局，而没有出现民族的高度聚居，这种居住格局对少数民族人口与汉族人口的交流沟通提供了条件，因为如果从居住来看，与自己居住较近的左邻右舍可能交流更为频繁，古语说，“远亲不如近邻”就是这个道理。这种少数民族分布格局，对于文化的交流和思想的沟通较为方便；相反，如果是一个民族居住在一个地域单位内，这样，不同民族之间的往来可能就会相对较弱，高度居住分离的分布非常不利于民族的融合和交流，容易造成民族冲突，一旦发生民族纠纷，往往会导致冲突规模的扩大，不利于民族之间的和谐。

（1）汉族与主要少数民族的居住分离状况。关于汉族和其他少数民族的关系。朱绍侯对汉民族的形成和发展问题发表文章论述了汉民族形成和发展的四个阶段。认为不仅有少数民族融合于汉族，也有大量汉族融合于少数民族的情况。李振宏在研究中也提出汉族人民融合于少数民族的情况更为突出。① 其实，这些现象在现代社会仍然比较明显，表现为汉族与其他少数民族之间通婚，生育的后代在民族选择上多为少数民族而不是汉族。回顾汉民族形成和发展的历史可以看到，汉民族是许多少数民族融合而成的，在汉族的形成发展过程中，他们不断吸收各少数民族的新鲜血液，像滚雪球一样越滚越大，最后成为中华民族中人口众多、占据生存空间最多的主体民族。费孝通先生指出，汉族与世界上其他优秀民族一样，是一个由多血统融合而成的共同体。②

表6－6大致反映了建塘镇流动人口中汉族人口与其他民族的居住分离情况，但是，不能分别看出各个民族与汉族的分离程度，为此，我们分别计算各个民族与汉族的分离指数，其结果如图6－9所示。从图6－9可以看出，各个民族与汉族之间居住分离程度差异很

---

① 李振宏：《中国历史上的民族和民族关系问题研究概况》，《青海社会科学》1985年第4期。

② 费孝通：《中华民族多元一体格局》（修订本），中央民族大学出版社2003年版，第4页。

大，以汉族为研究中心，少数民族与汉族的居住分离指数为13.22。分民族来看，汉族和白族的居住分离程度最小，仅为12.5，其余依次为纳西族、彝族、傈僳族、回族和藏族。表明汉族和藏族的居住分离是相对较高的。

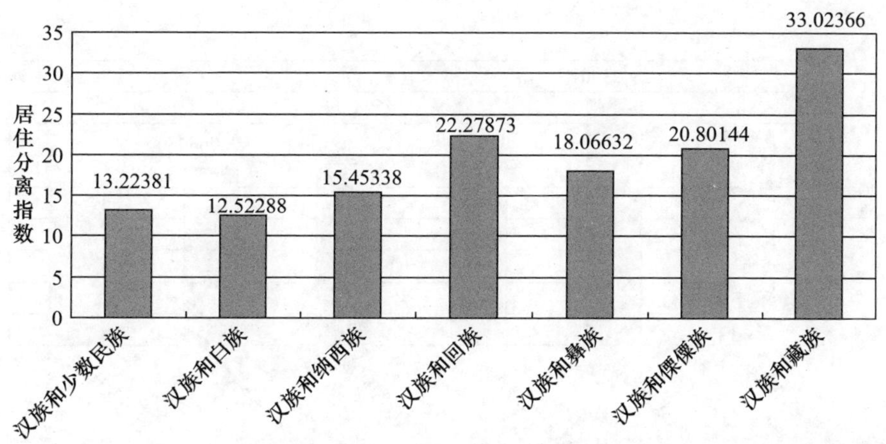

图6-9　汉族与主要少数民族的居住分离指数

为了使5个社区藏族和汉族流动人口的居住与总体上汉族和藏族的比例相当，需要在不同社区间进行民族的引导迁移，需要迁移的藏族人口比例大概占1/3，这样，才有利于各少数民族和汉族人口的各种经济文化与思想的交流，促进民族融合。

（2）藏族与其他民族的居住分离状况。迪庆藏族自治州是一个以藏族为主体民族的民族自治州，为了进一步分析流入的藏族与其他各民族之间的关系，现以藏族为研究中心，分析流入建塘镇的藏族人口与其他非藏族人口的居住分离情况，利用式（6-1）计算的结果如图6-10所示。关于各民族之间的关系，我国取得了较大的研究成果。如关于回藏民族关系的研究，张世海对民国时期安多地区回藏贸易的规模、品种及贸易方式做了详尽介绍。① 勉卫忠也对回藏民族间经济与政治关系进行了研究。② 还有一些关于其他民族的民族关系研究，但是，这些研究均以本地民族为研究对象，而没有考虑到外来民族群体，更少从民族的居住关系来探讨，而注重从政治、经济、文化、军事角度来分析。

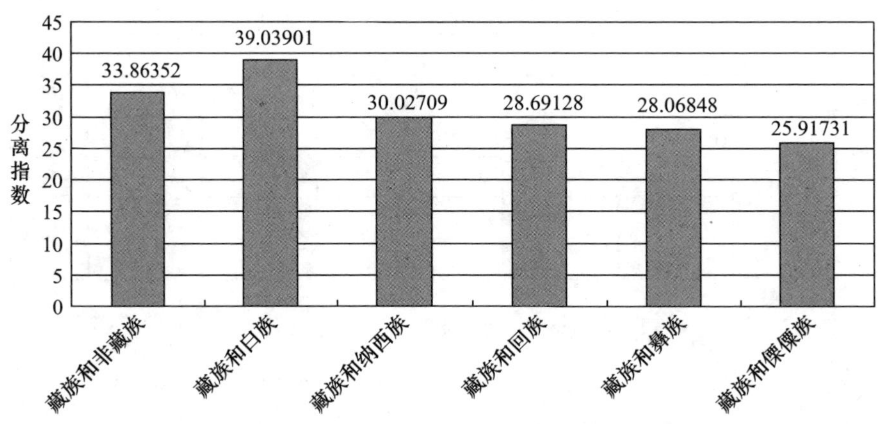

图 6－10　藏族与其他民族的居住分离指数

从图 6－10 可以看到，以藏族为研究中心时的居住分离整体水平要高于以汉族为研究中心时的居住分离程度，说明藏族和其他各民族的居住分离程度要高于汉族和其他民族的居住分离，藏族和非藏族的分离指数为 33.86，其中，藏族和白族的居住分离程度最大，接近 40%，其余依次为纳西族、回族、彝族、傈僳族，藏族与傈僳族的居住分离程度最小，由此说明藏族和白族之间的居住分离值得关注。对比图 6－9 和图 6－10 可以看出，白族和汉族的居住分离最小，但是，和藏族的居住分离是明显的。这其中可能的原因之一

① 张世海：《民国时期安多地区的回藏贸易》，《回族研究》1997 年第 2 期。

② 勉卫忠：《清朝前期河湟回藏贸易略论》，《西北第二民族学院学报》2005 年第 3 期。

是，由于从外地流入的藏族人口在语言和其他思想文化等方面同流入地的藏族居民心理距离最小，容易适应当地的新环境，可以较快地建立社会网络关系，容易找到原有的地方归属感，可以很好地融入当地占主体的同一民族生活之中，而其他民族则没有语言方面的优势，因此，表现出藏族和其他各民族的居住分离都较高，只有和傈僳族的居住分离指数是最小的。从图 6 - 10 也可以得到证明，在各少数民族和汉族的居住分离中比较，也是藏族同汉族的居住分离指数最高。

（3）白族和其他民族的居住分离状况。通过调研发现，建塘镇省内流动人口中主要以大理州白族为主，白族流动人口为 1890 人，占调查样本的 21% 左右。由此可以看出，流动人口中白族占了很大一部分。可以说，在很大程度上白族和其他民族的关系融洽与否直接关系到整个建塘镇的流动人口民族关系以及建塘镇流动人口和原住民族之间的关系，所以，如何建立起白族和其他民族之间的关系具有非常重要的社会现实意义，白族和其他民族之间的居住分离情况如图 6 - 11 所示。

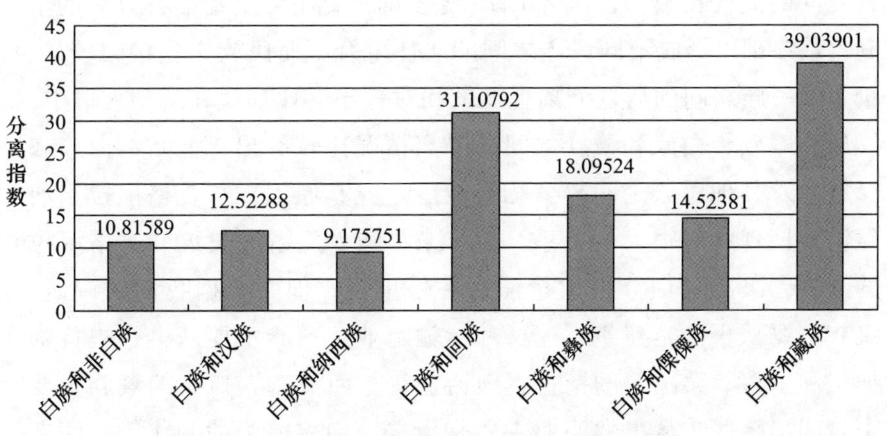

图 6 - 11 白族与其他民族的居住分离指数

从图6－11可以看出，白族和其他民族之间的居住融合情况比藏族和其他民族之间居住融合情况较为理想，除与藏族和回族两个民族之外，无论和其他少数民族还是汉族，甚至与所有的非白族人群相比，他们的居住隔离指数都很低，尤其是和纳西族、汉族以及傈僳族。这从总体上反映了白族的居住分离是比较低的，白族和其他民族的居住融合得较好。但白族和藏族、白族和回族之间的居住关系值得特别关注，我们应该进行区域间的居住迁移调整，避免过高的居住分离，努力构建一个和谐的民族关系。民族关系的和谐与否，不仅会直接影响到一个地区的经济发展，而且也会影响到该地区社会的稳定与发展。

流动人口作为一个总体本身具有一定的共性，但不同民族内部也会形成较大的差异，尤其是各个民族之间的居住空间分布。导致这种现象的原因主要包括以下几个方面：一是流动人口在流入地的社会交往圈子较小，很多流动人口的流动信息的获得几乎都是借助亲缘和地缘关系来实现的。在调查中发现，很多流动人口还是以举家迁移的方式流入建塘镇。二是由于各个民族之间的语言交流障碍，这就会形成一个在流入地较为封闭的小圈子，各个民族与同民族之间的交往比较多。而不同民族之间的交往会受到语言方面的限制，最终难以形成不同民族之间的居住融合，而民族文化接触较早、较多的民族之间的居住分离程度就相对较小。比如，在流动人口中，汉族和藏族、白族和藏族之间的隔离情况比较突出，但是，白族和汉族以及其他民族之间隔离相对较少。究其原因，与香格里拉当前经济发展现状有很大的关系。近年来，随着旅游业发展和香格里拉的开发，汉族和白族人大量涌入香格里拉，但是，据我们的调研，汉族主要从事的是建筑、建材和运输行业，白族主要从事金银首饰加工和出售、菜蔬等的销售、饭店业等，而流动人口中的藏族主要来自四川藏区，从事的职业主要是唐卡、寺院壁画的制作等，两者直接交往的可能性相对较少，所以出现以上隔离状况。①

2. 流动人口与流入地常住户籍人口之间的族际关系

以上我们分析了流动人口内部各民族之间的族际关系，这固然是研究流入地族际关系的重要内容之一，但实际上，我们关心的不仅仅是流动人口内部的族际关系，更需要关注流动人口整体与流入地居民之间的融合情况。在具体分析过程中，我们以流入地的主体民族（藏族）为中心，逐一分析了流动人口中人口数量相对较多的几个民族（主要包括汉族、白族、纳西族、回族、彝族、傈僳族和藏族，其余的民族人口数量太少被合并为“其他民族”）与流入地主体民族之间的族际关系，具体计算结果如图 6－12 所示（其中，常住人口的藏族人口数是根据流动人口办登记的居民基本情况表整理而得）。

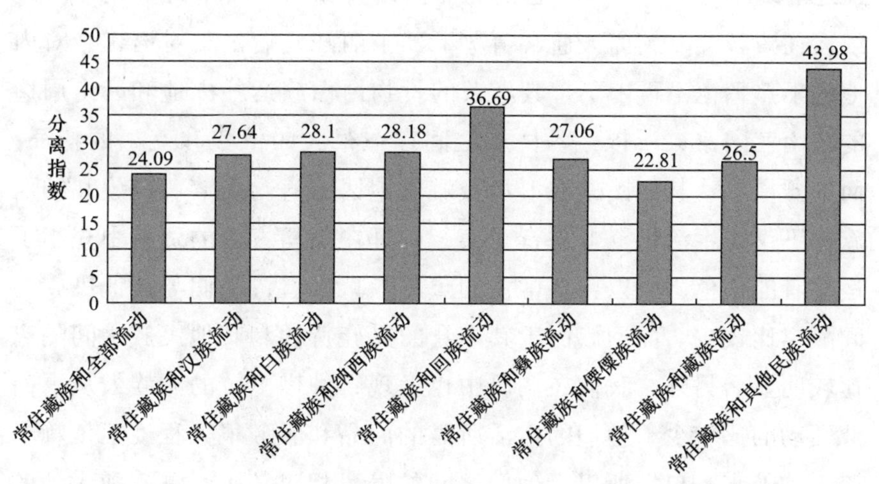

图 6－12 常住藏族人口与分民族流动人口的居住分离

流动人口到了流入地以后，除了和其他流动人口可能会有社会

① 李灿松、梁海燕：《西南边疆民族地区流动人口的族群关系研究——以迪庆藏族自治州建塘镇为例》，《西北人口》2014 年第 3 期。

交往关系，另一个更重要的社会互动就是与流入地居民之间的关系。从图 6－12 可以看出，流入地主体民族（藏族）和流动人口整体之间的居住融合情况较好（居住分离指数为 24.09），而且还比流动人口内部中藏族和非藏族人口之间的居住融合更好（居住分离指数为 33.9）。分民族来看，流入地主体民族和回族、其他民族的居住融合情况最差。因此，回族流入人口和当地主体民族之间的族际关系应该给予高度重视，要严防民族矛盾激化。而汉族、白族、纳西族、彝族、傈僳族、藏族流动人口与当地藏族人口的居住融合都很理想，他们的居住分离指数都比较低。

流动人口与流入地居民之间产生的居住分离的原因，主要与历史和当前的各民族的交流现状有很大的关系，历史上，建塘镇一直是内地与藏区经济交流的前哨和中转站，绝大部分汉族商人到了丽江之后就不再北上，其经营的商品由白族和纳西族作为“藏客”继续运往藏区。藏族商人通常情况下到了丽江之后由于对语言和对内地的不熟悉也不再南下，其经营的货物由白族运往内地和云南周边的东南亚国家，所以，各民族之间存在很大的依赖和互惠的特征。而如傈僳族、其他民族在滇川藏毗连地区一直与藏族、白族和纳西族等不仅在生活物资上进行交换，而且在茶马古道的贸易中充当了运输者的角色，所以，从常住的藏族人口来看，他们与其他民族之间隔离比较少。而回族由于其本身的民族特性和其他民族之间隔离比较明显。另外，我们在调研中也发现，香格里拉的藏族人从事商业活动的比较少，他们的生活所需的商品和服务很大程度上依赖于流入的外来人口，所以，他们之间的隔离相对较少。藏族和流动的其他民族隔离情况比较明显，这主要还是由于流动的其他民族人口规模相对较少，他们之间交往相对不是很频繁造成。[①]

---

① 李灿松、梁海燕：《西南边疆民族地区流动人口的族群关系研究——以迪庆藏族自治州建塘镇为例》，《西北人口》2014 年第 3 期。

第三节　流动人口族际关系影响因素实证分析①

结合整个滇川藏毗连地区族际关系的分析和典型区域的深入分析，我们试图对整个区域族际关系的影响因素进行简要的分析。

根据课题组调查问卷设计和拥有的资料分析，调查对象认为民族关系“非常和谐”的占37.89%，“基本和谐”的占57.09%，两者合计约占95%，认为民族关系存在问题的只占2.46%，不关心的占2.55%，后两项合计只占5%左右。据此可以判断：流动人口的民族关系总体上比较理想。但分民族来看，不同民族对流入地的民族关系的和谐程度评价差异非常显著（见表6－7）。

表6－7　滇川藏毗连藏区流动人口族际关系　单位：%

民族	民族关系			
	非常和谐	基本和谐	存在问题	不关心
藏族	53.03	44.55	1.21	1.21
汉族	30.74	63.23	3.65	2.38
回族	35.56	60.00	0.00	4.44
白族	33.91	59.32	1.69	5.08
纳西族	31.81	54.55	0.00	13.64
其他民族	45.16	54.84	0.00	0.00
合计	37.89	57.09	2.46	2.55

注：Pearson $\chi^2(15)=68.9282$，$P=0.000$。

① 李灿松、梁海燕：《西南边疆民族地区流动人口的族群关系研究——以迪庆藏族自治州建塘镇为例》，《西北人口》2014年第3期。

从表6－7的结果可知，不同民族对他们所在地区的民族关系评价具有显著的差异。那么，除了民族本身是否还有其他因素，具体是哪些因素？他们如何影响流动人口的民族关系？为了回答以上问题，我们根据米尔顿·戈登提出的民族交往、通婚、民族认同、民族偏见、文化等民族关系理论模型，并结合流动人口自身的特征进行实证分析，模型回归结果如表6－8所示。

表6－8　　流动人口族际关系评价的序次 Logistic 回归结果

自变量	风险比	标准误	Z值	显著性	95%置信区间
性别（男性）	1.057097	0.1374814	0.43	0.669	0.8192406—1.364013
年龄（20岁以下）					
20—29岁	0.5982531	0.160938	－1.91	0.056	0.3531023—1.013606
30—39岁	0.6222736	0.1920982	－1.54	0.124	0.3397913—1.139595
40岁及以上	0.4935594	0.1635436	－2.13	0.033	0.2578037—0.944909
民族（藏族）					
汉族	2.221519	0.3875944	4.57	0.000	1.578115—3.127242
回族	2.285215	0.8978784	2.1	0.035	1.057994—4.935949
白族	2.388033	0.6220424	3.34	0.001	1.433233—3.978909
纳西族	2.786302	1.501468	1.9	0.057	0.9690301—8.011599
其他	1.28557	0.5549795	0.58	0.561	0.551611—2.996117
家庭民族构成（单一民族）					
两个民族	1.353102	0.2908546	1.41	0.159	0.8878944—2.062052
多个民族	0.2663105	0.1558317	－2.26	0.024	0.0845878—0.838435
受教育程度（小学及以下）					
初中	0.7927833	0.1542503	－1.19	0.233	0.5414245—1.160837
高中或中专	0.9241716	0.1732092	－0.42	0.674	0.6400583—1.334399
大专及以上	1.227358	0.2357574	1.07	0.286	0.8423024—1.788441
职业（工人）					
农民	1.077089	0.2718329	0.29	0.769	0.6567917—1.766345

续表

自变量	风险比	标准误	Z值	显著性	95%置信区间
干部或公务员	0.8457942	0.2494649	-0.57	0.570	0.4744659—1.507733
教师	0.805124	0.2824052	-0.62	0.537	0.4048512—1.601143
医生	0.9713751	0.4388902	-0.06	0.949	0.4006766—2.354941
务工	1.009284	0.2329996	0.04	0.968	0.6419598—1.586787
经商	1.31145	0.3001355	1.18	0.236	0.8374288—2.053789
其他	1.217247	0.3906701	0.61	0.540	0.6489177—2.283327
其他民族的宗教看法（欣赏）					
尊重	1.004776	0.2178299	0.02	0.982	0.6569513—1.536756
反感	1.569468	0.9101937	0.78	0.437	0.5036267—4.890985
无所谓	2.752292	0.7565048	3.68	0.000	1.605944—4.716924
婚姻状况（已婚）					
未婚	1.478692	0.2819581	2.05	0.040	1.017584—2.148748
离异	7.12925	3.950715	3.54	0.000	2.406277—21.122340
丧偶	1.625417	1.211621	0.65	0.515	0.3771037—7.005981
再婚	2.635363	2.613464	0.98	0.328	0.3773217—18.406410
族际通婚态度（赞成）					
反对	1.146868	0.3154347	0.5	0.618	0.6689584—1.966202
无所谓	1.411039	0.1879796	2.58	0.010	1.08678—1.832047
受民族歧视（没有）					
偶尔有	1.308071	0.190387	1.85	0.065	0.9834239—1.739891
经常有	1.107173	0.5160271	0.22	0.827	0.4441101—2.760199
流动范围（滇川藏）	1.136774	0.1968221	0.74	0.459	0.8096481—1.596070

注：括号内为参照组，N=1098，伪判定系数 $R^2=0.0782$，$P>\chi^2=0.0000$。

从表6-8模型回归的结果发现，滇川藏毗连藏区流动人口的性别、职业、流动范围和受教育程度对民族关系的评价在统计上均没有显著的影响，而年龄、民族、家庭民族构成、对其他民族的宗教看法、婚姻状况、族际通婚态度等都会影响流动人口对他们所在地的民族关系的评价。

虽然流动范围对他们的民族关系评价在统计上没有显著影响，但流动范围也会影响到民族关系，非滇川藏毗连地区外部流动与滇川藏地区毗连内部的流动相比，他们认为，当地民族关系非常和谐的可能性较低。这主要是因为当地的民族文化差异较大，非滇川藏毗连地区外部流动人口对当地的语言、风俗习惯都不可能很快适应，所以，他们认为，当地的民族关系不和谐的概率就相对较高。著名地理学家托布勒曾经提出任何两个事物都有联系，但是，距离越近的两个事物之间的联系比其他任何事物之间联系要强得多。[①] 自然现象如此，社会现象更应如此。在模型分析中发现，滇川藏毗连地区内部的流动人口对民族关系的影响大于来自滇川藏毗连地区外部的流动人口。因此，我们不能忽视地理距离对民族关系的影响。

关于受教育程度对民族关系的评价，在此次调查中，总体来看，虽然没有显著影响，但从模型的结果可以发现，以高中或中专为界限，文化程度对民族关系评价的影响发生了变化，高中及以下的流动人口认为，当地的民族关系越和谐的可能性较高；而大专及以上的流动人口认为，当地民族关系可能更不和谐。有可能是因为文化程度较高的人对民族关系的内涵与文化较低的理解不一致，他们看到的民族关系可能不是日常的生活关系，更多会根据自己通过媒体、网络等外部获得的信息来宏观判断民族之间的关系。

年龄对流动人口民族关系评价有显著的影响，但不同代际有所不同，20—39 岁的流动人口与 20 岁以下的年轻流动人口相比，对当地民族关系的评价没有差异，但 40 岁及以上的流动人口与 20 岁以下的流动人口相比，他们认为，民族关系存在问题的可能性越小，这主要与他们在流入地生活了较长时间，完全适应当地的生产

---

① Tobler, W. R. , A Computer Movie Simulating Urban Growth in the Detroit Region, *Economic Geography*, Vol. 46, No. 2, 1970, pp. 234 – 240.

生活，能够很好地融入流入地社会有很大的关联。在我们的调查中发现，长时间生活在藏区的少数民族大部分能够用流利的藏语与当地人交流，其日常生活习惯已经与当地基本一致，青稞面、糌粑、酥油茶在他们日常生活中已经不可或缺，而刚刚流入藏区的年轻一代则认为，民族关系不太和谐或者根本不关心这个问题。

从民族的要素来分析，不同民族对所在地区的民族关系评价的差异非常显著，其中，汉族、白族和回族与藏族相比，他们对当地民族关系的评价与藏族有很大的差异，但纳西族、其他民族与藏族之间不存在明显差异。家庭民族构成也会对族际关系的评价有显著的影响，家庭有两个民族的流动人口与家庭为单一民族的流动人口相比，不存在明显的差异，但多民族家庭却有所不同，他们认为，当地民族关系存在问题的可能性较低，总体上可以认为民族关系比较和谐。即流动人口的家庭民族构成越复杂，民族关系和谐的倾向就越高，而民族结构越简单的家庭，认为民族关系不和谐的可能性就越高。这与多民族家庭在日常生活中互相得到认同有极大的关联，同时多民族构成的家庭允许多民族存在于同一家庭也可能与多民族长期邻近而居、文化上互相影响、族际长期互相通婚以及民族观念受父辈对民族的关系的态度影响有很大的关联，这显然与我们的现实生活非常吻合。

不同婚姻状况的流动人口对当地民族关系的评价也存在较大的差异，和已婚流动人口相比，未婚和离婚对民族关系的评价认为不和谐的可能性更大，但丧偶和再婚之间不存在差异。

族际通婚态度也会影响到他们对民族关系的评价。与赞成民族通婚的流动人口相比，反对族际通婚的流动人口认为民族关系存在问题的可能性越大。民族之间是否存在歧视也会影响到他们对民族关系的评价。与没有受到民族歧视的流动人口相比，偶尔或经常受到歧视的流动人口认为民族关系不和谐。[1]

第四节　滇川藏毗连藏区流动人口族际关系的特点[2]

第一，流动人口的年龄性别结构，以男性青壮年劳动力为主，流动人口总体的民族结构以汉族为主体，但少数民族流动人口的主体是白族，白族流动人口比例超过了其他所有少数民族之和，白族流动人口明显高于其他少数民族。流动人口户籍结构以农村为主，目前藏区流动人口的类型相似，也主要是乡城之间的流动。流动人口来源地空间分布具有地理“毗连性”，主要发生在云南省及周边几个邻近省份之间流动，从省份内来看，空间分布也极不均匀，来自滇西北地区（大理、丽江和迪庆）的流动人口占来自全省流动人口的52.08%。流动人口的受教育程度偏低，以初中和小学为主，而大专及以上的比例非常低，较低的受教育程度可能进一步影响到他们的就业和收入，从而制约着流动人口在流入地的生存与发展。流动人口的婚姻状况以初婚群体为主，随着流动人口的代际更替变化，未来流动人口未婚比例可能会更高。流动人口家庭现有孩子数以两个为主，政策外出生孩子数也在1—2之间，政策外出生的孩子中，男孩比女孩多，但差异并不明显，体现了随着社会的进步与发展，性别观念逐渐趋于平等。流动育龄夫妇避孕节育方法以上环和女性结扎为主。

第二，我国人口流动在以沿海地区经济发达地区为主体流动方向的同时也有局部的逆向流动。比如，流入中国西南地区云南省迪庆藏族自治州的流动人口中，也有福建省、河北省、黑龙江省、江

---

① 参见李灿松、梁海燕《滇川藏毗连地区流动人口族际关系调查与思考》，《南方人口》2014年第29卷第4期。

② 同上。

苏省、吉林省、辽宁省、山东省、浙江省等发达地区的人口流入，但人数不太多。流动人口的居住分离差异较大，白族和纳西族与汉族的居住分离程度是最小的，而藏族和汉族的居住分离是比较明显的；从流动人口整体与流入地主体民族之间的居住融合情况看，融合的情况比较好。为了促进各个民族在流入地区的和谐发展，相关政策部门应当制定有利于不同民族迁移流动的政策，有效地引导不同民族在空间上的合理分布，从而使不同民族之间和谐相处。在建塘镇的流动人口中，藏族与汉族的居住分离相对比较明显，进行适当的关注是有必要的。①

① 李灿松、梁海燕：《西南边疆民族地区流动人口的族群关系研究——以迪庆藏族自治州建塘镇为例》，《西北人口》2014 年第 3 期。

第七章　滇川藏毗连藏区人口流动与族际关系的演变与调适

流动人口是不同区域、不同族群之间联系的重要媒介，而人口流动是不同区域间联系、不同族群之间交流的核心动力和主要媒介。滇川藏毗连藏区是一个人文活动极其活跃的地理板块，历史上，该地区由于复杂的族际关系、地缘关系以及多民族文化传播交融等原因，使滇川藏毗连藏区成为西南边疆民族地区一个内在联系密切、发展关联度较高的区域，尽管它们的行政区划分属不同，但是，各民族之间交流密切，而且各民族人口流动频繁。[①] 鉴于其地形复杂、民族众多、经济和文化复杂多样性等特征，该区域成为学术界关注较多的地区，也成为民族学、民族经济学、语言文化学、宗教学生态学、人类学、地质学和考古学研究的焦点。当前滇川藏毗连藏区依然是人口流动频繁的多民族聚居区，流动人口构成多样，有汉、白、纳西、彝等十多个民族；来源地涵盖湖南、四川、广东、云南等十多个省份，流动人口彼此之间、流动人口与当地藏族之间的关系错综复杂。从整个历史进程而言，虽然人口形式多样、规模庞大，但是，居住不同环境、拥有不同资源的人经过长时期的斗争与合作，最终形成资源互补、政治冲突中有互信、文化互相融合和交流为主旋律的多民族共生局面。虽然在滇川藏毗连地区各种群或族群之间相互依存、互联互通的进程中同样存在冲突和竞

---

① 李灿松：《滇川藏毗连藏区多民族族际共生关系的演变及其调适》，《西北民族大学学报》（哲学社会科学版）2015 年第 1 期。

争，甚至武力角逐，更有甚者，制定严酷的规章制度限制他们的相互交流，但是，从长远来看，不同族群之间的相互联系、互补余缺的共生局面是主旋律。本章试图解构不同族群之间通过不断试错与调适，从而找到各自发展平衡点的过程，试图利用与该过程极其相似的演化博弈方法，演绎滇川藏毗连藏区多民族之间的共生关系。

第一节　滇川藏毗连藏区人口流动进程、空间演变及其特征

滇川藏毗连藏区由于流动人口的中介作用，将分属不同省份的行政区域连接成一个整体；同时，人口的流动使由于南北向山脉和深切河流的阻隔而相对独立的不同种群或者族群之间的联系不断紧密。滇川藏地区特殊的地形地貌，使坝区（山间盆地）、半山区（低海拔地区）和山区（高海拔地区）均分散居住着不同的种群或族群。为了生存、生产和生活，不同群体的人在自然资源系统和社会文化系统构成的滇川藏毗连藏区人地系统内部分分合合，并通过不断的斗争和合作，在自然资源系统内部形成了坝区和半山区、半山区和山区、山区和坝区之间一定程度上的资源互补；在社会系统内部，逐渐形成不同种群、不同族群和不同村落之间约定俗成的分界线，在长期的历史进程中，他们通过不断试错，找到了各自的“生态位”。不同族群“生态位”的形成是长期合作和斗争演化的结果，它经历了漫长的过程。

我国的学者通过对西藏、华北、华南出土的旧石器的特征进行对比，指出“早在远古时期吐蕃的先民就不是孤立地存在，而是与华北、华南的内地居民不断互动发展”。[①] 同时，何耀华通过对林芝县出土的彩陶和昌都出土的新石器特征、房屋建造的结构、工具制

① 何耀华：《吐蕃史论丛》，生活·读书·新知三联书店 2014 年版，第 16 页。

造的特征和内涵的艺术文化特征等对比研究，证明昌都地区的吐蕃先民与黄河中游黄土高原地区及河南、陕西、山西的居民有密切的文化联系；并进一步指出，昌都地区远古的吐蕃居民与云南德钦、滇西以及川北地区居民有密切的交往。[①] 从这些考古的史料和学者的分析中不难发现，早在远古时期，滇川藏毗连藏区的先民之间就开始有密切的交流，在一定程度上说明，在那个时期，该区域就存在不同族群之间的流动，因为没有人口的流动以及流动人口的媒介作用，不同族群之间是不可能有交流的。

但是，从记载的史料来看，滇川藏毗连藏区居民与内地人民的接触和交流非常有限。由于地理环境的阻隔，内地人口向藏区的流动基本上属于小规模、无组织的自发性流动，中原文明在藏区的传播范围和影响力都很小。直到公元 7 世纪，松赞干布通过大规模的武力扩张，统一了青藏高原诸部，建立起强大的吐蕃王朝。自此，滇川藏毗连藏区与内地间的交流才逐渐增多、联系日益密切，许多人出于经商或屯垦戍边等原因开始从内地向这一区域迁徙流动，这一趋势在宋元时期得到不断加强，并在明清时期达到高峰。

唐朝时期（公元 618—907 年），内地人口主要通过遣使、战争、和亲、贸易等方式进入滇川藏毗连藏区。在唐王朝统治的两百余年的时间里，唐朝与吐蕃进行了 290 余次的使者往来，内容涉及和亲、会盟、经贸等多个方面。[②] 此外，除官方的藏民与内地之间正式的交流之外，由内地进藏还存在若干民间通道，边民之间的交往也十分频繁，唐蕃之间密切的交往，使内地人民与藏民增进了沟通和了解，为宋元时期更大规模的内地人民流向藏区奠定了良好的基础。相对于中央政府与藏区之间的正式交往，滇川藏毗连地区的交流以民间交流为主。

到了宋元时期，内地人口向藏区流动的趋势得到进一步加强。

---

① 何耀华：《吐蕃史论丛》，生活 · 读书 · 新知三联书店 2014 年版，第 30 页。

② 石硕：《西藏文明东向发展史》，四川人民出版社 1994 年版，第 76—81 页。

这个时期的人口迁移流动路线主要受茶马古道路线的影响，在地理空间上呈线状分布的特征。茶马古道得名于这条商道上运送的货物，西北地区的藏民需要茶叶解除牛羊肉的油腻燥热，中原王朝则需要藏区优良的马匹作战，需求的互补使得双方通商互市、开展大宗商业贸易活动，茶马古道因之兴盛起来。茶马古道分两条线路：一条是由滇入藏，抵达印度进而延伸到中亚、西亚；另一条是由川入藏，在拉萨与一线汇合后通往印度、中亚、西亚。其间又分为若干小道：[①][②]

（1）滇藏线：普洱→景谷→镇沅→景东→巍山→丽江→中甸→德钦→拉萨→尼泊尔、印度；[③]

（2）滇京线：易武→普洱→昆明→昭通→成都→西安→太原→北京；

（3）滇缅线：昆明→楚雄→大理→保山→瑞丽→缅甸→印度→阿拉伯国家；

（4）滇川线：成都→雅安→康定→昌都→拉萨；

（5）滇越线：易武→老挝丰沙里→河内→海防→南洋、香港；

（6）滇东南亚线：普洱→思茅→景洪→勐海→打洛→缅甸→印度→西藏；

（7）滇茶山线：西双版纳→思茅→临沧。

随着茶马互市的兴起与繁盛，民间交往日益密切，在官方与民间贸易的双重推动下，内地人民向滇川藏毗连藏区流动的人数也出现了很快增长。此外，宋朝还出现了一种新的人口流动形式，即以“蕃租”为载体的汉族农民越过大渡河帮助吐蕃人耕种田地的形式，汉族农民被称为“汉佃”，他们租种吐蕃人的田地并向吐蕃人交纳一定数额的实物地租，这种地主制经济形态在雅砻江下游地区十分

---

① 木霁虹、陈亚保、李旭等：《滇川藏大三角文化探秘》，云南大学出版社 2003 年版。

② 陈保亚：《茶马古道的历史地位》，《思想战线》1992 年第 1 期。

③ 蔡跃忠：《茶马古道与马帮情歌》，《普洱学院学报》2014 年第 1 期。

盛行。可见，劳务输出也是这个时期一种比较重要的人口流动形式。

公元13世纪，元朝把西藏地区正式纳入统治版图，西藏地区与元朝廷在政治上形成隶属关系。元朝政府为了加强对边疆地区的控制力度，设立宣政院对西藏地方的防务进行统一部署。在乌思藏和其他藏族地区调查户口，确定贡赋，建立驿站，推行乌拉制度。[①]忽必烈所采取的一系列措施，为内地与藏区的交往创造了稳定的政治环境。据史料记载，当时乌思藏宣慰司管理下，驻守驿站的士兵有736户，再加上朵甘思、朵思麻两路站赤，元朝驻守在藏区驿站的士兵将有两三千人，再加上随军进藏的亲属家眷，人数将近万人。驿道的修筑和驿站体系的完善也使大批内地人民前往藏区经商，史载："临洮吐蕃东西往来之使，日逐起马不下百匹，昼夜未尝少息。"[②] 从宋元两朝内地与藏区的交往中可以看出，内地人口向藏区的流动主要是商贸往来、军队驻扎、屯垦戍边等形式，与唐朝相比，宋元两朝与藏区的贸易规模有了更大的扩展，且民间交流更加频繁，流动人数比唐朝时有了显著增长。

到了明清时期，内地人民进入滇川藏毗连藏区的途径和形式更加多样化。茶马贸易吸引了大批内地商人前往藏区经商，西藏通过与明朝的市贡之利，同中原地区的经济联系得到了极大的发展和扩大，这种联系较之于元代，不仅流动人口的规模更大、分布的空间范围更广泛，而且也更趋于民间化。[③] 清朝延续元朝在西藏驻军的传统，在西藏地区设立驻藏大臣管辖西藏地区，清政府派驻大量军队驻扎藏区并招募军民戍守驿站、粮台。另外，工商业的萌芽和城镇的兴起也有力地带动了内地人民向藏区的流动，统治者采取的移

---

① 邓锐龄：《元明两代中央与西藏地方的关系》，中国藏学出版社1989年版，第32页。

② 《永乐大典》卷19420《站赤5》，转引自汤惠玲《宋元时期藏区经济研究》，博士学位论文，暨南大学，2006年，第165页。

③ 石硕：《西藏文明东向发展史》，四川人民出版社1994年版，第230页。

民垦荒、开发边疆等许多措施，为进入滇川藏毗连藏区的外来人员提供了物质上的基础和保障。这一时期，内地人口通过经商、避难、开矿、戍边、屯垦、移民等方式大量进入藏区，与宋元两朝相比，统治者的移民政策和商贸发展带来的大量人口流向滇川藏毗连藏区是其最突出的特点。

清末民初，滇川藏边区的局势出现混乱，西藏地区由于受到西方列强的不断侵扰，各种势力暗流涌动，冲突和矛盾接连不断。首先，辛亥革命推翻了清王朝的统治，赵尔丰被杀于成都，驻防川边的士兵官员群龙无首，纷纷逃散。其次，刚成立的南京临时政府政权尚不稳定，以袁世凯为首的北洋军阀与孙中山争夺政权，临时政府尚且自顾不暇，更无力管控滇川藏边区，滇川藏边区呈现出权力真空局面。最后，西藏地方当局在英国人的怂恿下推行“反汉排汉”政策，妄图切断西藏与内地的联系，导致大量汉人被驱逐出该区域。

历史上滇川藏毗连地区的人口流动是双向的，既有外地人口进入藏区经商、戍边、屯垦、开矿，也有藏区人口到内地学习、游历、经商、入仕，但是，前者的人口比例远远超过后者。新中国成立后，这种人口流动趋势依然持续，一方面，大量内地人口进入藏区支援边疆建设；另一方面，藏区民众进入内地学习和工作。虽然存在人口的双向流动，但是，内地人口流入藏区的比例依然高于藏区人民外流的比例。改革开放以后，国家重点打造东南沿海对外开放地带，东部地区经济飞速发展，充足的就业机会、优越的发展环境吸引着滇川藏毗连藏区各族人民流向东部地区。这一时期藏区人口流向内地的比例大大增加，成都、北京、深圳等大城市成为藏区人口的主要流入地。与此同时，滇川藏毗连地区流动人口的职业结构、流入地的范围都出现了一些新特征：一方面，流动人口所从事的职业更加多元化。滇川藏毗连地区的流出人口随着文化水平的提高，已经不仅仅是城市中的打工者，很多都创办了自己的公司，从事餐饮、娱乐、金融、保险等诸多行业；流入滇川藏毗连地区的人口也不仅仅是从事经营小卖部、开小饭馆这种小本经营，而是开办了连锁店，成立了大公司，将经营项目渗透到藏区民众衣食住行的方方面面。另一方面，流动人口的流入地范围扩大。滇川藏毗连地区的流出人口不再是集中于北京、成都等城市，而是广泛地分布于中东部的大城市和东部沿海地区。内地人口向藏区的流动也不仅仅局限于西藏的拉萨、昌都等地，而是广泛分布于滇川甘青藏区。

促进滇川藏毗连藏区人口流向内地的主要原因有四个方面：

一是藏区与内地悠久的交往历史。早在唐朝以前，藏区与内地就存在若干交往的小道，藏区人民和内地人民通过这些民间小道建立起相互的信任和友谊。新中国成立后，藏区人民赴内地学习、工作，奠定了双方交往的语言、文化基础。改革开放后，藏区人民到中东部大城市打工、经商、学习，与汉族人民友好相处。

二是内地对藏区的吸引力和包容力。内地因自然环境优越、交通便利，所以拥有更多的发展机会，藏区人民为了寻求更好的生活主动向内地迁移，这是由内地与藏区的发展差异而产生的内地对藏区的巨大吸引力。此外，内地由于发展空间大，资源储备充足，因此，内地人民对流入人口采取开放包容的态度，这也加速了藏区人口向内地的流动。

三是国家政策的有效引导。我国的民族区域自治政策和国家实施的一系列对藏区扶持优惠的政策，对藏区人口向内地流动起到了推动作用。

四是藏区人民对国家的向心力。中央的关心、全国的支援、国家的一系列优惠政策，凝聚了藏区人民对国家的向心力。[①]

从唐朝以来的1400年的发展历史来看，滇川藏毗连藏区流动人口的空间分布形态发生了很大的变化：出现了由点状→线状→面状的演变过程，具体而言，在地理空间形态上呈散点状分布，也就是

---

① 杜永彬：《藏区和内地间人口的双向流动有利于民族团结和社会和谐发展》，《中国西藏》（中文版）2012 年第 6 期。

以驿站为主要流动节点，以官道和各民族民间商贸交流的重要通道为主要流动线路，以种族分界的互市区域、政治中心、重要商贸节点为人口流动和多民族交流的重要区域的演变形式。

唐朝时期，滇川藏毗连藏区人口流动主要受战争、军事需求、官方互市、民间商贸、边疆治理与开发等因素的影响，而且这个时期流动人口的规模比较小，因此，这一时期，该区域的人口流动主要以重要集市和关键的交通要道为目的地，虽然商业贸易、民间商贸、军事、宗教活动等沿途也经过不同的民族分布区域，但是，总体而言，点状特征突出，沿途的现状影响不明显。

到了宋元时期，内地人口向滇川藏毗连藏区流动的趋势得到进一步加强，并且这个时期的人口迁移流动路线主要受茶马古道经济贸易的影响，地理空间上演化为带状分布的特征。具体而言，随着民间商贸的增加、不同民族之间资源互换的频繁，流动人口不仅表现为简单的点状，同时人口流动还以商帮为核心将内地的产品如茶叶、布匹、火腿、红糖、藏区祭祀用的香、棉纸等运进各大商号的分销点，通过分销点和货物流将原来空间上孤立的点进行有机的联系，构成了一条条“迁移流动链”。在整个联动的系统中，流动人口、马帮、货物就是连接生活在滇川藏毗连藏区内部与外界联系较少的不同地域单元的链环。

改革开放以来，滇川藏毗连藏区与内地人口出现了双向流动，此时该地区流动人口受经济发展水平的区域差异影响，在经济利益的诱导下扩展呈面状的分布形态。但不论是点状分布还是线状分布的内地与藏区间人口流动，与新中国成立以来，尤其是改革开放以后相比，都有显著的不同。新时期藏区人口流动出现了以下几个鲜明的特征：

第一，流动方向的双向性。既有内地人口进入藏区的西向流动，也有藏民向经济发达地区的东向流动，而历史上以内地向藏区的单向流动居多，流动的人群以民间商贸、军事及政治统治、宗教等目的而流动。其中，民间商贸和多民族之间的交流是整个流动过程持续时间最长、流动最为频繁的形式，而军事和政治虽然持续时间不长，但是其流动的强度、流动的规模最大。

第二，以经济为目的的商贸交流是人口流动中持续最久的形式。与历史上受政治因素、战争因素以及和亲政策等制约的大规模、短时期人口流动因素相比，受经济利益驱动的人口流动一直占据了滇川藏毗连藏区人口流动的主流，流动人口主要是从事商业贸易的民族商人和滇川藏毗连藏区多民族之间的民众，这种流动形式持续性强，人数相对比较稳定，主要以商人、手工业者、雇佣劳动力等为主。虽然历史上也会受到经济利益因素的驱动，其发展规模会有变化，但是，其变动有一定的周期，清中期之前，主要是常规性的民间商人因为商业活动而流动；清中后期，受中央政府对边疆的治理以及后期国际形势的影响，该区域以经济为目的的商人规模剧增、从事工矿业的人数也在增加，甚至达到了顶峰。20 世纪 70 年代之后，随着藏区开发和恢复重建，进入该区域并从事商业、手工业等的人数不断增加，特别是90 年代之后，随着藏区寺院建设、旅游产业的崛起，该区域从事商业、建筑业、手工业、运输以及与旅游相关产业的流动人口大大增加。因此，从流动人口发展的整个过程来看，以经济为目的的人口流动是滇川藏毗连藏区人口流动的最持久的形式。

第三，空间分布的扩展性。历史上的流动人口分布主要局限在滇川藏内部，空间形态以点状和线状为主，可是，新时期除了滇川藏内部各民族之间的流动，还出现了相当规模的藏民往内地与沿海发达地区进行人口迁移流动。

综上所述，由经济发展、政治角逐、文化交流、交通条件的改善以及信息技术的快捷共同构成的人口流动的合力，促进了滇川藏毗连藏区与内地间人口的双向流动。人口的双向流动有利于增进藏区和内地各民族间的交往、交流、交融，有利于藏区和内地各民族对国家现代化建设的主动参与，有利于藏区和内地各民族平等地共同分享国家现代化建设的成果，有利于藏区和内地的社会和谐与国家的繁荣发展。藏区与内地间人口双向流动的结果是，藏区与内地之间的相互影响和共同发展。人口的双向流动形成了民族关系的新格局，增强了藏区与内地、藏族与汉族及其他民族的交往交流交融，从而促进了彼此间的沟通、理解和良性互动。①②

第二节　滇川藏毗连藏区人口流动与族际关系演变③

从滇川藏毗连藏区人口流动的整个过程来看，流动人口使该区域内的各民族之间产生了联系，这种联系有可能是各民族之间政治、经济、文化等和平的交流，也有可能是资源争夺、生存空间的竞争、种族冲突，甚至是不同种群之间的战争，更微观一点来说，有可能是不同族群的村落之间生产生活的交流，田地、水源、林地以及其他公共用地资源的争夺等。但是，千百年来，无论是怎样的交流与争斗，各民族之间一直保留着多民族之间交错杂居的局面。无论是吐蕃的强大时期对该区域的经营，还是南诏国对这一区域的影响，还是木氏土司的治理，滇川藏毗连藏区多民族之间一直存在着争夺争斗、合作交流的过程。从宏观的发展历程来看，多民族之间争斗与合作的交流过程，就是不同民族之间一个长期的博弈的过程，在不断的理性与非理性的博弈过程中，不同族群、不同村寨、不同族群的个体通过与其他主体不断的资源争夺、生存空间的争斗，在争斗中获得回应或者反击之后，不断地认识对方、了解对方，从而循序渐进地调整自己与其他主体之间的关系或者交流方

① 杜永彬：《藏区和内地间人口流的双向流动有利社会和谐发展》，《光明日报》2012 年 4 月 2 日第 7 版。

② 杜永彬：《藏区和内地间的人口流的双向流动有利于民族团结和社会和谐发展》，《中国西藏》2012 年第 6 期。

③ 本部分参见李灿松《滇川藏毗连藏区多民族族际共生关系的演变及其调适》，《西北民族大学学报》（哲学社会科学版）2015 年第 1 期。

式，以达到自身利益的最大化的过程，这一过程就是冲突、调整、合作交流、再冲突、再合作交流的周而复始的过程。

总体而言，滇川藏毗连藏区多民族的交流过程就是如何寻求一个多民族在该区域共同发展与和平共处的过程，也就是我们所说的共生，各民族之间的关系就是共生关系，那么，从整个区域的发展历程和各民族的交往过程而言，该区域内人口的流动就是这一共生需求过程的主要动力，流动人口就是重要纽带。从而我们可以这么认为，特殊地理环境下多民族共生关系是在资源和生存空间争夺过程中不断试错、调适形成的，是一个动态的博弈过程。合作和竞争是各民族族际共生的重要形式，而合作才是理想选择，因为只有合作，才能实现不同民族在该区域之内的繁荣和发展。这是历史事实，也是各民族集体记忆中潜意识的体现，我们无论从各族群生产生活的智慧，还是各民族对自身来源和对周边民族产生的传说中都能得到相应的印证。[①]

因此，我们可以认为，滇川藏毗连藏区多民族之间的关系就是一种共生的关系，各民族之间长期的交往过程就是一个长期试错、调适、再试错、再调适的动态演化过程，其根本目的是实现族群、集体、个人之间最优发展，最终的目标就是实现长期内的共生。族际共生关系研究在20世纪80年代开始被学界关注，2008年之后逐渐成为民族学、社会学关注的热点，且在族际关系的研究中，族际共生关系的研究得到广泛的关注，并表现出从定性研究向定量化研究的趋势。我国学者早期对于民族共生关系的研究是从族际关系中的“共生效应”和“共生态”来探讨（陈天育，1994；丁龙召，2003）。[②③] 有的学者根据特殊区域的族群共生现象展开了分析（尹

---

① 例如，藏族、纳西族和白族民间传说中均有三个族群是共同起源的描述。

② 陈天育：《论我国民族融合的共生效应》，《中央民族大学学报》（哲学社会科学版）1994年第3期。

③ 丁龙召：《认识中国民族关系的一个新视角：各民族共生态》，《内蒙古师范大学学报》（哲学社会科学版）2003年第5期。

耒仙、杨学鸾，2003；龙东林，2006）。大量的论述从2009年开始，袁年兴和许宪隆对民族共生理论进行了系统的研究，他们从共生理论的框架构建、形成原理和运作机制、评价模型及量化标准、评价指标体系以及共生关系的逻辑结构展开开创性的研究（袁年兴、许宪隆，2009；袁年兴，2009；袁年兴，2012）。[①②③④] 这一时期，学者开始呼吁应加大民族共生关系研究的量化力度以摆脱以往定性研究的窠臼，也有学者提出了相关的民族共生关系评估指标体系的构想并论证其科学性和可行性（张立军，2009；阎耀军等，2009；郑双怡、张劲松，2009）。[⑤⑥] 这些研究从理论和评价体系上对民族共生关系的评价及发展做出了极大的贡献，但研究主要是从文化融合、经济交流和民族融合等方面来展开解读。

鉴于该区域的特殊性，我们认为，族群之间关系的形成与发展，并不单纯局限于民族之间关系的变动，而是自然资源系统和社会文化系统之间交织演进的动态过程，族群间共生关系格局的形成也不仅仅取决于政治、经济、文化中的某个单一要素，而是在特定空间尺度中多界面关系系统性综合作用并寻求自身利益最大化的结果。因此，结合这一背景和发展的整个历史过程，我们试图简化各民族之间的关系，尝试用演化博弈理论来分析这种多民族共生的演化进程。当前，对演化博弈的研究大多应用于城市经济、政治经济、区

---

① 袁年兴、许宪隆：《民族共生理论：散杂居民族关系及其目标示范研究》，《青海民族研究》2009年第1期。

② 袁年兴：《民族共生关系的构建——基于社会生物学的学术共鸣》，《岭南学刊》2009年第5期。

③ 袁年兴：《民族共生关系逻辑结构及其量化评价研究》，《前沿》2009年第4期。

④ 袁年兴：《民族多元共生的基本逻辑：一个理论分析框架》，《中南民族大学学报》（人文社会科学版）2012年第3期。

⑤ 阎耀军等：《建立我国民族关系评估指标体系的总体构想》，《中南民族大学学报》（哲学社会科学版）2009年第5期。

⑥ 郑双怡、张劲松：《民族关系评价指标体系构建及监测预警机制研究》，《民族研究》2009年第1期。

域合作、环境保护等领域①，我们将演化博弈分析理论创新性地引入到民族地理研究中，试图提供一种族际关系研究的新视角。在这里，我们通过藏族和其他民族族际共生关系的理论进行探讨，试图揭示滇川藏毗连藏区多民族共生关系演化和形成的历史过程，深入了解藏区多民族聚居区的族际共生关系形成机理及其调适特征。②

一　滇川藏毗连藏区族际关系演进

滇川藏毗连藏区地形复杂多样，高山峡谷纵横交错，气候复杂多变，气候的垂直地带性极其明显，除藏族这个主体民族外，还共居着汉族、纳西族、傈僳族、彝族、白族等多个民族。这些民族进入这一区域经历了很长的历史时期，首先是藏族在这里聚居，随着多民族交流的增强和族际资源与空间的争夺，纳西族不断在这里渗透，此后，傈僳族、汉族、回族、彝族、白族先后在这里定居。在此过程中，各民族最初通过民间商贸，以茶马古道为主要纽带，以民间商人为载体不断地形成共生杂居的雏形，族际在不断的武力争夺和合作中逐渐找到平衡点，中央王朝和地方自治势力的管制促使这种关系稳定并形成。首先是木氏土司的治理使这一区域整体化发展得到认同，明朝的改土归流让滇川藏毗连藏区的共生形式逐步稳定，清末民初的治理以及抗战时期到解放时期民间商贸的蓬勃兴盛促进了该区域一体化的进程和多民族共生格局的成熟，解放后自治区的建立加快了区域的发展和民族间的认同。从整个历史时期来看，各民族的博弈过程在历代中央王朝和地方政府的干预之下加快了博弈的频率和速度，推动了博弈主体向更优化的方向发展，加之多样性地理环境格局的影响，各民族在长期的争斗和调适过程中最终形成如今的山地坝区之间交错聚居的空间格局和族际共生形态。

共生是我国各族群族际关系的集中体现和重要组成部分，但滇

---

① 乔根·W. 威布尔：《演化博弈论》，王永钦译，上海人民出版社 2006 年版，第 15 页。

② 李灿松、景鹏、周智生：《滇川藏毗连藏区多民族族际共生关系的演变及其调适》，《西北民族大学学报》（哲学社会科学版）2015 年第 1 期。

川藏毗连地区的共生与我国以汉族为主其他民族散居杂居的族际共生关系有极大的区别。后者之间的共生关系主要是现实意义的政治关系、物资交流、文化融合等方面的共生关系，而前者更多地表现为地理上的相互依存、资源上的共享、物资上的必不可少的交流以及在文化上表现出融合中的独立性。滇川藏毗连藏区受地理环境影响和制约其族际共生关系中的政治关系不是太明显，物资交流主要通过山坝间的物资交换和民间贸易来实现，市场的调节作用在该地区作用相对较小，产生这种差异是区内多民族族际关系长期作用的结果。在滇川藏族际共生关系的形成过程中，族际关系当事各方都有可能对对方施加作用，同时又不得不接受对方做出的反馈作用，族际关系的本质就是在这种错综复杂的作用与反馈中达成动态的平衡。① 这种动态平衡过程，其实质是藏族与其他少数民族长期以来对资源和生存环境的争夺，以及争夺过程中彼此渗透、排挤、共居的过程。这一过程不仅在滇川藏地区比较明显，在整个云南和广大横断山区也普遍存在，无论是曾经很强大的藏族，还是曾建立地方民族政权并拥有大片土地的白族，他们都是在与其他民族的作用与反馈中不断调适自己的行动，都是在满足自身利益优化的条件下达成共识，并形成各民族特有的生存空间和生产、生活范围。这也是多民族聚居区复杂生存环境中民族关系错综复杂的形成的过程，在这一过程中，族际关系不断演化与调适，形成多民族共生的格局。

滇川藏毗连藏区藏族与其他少数民族的共生关系在直观的宗教景观中极其明显，从高海拔地区到低海拔地区依次为信仰藏传佛教的藏族，信仰东巴教、藏传佛教的纳西族，信仰汉传佛教、本祖崇拜和多神崇拜的白族，而在他们之间又穿插着信仰基督教、道教、伊斯兰教的其他少数民族。同样，在经济上，山区、半山区、坝区之间互相依赖、互通有无，高海拔地区的藏族需要低海拔地区的茶

① 石茂明：《〈族际关系〉：民族学研究的一部创新之作》，《吉首大学学报》（社会科学版）1999 年第 3 期。

和盐，低海拔地区的少数民族需要高海拔地区的药材、木材、皮毛、山货。[①] 滇川藏毗连地区各民族在宗教、经济、文化、政治上的互相依赖最终形成山坝间立体的空间居住格局，用当地形象的说法，就是“彝族住山头，藏族住坝头，纳西住沟头，傈僳住林头，汉族住街头”。

滇川藏毗连藏区多民族族际共生的格局是通过各民族之间互相学习和渗透，在矛盾中求合作、冲突之中求缓和、斗争之中求妥协，在不断的求同存异并实现自身利益最大化中得以体现。自古以来，这种矛盾与合作、冲突与缓和、斗争与妥协的过程是在各民族不断试错和调适中逐步深化、反复重构并不断演变的，这种族际不断作用与反馈，在反馈基础上调适之后再行动的过程与演化博弈中博弈主体的竞合过程极其相近。因此，我们撇开其他细节，从各民族在族际关系形成中的作用与反馈机制入手，以族际关系中各民族根据自身需要追求利润最大化展开讨论，借用演化博弈的相关理论对滇川藏地区族际共生关系展开理论探讨。[②]

二　族际关系演化博弈模型

（一）博弈假设

在滇川藏毗连藏区，主要有藏族、白族、纳西族、普米族等少数民族，为了便于分析藏族与其他民族的族际关系演变过程，本书将白族、纳西族、普米族等统称为其他民族，那么博弈主体就是藏族与其他民族，各民族在族际交往中的根本目的是满足自身的需要，在既有的条件限制下以及与其他民族的作用过程中实现自身利益最大化。在这里，各民族族际关系的演变不仅仅表现为经济、政治、文化等，还表现为生存空间的优劣、资源占有条件和资源的需求等各个方面，假定这些因素均可以度量并最终以各民族自身利益

---

① 张桥贵：《云南多民族宗教和谐相处的主要原因》，《世界宗教研究》2010 年第 3 期。

② 李灿松、景鹏、周智生：《滇川藏毗连藏区多民族族际共生关系的演变及其调适》，《西北民族大学学报》（哲学社会科学版）2015 年第 1 期。

最大化的形式体现。

族际关系演变是一种合作与竞争的不断试错过程，藏族与其他民族在族际交往中的行为策略有合作、竞争和不作为三种，为简化研究，本书将不作为视为竞争，因此，博弈主体的行为策略就是合作与竞争。

存在“以民族合作为主，违背合作将受到惩罚”（这种“惩罚”不一定是直接的经济或者制度上的惩罚措施，有可能是长期博弈过程中不合作带来的利益损失，或者也有可能是在试错过程中因一方的违背而带来的与另一方的冲突所造成的对本民族利益的损失）制度。当一方选择合作策略而另一方选择竞争策略时，选择竞争策略方将被判定为违背制度约定，会受到严厉的惩罚。在一方选择合作而另一方选择竞争时，竞争方将会获取更大的利益，而合作方为合作还付出了一定的成本，因此，竞争方将受到惩罚，并将惩罚中的一部分用于对合作方的补偿。①

（二）建立博弈模型

令 M、N 分别为藏族和其他民族选择竞争策略时获得的总体利益，A、B② 分别为藏族和其他民族同时选择合作策略较选择竞争策略的净增加利益，C、D 分别为藏族和其他民族选择合作策略时的成本，P 为藏族选择合作策略而其他民族选择竞争策略时其他民族受到的惩罚额，α 为从 P 中补偿藏族因选择合作策略而损失的比例，Q 为其他民族选择合作策略而藏族选择竞争策略时藏族受到的惩罚额，β 为从 Q 中补偿其他民族因选择合作策略而损失的比例，且 α、$\beta \in (0, 1)$。

根据博弈假设得到各博弈主体在族际关系演变中的整体利益。对藏族而言，当其他民族选择合作策略时，藏族选择合作策略的收

---

① 李灿松、景鹏、周智生：《滇川藏毗连藏区多民族族际共生关系的演变及其调适》，《西北民族大学学报》（哲学社会科学版）2015 年第 1 期。

② $A = R_1 - C$，$B = R_2 - D$，其中，R_1、R_2 分别表示藏族和其他民族同时选择合作策略时各自获得的经济收益增加值。

益为 M + A，选择竞争策略的收益为 M - Q；当其他民族选择竞争策略时，藏族选择合作策略的收益为 M - C + αP，选择竞争策略的收益为 M。对其他民族而言，当藏族选择合作策略时，其他民族选择合作策略的收益为 N + B，选择竞争策略的收益为 N - P；当藏族选择竞争策略时，其他民族选择合作策略的收益为 N - D + βQ，选择竞争策略的收益为 N。藏族与其他民族的博弈收益矩阵如表 7 - 1 所示。①

表 7 - 1　　藏族与其他民族的博弈收益矩阵

藏族	其他民族	
	合作	竞争
合作	(M + A, N + B)	(M - C + αP, N - P)
竞争	(M - Q, N - D + βQ)	(M, N)

（三）族际关系演化稳定策略

假设 x 为藏族选择合作策略的比重，1 - x 为选择竞争策略的比重；y 为其他民族选择合作策略的比重，1 - y 为选择竞争策略的比重。藏族选择“合作”和“竞争”策略的期望收益 μ_{11}、μ_{12} 以及整体的平均期望收益 μ_1 分别为：

$$\mu_{11} = y(M + A) + (1 - y)(M - C + \alpha P) \tag{7-1}$$

$$\mu_{12} = y(M - Q) + (1 - y)M \tag{7-2}$$

$$\mu_1 = x\mu_{11} + (1 - x)\mu_{12} \tag{7-3}$$

其他民族选择“合作”和“竞争”策略的期望收益 μ_{21}、μ_{22} 以及整体的平均期望收益 μ_2 分别为：

$$\mu_{21} = x(N + B) + (1 - x)(N - D + \beta Q) \tag{7-4}$$

$$\mu_{22} = x(N - P) + (1 - x)N \tag{7-5}$$

① 李灿松、景鹏、周智生：《滇川藏毗连藏区多民族族际共生关系的演变及其调适》，《西北民族大学学报》（哲学社会科学版）2015 年第 1 期。

$$\mu_2 = y\mu_{21} + (1-y)\mu_{22} \tag{7-6}$$

1. 藏族的演化稳定策略

由式（7－1）和式（7－3）可得藏族选择“合作”策略的复制动态方程：

$$F(x) = \frac{dx}{dt} = x(\mu_{11} - \mu_1)$$
$$= x(1-x)[y(A+Q-\alpha P+C) + \alpha P - C] \tag{7-7}$$

令 $F(x)=0$，求得 $x^*=0$ 和 $x^*=1$ 是复制动态方程（7－7）的两个可能的稳定状态点。

当 $y = y^* = -\frac{\alpha P - C}{A+Q-\alpha P+C}$ 时，总有 $F(x)=0$，即所有 x 水平都是稳定状态，藏族的动态演化路径如图 7－1(a)所示。当 $y > y^* = -\frac{\alpha P - C}{A+Q-\alpha P+C}$ 时，$x^*=0$ 和 $x^*=1$ 是 x 的两个可能的稳定状态点。由于 $F'(0)>0$ 且 $F'(1)<0$，所以，$x^*=1$ 是演化稳定策略，藏族的动态演化路径如图 7－1（b）所示。当 $y < y^* = -\frac{\alpha P - C}{A+Q-\alpha P+C}$ 时，$x^*=0$ 和 $x^*=1$ 是 x 的两个可能的稳定状态点。由于 $F'(0)<0$ 且 $F'(1)>0$，所以，$x^*=0$ 是演化稳定策略，藏族的动态演化路径如图 7－1（c）所示。

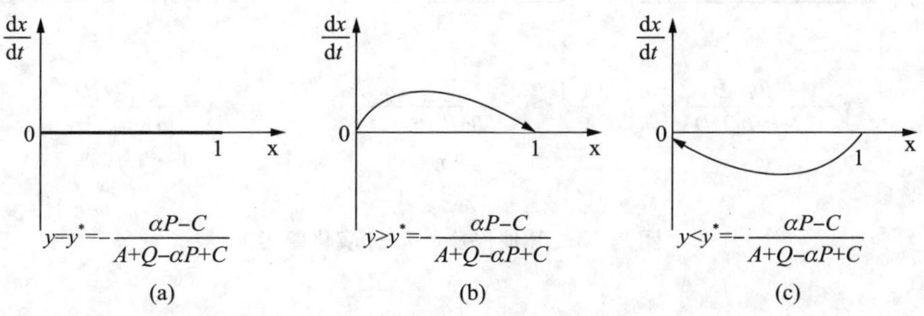

图 7－1　藏族的动态演化路径

2. 其他民族的演化稳定策略

由式（7－4）和式（7－6）可得其他民族选择“合作”策略

的复制动态方程：

$$F(y)=\frac{dy}{dt}=y(\mu_{21}-\mu_2)$$

$$=y(1-y)[x(B+P-\beta Q+D)+\beta Q-D] \qquad (7-8)$$

令 $F(y)=0$，求得 $y^*=0$ 和 $y^*=1$ 是复制动态方程（7－8）的两个可能的稳定状态点。

当 $x=x^*=-\frac{\beta Q-D}{B+P-\beta Q+D}$ 时，总有 $F(y)=0$，即所有 y 水平都处于稳定状态，其他民族的动态演化路径如图 7－2(a)所示。当 $x>x^*=-\frac{\beta Q-D}{B+P-\beta Q+D}$ 时，$y^*=0$ 和 $y^*=1$ 是 y 的两个可能的稳定状态点。由于 $F'(0)>0$ 且 $F'(1)<0$，所以，$y^*=1$ 是演化稳定策略，其他民族的动态演化路径如图 7－2(b)所示。当 $x<x^*=-\frac{\beta Q-D}{B+P-\beta Q+D}$ 时，$y^*=0$ 和 $y^*=1$ 是 y 的两个可能的稳定状态点。由于 $F'(0)<0$ 且 $F'(1)>0$，所以，$y^*=0$ 是演化稳定策略，其他民族的动态演化路径如图 7－2(c)所示。

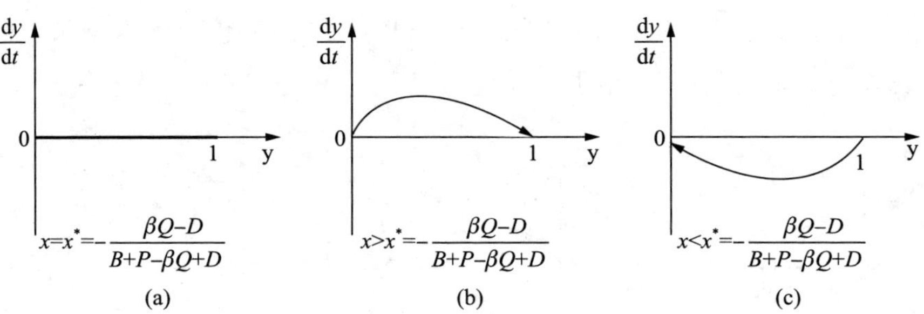

图 7－2　其他民族的动态演化路径

3. 动态复制系统稳定性分析

式（7－7）和式（7－8）构成藏族与其他民族族际关系演变的动态复制系统，该动态复制系统的局部均衡点构成演化博弈的一个均衡。根据上文分别对藏族和其他民族演化稳定策略的分析可知，该动态复制系统共有 5 个局部均衡点：（0，0）、（1，0）、（0，1）、（1，1）、（x^*，y^*）。为确定藏族与其他民族最终的族际关系演变结果，需要对该动态复制系统的各个局部均衡点进行稳定性分析。弗里德曼（Friedman，1991）提出，在用微分方程系统描述群体动态时，局部均衡点的稳定性分析可由该系统的雅克比矩阵的局部稳定性分析得出。根据弗里德曼的思想，分析该动态复制系统雅克比矩阵的局部稳定性，以辨别出最终的稳定均衡点。藏族与其他民族动态复制系统的雅克比矩阵及其行列式的值和迹分别为：

$$J=\begin{bmatrix}\frac{\partial F(x)}{\partial x} & \frac{\partial F(x)}{\partial y}\\ \frac{\partial F(y)}{\partial x} & \frac{\partial F(y)}{\partial y}\end{bmatrix}=$$

$$\begin{bmatrix}(1-2x)[y(A+Q-\alpha P+C)+\alpha P-C] & x(1-x)(A+Q-\alpha P+C)\\ y(1-y)(B+P-\beta Q+D) & (1-2y)[x(B+P-\beta Q+D)+\beta Q-D]\end{bmatrix} \tag{7-9}$$

$$\det(J)=\frac{\partial F(x)}{\partial x}\cdot\frac{\partial F(y)}{\partial y}-\frac{\partial F(x)}{\partial y}\cdot\frac{\partial F(y)}{\partial x} \tag{7-10}$$

$$\mathrm{trace}(J)=\frac{\partial F(x)}{\partial x}+\frac{\partial F(y)}{\partial y} \tag{7-11}$$

将局部均衡点代入该复制系统的雅克比矩阵，分别求出各个局部均衡点的行列式值和迹，结果如表 7－2 所示。

表 7－2　　局部均衡点的行列式值和迹

局部均衡点	det（J）	trace（J）
（0，0）	$(\beta Q-D)(\alpha P-C)$	$\beta Q-D+\alpha P-C$
（1，0）	$-(B+P)(\alpha P-C)$	$B+C+(1-\alpha)P$
（0，1）	$-(A+Q)(\beta Q-D)$	$A+D+(1-\beta)Q$
（1，1）	$(A+Q)(B+P)$	$-(A+Q+B+P)$
（x^*，y^*）	$-\frac{(A+Q)(-\alpha P+C)}{A+Q-\alpha P+C}\times\frac{(B+P)(-\beta Q+D)}{B+P-\beta Q+D}$	0

从上文分别对藏族和其他民族演化稳定策略的分析可知，$0 < -\frac{\alpha P - C}{A + Q - \alpha P + C} < 1$，$0 < -\frac{\beta Q - D}{B + P - \beta Q + D} < 1$，对这两个不等式求解，可得$0 < \alpha < \frac{C}{P}$，$0 < \beta < \frac{D}{Q}$，即$\alpha P - C < 0$，$\beta Q - D < 0$。根据雅克比矩阵各局部均衡点的行列式值和迹，结合经济变量间的大小关系，对该动态复制系统局部均衡点的稳定性进行判定，结果如表7－3所示。

表7－3　　动态复制系统局部均衡点的稳定性

局部均衡点	det（J）	trace（J）	稳定性
（0，0）	+	－	稳定（ESS）
（1，0）	+	+	不稳定
（0，1）	+	+	不稳定
（1，1）	+	－	稳定（ESS）
(x^*, y^*)	－	0	鞍点

表7－3显示，局部均衡点（0，0）、（1，1）是该演化博弈模型的最优解，在动态复制系统中达到稳定均衡状态，（竞争，竞争）、（合作，合作）是滇川藏毗连藏区藏族与其他民族族际关系演化博弈的两个稳定均衡策略，藏族与其他民族的博弈动态演化过程如图7－3所示。从图7－3中可以看出，虚线L_1、L_2将平面分成四个区域，藏族和其他民族不同的初始状态将产生不同的稳定均衡策略。当初始状态落在右上区域时，此时$x > x^*$且$y > y^*$，该动态复制系统将收敛于点（1，1），即（合作，合作）将演变为族际关系的稳定均衡策略；当初始状态落在左下区域时，此时$x < x^*$且$y < y^*$，该动态复制系统将收敛于点（0，0），即（竞争，竞争）将演变为族际关系的稳定均衡策略；当初始状态落在左上或右下区域时，该动态复制系统的最终稳定均衡点取决于博弈主体对行为决策

选择的调整速度。当初始状态落在左上区域时，此时 $x < x^*$ 且 $y > y^*$，若藏族对此状况及时调整决策，使选择“合作”策略的比重大于 x^*，演化动态将穿过 L_2 线进入右上区域，则最终稳定均衡策略将为（合作，合作）；反之则不存在稳定均衡策略；若其他民族对此状况及时调整决策，使选择“合作”策略的比重小于 y^*，演化动态将穿过 L_1 线进入左下区域，则最终稳定均衡策略将为（竞争，竞争）。初始状态落在右下区域时的分析同样如此。由于族际关系的演变是一个长期的不断调适的动态过程，藏族与其他民族在族际交往过程中通过不断选择合作与竞争来比较所获得的利益并最终确定稳定的族际关系，可能会在很长时间内保持一种合作与竞争共存的局面，也就是图 7－3 中的左上和右下区域。①

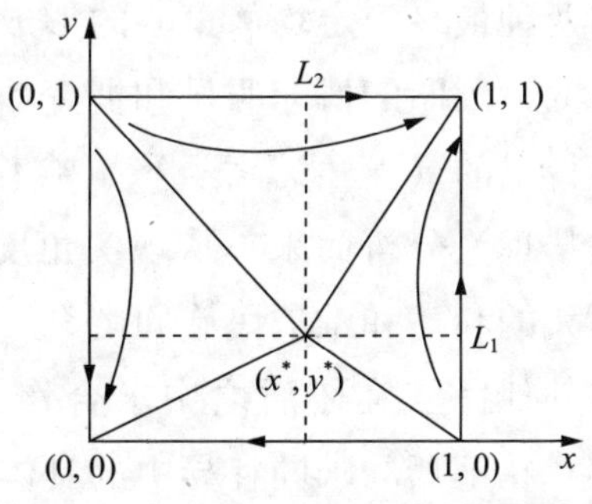

图 7－3　博弈系统的复制动态相位

（四）演化博弈的结果

基于合理的博弈假设，建立滇川藏毗连藏区藏族与其他民族族际关系的非对称演化博弈模型，分析各博弈主体利益关系的复制动态、演化稳定策略和演化博弈系统的稳定性，可以得出如下结论：

第一，滇川藏毗连藏区藏族与其他民族族际关系演化博弈模型的最终稳定均衡策略是（竞争，竞争）、（合作，合作），表明藏族与其他民族在族际交往中通过不断选择合作与竞争策略来实现自身利益最优化的过程中，其最终确定的稳定族际关系可能是完全合作，也可能是完全竞争，究竟沿着哪条演化路径达到哪种最终稳定均衡状态受博弈主体的初始状态影响，博弈主体的初始策略选择比

① 李灿松、景鹏、周智生：《滇川藏毗连藏区多民族族际共生关系的演变及其调适》，《西北民族大学学报》（哲学社会科学版）2015 年第 1 期。

重及其调整速度将决定藏族与其他民族族际关系的最终状态。

第二，滇川藏毗连藏区藏族与其他民族族际关系的演变是一个长期的不断调适的动态过程，可能会在很长时间内保持一种合作与竞争共存的局面，通过制度引导、政策路径安排和博弈主体平等协商等措施可以提高博弈演化的速度，加快向理想的族际关系状态演变，以减少试错过程中所造成的不必要的资源浪费。

第三，滇川藏毗连藏区藏族与其他民族族际关系演化博弈模型的两种最终稳定均衡策略的形成是在博弈假设和博弈收益矩阵下得出的，不同的博弈假设和博弈收益矩阵可能会得出不同的结论。本书得出的（竞争，竞争）、（合作，合作）这两种最终稳定均衡策略是从理论分析而来，从现实角度看，（合作，合作）必然能够产生更大的利益和维护民族间的和平共生，这也是滇川藏毗连藏区藏族与其他民族在矛盾之中求合作、冲突之中求缓和、斗争之中求妥协，在不断的求同存异中的具体体现。①

三　结果分析②

竞争和合作，即竞合关系是藏族与其他民族族际共生关系的较优解，但从长远来看，选择合作是各民族在不完全理性下的最优选择。纵观滇川藏毗连藏区族际共生关系的形成演进过程，山区和坝区间的各民族从最早的生活资料的武力抢夺和流血冲突，再到平等交换以及最后的合作共生，各民族在每次失败或受到其他民族反作用的强弱、在每次族群利益的得与失之间的权衡等都为下一次行动的修正积累了丰富的经验，各民族无论是在资源的争夺上还是在扩大自己的生存空间的过程中都表现出不断的试错与行为调适的过程，但最终占据主流的还是合作，从而实现各民族间的共生。但是，这一经过演化博弈而生成的来之不易的合作关系，其驱动机制主要来自国家对于藏区社会管理体制的创新和长期积淀而成的民间

① 李灿松、景鹏、周智生：《滇川藏毗连藏区多民族族际共生关系的演变及其调适》，《西北民族大学学报》（哲学社会科学版）2015 年第 1 期。

② 同上。

自发族际交往交融关系的深化。因此，在滇川藏毗连藏区，在族际关系复杂而充满变数的情况下，鼓励各民族之间政府引导的合作交流、激励民族之间平等的互助、增强各民族平等参与社会经济建设的能力和水平，对于优化这一区域各民族合作共生的社会环境尤显重要。这一博弈关系背后调适机理的总结提炼，不仅是历史以来滇川藏毗连藏区多民族族际共生关系形成发展的动力，同时对其他藏区乃至其他民族地区族际博弈共生关系的优化建构也具有重要意义。

以上仅仅是针对滇川藏毗连藏区藏族和其他民族之间合作与竞争关系的绝对化和标准化的推演，事实上，该区域的族际关系远远比这个复杂得多。但是，我们可以将这一多民族之间合作与竞争的竞合过程的变量增加为藏族、白族、纳西族，甚至更多民族。那么，变量越多，我们的分析就越复杂，就更能体现多民族族际关系共生格局的形成和演变过程。在这里，笔者仅仅想从另外一种量化的视角来探讨民族关系，以及民族之间关系的演变过程，可能这种探究简单而不能完全涵盖影响多民族族际关系形成和演变的所有要素，但是，我们试图探索唐宋甚至有人类以来该区域为什么成为多民族和谐共生的真正原因，通过标准化和简单化模型，能够去除影响多民族发展的细枝末叶，更能掌握影响滇川藏毗连藏区多民族族际关系发展的核心驱动机理，从而能更准确地掌控整个区域发展的大方向。

第三节　改善滇川藏毗连藏区流动人口族际关系的思考①

滇川藏毗连藏区最初民族关系的形成是一个复杂的过程，它的

① 参见李灿松、梁海燕《滇川藏毗连地区流动人口族际关系调查与思考》，《南方人口》2014年第29卷第4期。

形成除了特定的地理条件、地方与中央王朝之间的影响，作为多民族迁徙流动的走廊，人口流动在其中具有举足轻重的作用。这一关系不仅是特定地域系统内人地地域系统的变动，更是自然资源系统和社会文化系统之间交织演进的动态过程，是各民族内部、各民族之间长期交往、冲突、再交流、再冲突的循环演进的结果。纵观滇川藏毗连藏区人口流动与族际关系的演变进程，区域内部的族际关系就是一个庞大复杂的巨系统，当系统内部的熵（也就是族际关系处于完全均衡状态的衡量标准）达到一定的高度之后，由于受区域资源环境承载力的限制，各民族为了自身的发展壮大，不断地争夺生存空间、生活资源，此时，滇川藏毗连藏区的族际关系就会表现为一种混乱而无序的状态，而人口流动就是将这种无序向有序转化的重要动力。这里的人口流动不仅是单纯的人口在空间上的位移，更多地表现为战争、民间商贸、边疆治理与开发等形式而导致的具有某种目的性的人口流动。同样，民族关系一旦形成，就会反过来对区域有重大的影响，正如杨福泉指出的："在特定区域内形成的各少数民族之间的关系，是中华民族关系史的重要构成部分。在特定的历史时期，一些少数民族之间的关系，对这一区域政治、经济、社会、文化诸方面的格局和个性都产生过重大的影响，是推动历史发展的重要动力。"① 滇川藏毗连藏区各少数民族关系形成之后，不仅影响了该区域政治、经济和社会文化的形成，而且还成了人口流动的重要"风向标"。换言之，民族关系也会影响人口的流动，族际关系和谐有序，人口流动就会越频繁；反之，则会越少。

结合历史和当前人口流动多民族族际的关系，滇川藏毗连藏区族际共生关系的演进和优化调适，首先，应考虑到族际共生社会管理的制度创新，政府介入各民族博弈的过程，通过优化民族之间博弈竞合、平等共生的制度环境和政策设计，更好地实现制度引导的功能和作用。其次，在优化区域民族关系的过程中充分考虑藏区各

---

① 杨福泉：《纳西族与藏族历史关系研究》，民族出版社 2005 年版，导论第 1 页。

民族族际共生关系的整体性，从统一整体的高度处理好主体民族与非主体民族、自治民族与非自治民族的博弈竞合、平等共生关系。再次，尽快增强各民族平等参与社会经济建设的能力和水平，积极鼓励拓展族际民间互助交往的途径和形式。最后，族际共生关系最直接的依赖体现就是生产生活物资的交换与流动，而市场是调节族际经济共生关系原始依赖的重要手段，因此，促进该区域市场层级体系建设、加快市场化进程对于促进族际共生关系的优化同样具有重要意义。

结合人口流动与族际关系的相互作用，我们认为，以下方式能够很好地改善滇川藏毗连藏区的族际关系。

第一，改善滇川藏毗连藏区基础设施，为区域内各民族之间的交流提供便利和可能。不同区域、各民族之间的交流和交往是改善区域内部族际关系的重要前提。无论是木氏土司通过将纳西族人整村迁移到藏族聚居区的治理方式，还是赵尔丰将内地居民向康区移民兴办学校等的区域治理开发，或是刘文辉的“汉人习康、倮各族语文，康、倮各族习汉人语文”等举措，都试图通过滇川藏内部各民族之间的交流或者内地与该区域的交流实现对滇川藏地区的治理，因此，完善滇川藏地区的基础设施是实现多民族人口流动、促进族际关系良性发展的前提。

第二，完善少数民族地区行业鼓励政策，实现少数民族从业的多样化和拓展其行业的范围，应特别打破各少数民族固定从事某一类或某几类行业的局面，应当鼓励和扶持不同的民族在该地区广泛参与到不同的行业中，从而加快各民族之间的合作交流。

第三，加大政府或者第三方的干预。从中央政府或地方政府对滇川藏毗连藏区的治理以及藏族与其他民族族际关系演化博弈过程的分析，可以发现，具有一定权利的第三方介入对于各民族族际关系的有序发展具有重要作用，第三方介入能够优化区域内不同民族之间的竞合、平等共生的制度环境和政策设计，有利于实现制度引导的功能和作用，从而实现滇川藏毗连地区多民族之间族际关系的有序发展。

第四，提高少数民族的受教育程度，有利于改善民族关系。滇川藏毗连藏区流动人口的受教育程度低于总体水平，应重视基础教育发展，特别是中等教育。受教育程度、职业与经济收入密切相关，只有少数民族流动人口的教育水平得到提高，才能改善其行业分布，并逐步提高他们的收入水平。此外，还需加强少数民族地区的就业技能培训工作，增强少数民族外出务工人员的人力资本。

第五，滇川藏毗连藏区流动人口的流动地域范围表现出一定的梯度特征，为了便于城市管理并维护少数民族的合法权益，需要加强少数民族地区的就业指导，推动少数民族合理有序地流动。流动距离和范围是影响少数民族流动和族际关系的重要原因之一，应当鼓励少数民族就近、就地转移。对于长期生活在交通不便利、市场发育较低的少数民族流动人口而言更是如此。政府可以出台相关政策鼓励滇川藏少数民族地区人口的就近流动，加强滇川藏毗连藏区内部的交流和融合。

第六，充分尊重其他民族的宗教信仰。不同民族有不同的宗教信仰，在不危及自己本民族的宗教文化的同时，要充分尊重其他民族的宗教文化，这有利于民族之间的互动和交往。滇川藏毗连藏区流动人口具有自身的特点，应加强相关方面的研究，以准确、及时地把握少数民族流动人口信息，包括流向和流量等基本信息，为相关部门决策提供依据。

参考文献

一　文献资料

1.（唐）樊绰:《蛮书》卷七《管内物产》，木芹补注本，云南人民出版社 1995 年版。

2.（宋）石介:《徂徕集》，（台北）影印文渊阁四库全书本。

3.（宋）王若钦:《册府元龟》，中华书局影印本。

4.（宋）周去非撰:《岭外代答》，中华书局 1999 年版。

5.（清）常明修，杨芳灿纂:（嘉庆）《四川通志》，嘉庆二十年刻本。

6.（清）陈宗海修，李福宝等撰:（光绪）《丽江府志》，光绪二十一年稿本。

7.（清）鄂尔泰等修，靖道谟等纂:（雍正）《云南通志》，乾隆元年刻本。

8.（清）管学宣等编:（乾隆）《丽江府志略》，丽江县志办翻印本。

9.（清）黄沛翘:《西藏图考》，西藏人民出版社 1982 年版。

10.（清）黄廷桂等修纂:（雍正）《四川通志》，雍正十一年刻本。

11.（清）焦应旗:《西藏志载中国西南文献丛书》第四卷，兰州大学出版社 2003 年版。

12.（清）倪蜕辑，李埏校点:《滇云历年传》卷十一，云南大学出版社 1992 年版。

13.（清）阮元等修，王嵩、李诚等纂:（道光）《云南通志》，道光十六年刊本。

14. （清）王宝仪修，杨金和等纂：（光绪）《鹤庆州志》，光绪二十年刊本。
15. （清）吴自修倡修，董良弼等纂：《新修中甸厅志书》，光绪十年抄稿本。
16. （清）徐松：《宋会要辑稿》，中华书局 1957 年版。
17. （清）余庆远：《维西见闻录》。
18. 《白族社会历史调查》第一、二、三、四辑，云南人民出版社 1983—1991 年版。
19. 《川康边政资料辑要》，民国二十五年国民政府成都行辕编印。
20. 《邓川州志》卷四《风土志》，咸丰三年石印本。
21. 《迪庆藏族自治州概况》，云南民族出版社 1986 年版。
22. 《迪庆藏族自治州宗教志》，中国藏学出版社 1994 年版。
23. 《迪庆方志》（季刊）1990—1995 年各期。
24. 中国人民政治协商会议甘孜藏族自治州委员会编：《甘孜州文史资料》第 1—8 辑。
25. 《鹤城舒氏族谱》，1999 年续编，鹤庆县档案馆收藏。
26. 《鹤庆文史资料》第 1—5 辑。
27. 《旧唐书》卷一九六《吐蕃传》。
28. 中国人民政治协商会议甘孜藏族自治州委员会康定县委员会编：《康定县文史资料》第 1—8 辑。
29. 四川省档案馆编：《康区档案资料汇编》，四川大学出版社 1990 年版。
30. 《丽江地区民族志》，云南民族出版社 2001 年版。
31. 《丽江府志》，光绪二十一年刻本。
32. 《丽江纳西族自治县概况》，云南民族出版社 1986 年版。
33. 丽江县政协文史资料室编：《丽江文史资料》第 1—17 辑。
34. 《纳西族社会历史调查》第一、二、三辑，云南民族出版社 1983 年版、1986 年版。
35. 《清高宗实录》卷 1333。

36. 云南省历史研究所编:《清实录》,云南人民出版社 1984—1986 年版。
37. 《清史稿》,中华书局 1977 年标点本。
38. 杨岭多吉主编:《四川藏学研究》(1—5),中国藏学出版社、四川民族出版社 1993—2002 年版。
39. 《四川省甘孜州藏族社会历史调查》,民族出版社 2009 年修订版。
40. 《四川省纳西族社会历史调查》,四川省社会科学院,1987 年。
41. 《西藏文史资料》第 1—12 辑。
42. 四川省档案馆、四川民族研究所编:《近代康区档案资料选编》,四川大学出版社 1990 年版。
43. 《新唐书》卷二三零《吐蕃传》。
44. 《叙永县文史资料》第九辑,1987 年。
45. 《永乐大典·站赤八》引《经世大典》。
46. 《元以来西藏地方与中央政府关系档案史料汇编》,中国藏学出版社 1994 年版。
47. 《云南藏学研究论文集》(1、2),云南民族出版社 1995 年版、1997 年版。
48. 《云南贵州辛亥革命资料》,科学出版社 1959 年版。
49. 《云南少数民族社会历史调查资料汇编》,民族出版社 2009 年版。
50. 政协云南省委文史资料委员会编:《云南文史资料选辑》第 1—54 辑。
51. 《中甸县藏文历史档案资料辑录译注》,载瑟格·苏郎甲初、西格嘉措辑录译注《中甸县志资料汇编(5)》,中甸县志编纂委员会办公室,1991 年印。
52. 《中甸县志通讯》(季刊)1987—1994 年各期。
53. 《中国藏学研究中心藏学论文选集》,中国藏学出版社 1996 年版。

54. 《中国地方志民俗资料汇编》西南卷，北京图书馆出版社 1999 年版。
55. 戴鞍钢主编：《中国地方志经济资料汇编》，汉语大词典出版社 1999 年版。
56. 段绥滋纂修：民国《中甸县志稿》，1939 年稿本。
57. 段志诚主编：《中甸县志》，云南民族出版社 1997 年版。
58. 法尊上人纂：《现代西藏》，东方书社民国三十二年铅印本。
59. 方国瑜主编，徐文德、木芹、郑志惠纂录校订：《云南史料丛刊》第 1—13 卷，云南大学出版社 1997—2001 年版。
60. 冯有志编著：《西康史拾遗》，甘孜藏族自治州政协文史资料委员会 1987 年编印。
61. 傅崇矩：《成都通览》下册，巴蜀书社 1987 年版。
62. 傅嵩炑：《西康建省记》，（台北）成文出版社 1968 年版。
63. 傅嵩炑：《西康建省记》卷上，中华印刷公司 1932 年重刊。
64. 甘孜藏族自治州文史资料研究委员会编：《甘孜州文史资料》。
65. 戈阿干：《滇川藏纳西文化考察》，载《丽江文史资料》第七辑，丽江县政协文史委员会。
66. 洪涤尘：《西藏史地大纲》，正中书局民国二十五年。
67. 胡炳熊撰：《藏事举要》，清风桥文茂印局印本。
68. 黄举安：《云南德钦设治局社会调查报告》，民国三十七年。
69. 康定民族师专编写组：《甘孜藏族自治州民族志》，当代中国出版社 1994 年版。
70. 李炳臣修，李翰香纂：民国《维西县志稿》，1932 年稿本。
71. 丽江县政协文史资料委员会编：《丽江文史资料》。
72. 刘龙初：《四川木里藏族县俄亚乡纳西调查报告》，载《四川纳西族社会历史调查》，四川省社会科学院，1987 年。
73. 刘曼卿：《国民政府女密使赴藏纪实》（原名《康藏轺征》），民族出版社 1998 年版。
74. 刘赞廷：《民国稻城县图志》，《中国地方志集成·四川府县志辑》，巴蜀书社 1990 年版。
75. 刘赞廷：《民六民七康藏战争及交涉之实况》，《康藏先锋》1934 年第 1 期。
76. 罗开玉：《从考古资料看古代蜀、藏、印的交通联系》，载《古代西南丝绸之路研究》，四川大学出版社 1990 年版。
77. 民国《丽江县志》，民国十年传抄本。
78. 任乃强：《民国川边游踪之西康札记》，中国藏学出版社 2010 年版。
79. 四川省档案馆、四川民族研究所编：《近代康区档案资料选编》，四川大学出版社 1990 年版。
80. 四川省民族研究所编：《清末川滇边务档案史料》，中华书局 1989 年版。
81. 翁之藏编：《西康之实况》，上海民智书局民国十九年版。
82. 吴丰培编：《联豫驻藏奏稿》，西藏人民出版社 1979 年版。
83. 吴丰培辑：《清代西藏史料丛刊》第一辑，（台北）文海出版社 1985 年版。
84. 吴丰培辑：《赵尔丰川边奏牍》，四川民族出版社 1984 年版。
85. 吴丰培主编：《民元藏事奏稿》，西藏人民出版社 1982 年版。
86. 西藏研究编辑部：《民元藏事电稿藏乱始末见闻记四种》，西藏人民出版社 1982 年版。
87. 西藏自治区文史资料研究委员会编：《西藏文史资料选辑》。
88. 杨嘉铭、阿戎：《明季丽江木氏土司统治势力扩张始末及其纳西族遗民踪迹概溯》，载《甘孜州文史资料》第十八辑。
89. 杨仲华：《西康纪要》上、下册，商务印书馆 1937 年版。
90. 云南省文史资料研究委员会编：《云南文史资料选辑》。
91. 张其勤：《清代藏事辑要》，西藏人民出版社 1983 年版。
92. 赵心愚、秦和平、王川主编：《康区藏族社会珍稀资料辑要》，巴蜀书社 2006 年版。
93. 赵心愚、秦和平编：《清季民国康区藏族文献辑要》，四川民族出版社 2003 年版。

94. 中国藏学研究中心、中国第二历史档案馆合编：《民国时期西藏及藏区经济开发建设档案选编》，中国藏学出版社 2005 年版。

95. 中国第二历史档案馆、中国藏学研究中心合编：《康藏纠纷档案选编》，中国藏学出版社 2000 年版。

96. 《德钦县志》（中华人民共和国地方志丛书），云南民族出版社 1997 年版。

97. 《鹤庆县志》（中华人民共和国地方志丛书），云南人民出版社 1991 年版。

98. 《丽江县志》（中华人民共和国地方志丛书），云南人民出版社 2001 年版。

99. 《中甸县志》（中华人民共和国地方志丛书），云南民族出版社 1997 年版。

100. 《巴塘县志》（中华人民共和国地方志丛书），四川人民出版社 1993 年版。

101. 《道孚县志》（中华人民共和国地方志丛书），四川人民出版社 1997 年版。

102. 《得荣县志》（中华人民共和国地方志丛书），四川人民出版社 2000 年版。

103. 《甘孜州志》（中华人民共和国地方志丛书），四川人民出版社 1997 年版。

104. 《康定县志》（中华人民共和国地方志丛书），四川辞书出版社 1995 年版。

105. 《理塘县志》（中华人民共和国地方志丛书），四川人民出版社 1996 年版。

106. 《木里县志》（中华人民共和国地方志丛书），四川人民出版社 1995 年版。

107. 仲麦·格桑扎西：《康藏商业界支援抗战亲历记》，载政协西南地区文史资料协作会议编《抗战时期内迁西南的工商业》，云南人民出版社1998年版。

二 学术著作

1. 曹树基：《中国人口史》第四卷，复旦大学出版社2000年版。
2. 陈连开主编：《中国民族史纲要》，中国财政经济出版社1999年版。
3. 陈庆英、高淑芬：《中国边疆通史丛书·西藏通史》，中州古籍出版社2003年版。
4. 陈秀山：《中国区域经济问题研究》，商务印书馆2005年版。
5. 丹珠昂奔等主编：《藏族大辞典》，甘肃人民出版社2003年版。
6. 邓锐龄：《元明两代中央与西藏地方的关系》，中国藏学出版社1989年版。
7. 多杰才旦、江村罗布主编：《西藏经济简史》，中国藏学出版社1995年版。
8. 多杰才旦：《元以来西藏地方与中央政府关系研究》，中国藏学出版社2005年版。
9. 方国瑜：《云南史料目录概说》，中华书局1984年版。
10. 方国瑜：《中国西南历史地理考释》，中华书局2012年版。
11. 方铁、方慧：《中国西南开发史》，云南人民出版社1988年版。
12. 方铁：《中国边疆通史丛书·西南通史》，中州古籍出版社2003年版。
13. 费孝通：《生育制度》，商务印书馆1999年版。
14. 费孝通：《中华民族多元一体格局》修订本，中央民族大学出版社1999年版。
15. 冯智：《清代治藏军事研究》，云南民族出版社2007年版。
16. 格勒：《甘孜藏族自治州史话》，四川民族出版社1984年版。
17. 格勒：《论藏族文化的起源、形成与周围民族的关系》，中山大学出版社1988年版。
18. 格桑泽仁：《边人刍言》，（台北）文海出版社1974年版。

19. 龚荫：《中国土司制度》，云南民族出版社 1992 年版。
20. 顾颉刚、史念海：《中国疆域沿革史》，商务印书馆 1938 年版。
21. 顾祖成：《明清治藏史要》，齐鲁书社 1998 年版。
22. 郭大烈、和志武：《纳西族史》，四川民族出版社 1995 年版。
23. 郭家骥：《云南民族关系调查研究》，中国社会科学出版社 2010 年版。
24. 郭卿友：《民国藏事通鉴》，中国藏学出版社 2008 年版。
25. 何耀华：《中国西南历史民族学论集》，云南人民出版社 1988 年版。
26. 侯杨方：《中国人口史》（1910—1953），复旦大学出版社 2001 年版。
27. 黄奋生：《藏族史略》，民族出版社 1989 年版。
28. 黄荣清、赵显人：《20 世纪 90 年代中国各民族人口的变动》，民族出版社 2004 年版。
29. 黄玉生、顾祖成、祝启源等：《西藏地方与中央政府关系史》，西藏人民出版社 1995 年版。
30. 克珠群佩主编：《西藏佛教史》，宗教文化出版社 2009 年版。
31. 李光文等：《西藏昌都：历史·传统·现代化》，重庆出版社 2000 年版。
32. 李珪：《云南近代经济史》，云南民族出版社 1995 年版。
33. 李绍明、童恩正主编：《雅砻江流域民族考察报告》，民族出版社 2008 年版。
34. 李绍明：《藏彝走廊民族历史文化》，民族出版社 2008 年版。
35. 李绍明：《李绍明民族学文选》，成都出版社 1995 年版。
36. 李亦人编纂：《西康综览》，正中书局民国三十五年版。
37. 李有义：《今日的西藏》，知识书店 1951 年印行。
38. 李治安等主编：《中国五千年中央与地方关系》，人民出版社 2010 年版。
39. 梁方仲：《中国历代户口、田地、田赋统计》，上海人民出版社

1980 年版。
40. 林惠祥：《中国民族史》，商务印书馆 1993 年影印版。
41. 林俊华：《康巴历史与文化》，大地出版社 2002 年版。
42. 林耀华：《凉山彝族家庭巨变》，商务印书馆 1995 年版。
43. 林耀华主编：《民族学通论》，中央民族学院出版社 1990 年版。
44. 罗辉映主编：《中国古代政治制度史》，四川大学出版社 1988 年版。
45. 罗康隆：《族际关系论》，贵州民族出版社 1998 年版。
46. 罗润苍、任新建主编：《四川藏学论文集》，中国藏学出版社 1993 年版。
47. 马大正：《中国古代边疆政策研究》，中国社会科学出版社 1990 年版。
48. 马大正等主编：《中国边疆经略史》，中州古籍出版社 2000 年版。
49. 马菁林：《清末川边藏区改土归流》，巴蜀书社 2004 年版。
50. 马戎：《民族社会学：社会学的族群关系研究》，民族出版社 2004 年版。
51. 马戎：《族群、民族与国家构建》，社会科学文献出版社 2012 年版。
52. 马汝珩、马大正：《清代边疆开发研究》，中国社会科学出版社 1990 年版。
53. 梅心如：《西康》，正中书局 1934 年版。
54. 木霁弘、陈保亚：《滇川藏三角探秘》，云南民族出版社 1990 年版。
55. 木霁弘：《茶马古道上的民族文化》，云南民族出版社 2003 年版。
56. 牛建强：《明代人口流动与社会变迁》，河南大学出版社 1997 年版。
57. 蒲文成、王心岳：《汉藏民族关系史》，甘肃人民出版社 2008

年版。
58. 冉光荣：《中国藏传佛教寺院》，中国藏学出版社 1994 年版。
59. 任乃强：《康藏史地大纲》，西藏古籍出版社 2000 年版。
60. 任乃强：《西康图经》，新亚细亚学会，1934 年。
61. 石硕：《藏彝走廊：历史与文化》，四川人民出版社 2005 年版。
62. 石硕：《藏彝走廊：文明起源与民族源流》，四川人民出版社 2009 年版。
63. 石硕：《西藏文明东向发展史》，四川人民出版社 1994 年版。
64. 苏发祥：《藏族历史》，巴蜀书社 2003 年版。
65. 汤兆云：《人口社会学》，华中科技大学出版社 2010 年版。
66. 童恩正：《文化人类学》，上海人民出版社 1989 年版。
67. 王川：《西藏昌都近代社会研究》，四川人民出版社 2006 年版。
68. 王川：《西康地区近代社会研究》，人民出版社 2009 年版。
69. 王恒杰：《迪庆藏族社会史》，中国藏学出版社 1995 年版。
70. 王明达、张锡禄：《马帮文化》，云南人民出版社 1993 年版。
71. 王森：《西藏佛教发展史略》，中国社会科学出版社 1986 年版。
72. 王文光：《中国南方民族史》，民族出版社 1999 年版。
73. 翁独健主编：《中国民族关系史纲要》，中国社会科学出版社 2001 年版。
74. 吴傅钧：《西康省藏族自治州》，生活·读书·新知三联书店 1955 年版。
75. 吴彦勤：《清末民国时期川藏关系研究》，云南人民出版社 2007 年版。
76. 伍光和：《自然地理学》第三版，高等教育出版社 2000 年版。
77. 西藏交通厅、社科院编：《西藏古近代交通史》，人民交通出版社 2001 年版。
78. 谢铁群编著：《历代中央政府的治藏方略》，中国藏学出版社 2006 年版。
79. 谢廷杰等主编：《西藏昌都史地纲要》，西藏人民出版社 2000

年版。
80. 邢肃芝口述，张健飞、杨念群笔述：《雪域求法记》，生活·读书·新知三联书店 2003 年版。
81. 徐新建：《西南研究论》，云南教育出版社 1999 年版。
82. 杨策、彭武麟主编：《中国近代民族关系史》，中央民族大学出版社 1999 年版。
83. 杨福泉：《纳西族与藏族的历史关系》，民族出版社 2005 年版。
84. 杨绍猷、莫俊卿：《明代民族史》，四川民族出版社 1996 年版。
85. 杨学政：《藏族、纳西族、普米族的藏传佛教》，云南人民出版社 1994 年版。
86. 杨学政：《云南宗教史》，云南人民出版社 1999 年版。
87. 杨毓才：《云南各民族经济发展史》，云南民族出版社 1989 年版。
88. 尤中：《僰古通纪浅述校注》，云南人民出版社 1989 年版。
89. 尤中：《云南民族史》，云南大学出版社 1997 年版。
90. 尤中：《中国西南边疆变迁史》，云南教育出版社 1987 年版。
91. 尤中：《中国西南民族史》，云南人民出版社 1985 年版。
92. 翟振武、段成荣：《跨世纪的中国人口迁移与流动》，中国人口出版社 2006 年版。
93. 张力、隗瀛涛等：《四川近代史》，四川省社会科学院，1985 年。
94. 张秋雯：《赵尔丰与瞻对改流》，（台北）蒙藏委员会 2001 年编印。
95. 张天路：《西藏人口的变迁》，中国藏学出版社 1989 年版。
96. 张印堂：《滇西经济地理》，国立云南大学西南文化研究室民国三十二年版。
97. 张云：《元代吐蕃地方行政体制研究》，中国社会科学出版社 1998 年版。
98. 张祖荣、郑度等：《横断山区自然地理》，科学出版社 1997

年版。
99. 赵荣、王恩涌：《人文地理学》，高等教育出版社 2007 年版。
100. 赵心愚：《纳西族与藏族关系史》，四川人民出版社 2004 年版。
101. 中央民大藏学研究所编：《藏学研究》第八集，中央民族大学出版社 1996 年版。
102. 周城华编著：《简明藏族史教程》，民族出版社 2005 年版。
103. 周智生：《商人与近代中国西南边疆社会》，中国社会科学出版社 2006 年版。
104. 周智生：《晚清民国时期滇川藏毗连地区的治理开发》，社会科学文献出版社 2014 年版。
105. 《宁蒗彝族自治县永宁纳西族社会及其母系制调查》，云南人民出版社 1988 年版。
106. 《西藏地方历史资料选辑》，生活·读书·新知三联书店 1963 年版。
107. ［德］斐迪南·滕尼斯：《共同体与社会：纯粹社会学的概念》，北京大学出版社 2010 年版。
108. ［俄］顾彼得：《被遗忘的王国》，李茂春译，云南人民出版社 1992 年版。
109. ［俄］顾彼得：《彝人首领》，和镑宇译，四川文艺出版社 2004 年版。
110. ［法］R. A. 石泰安：《西藏的文明》，耿昇译，中国藏学出版社 1999 年版。
111. ［法］R. A. 石泰安：《有关吐蕃佛教起源的传说》，耿昇译，载《国外藏学研究译文集》（七），西藏人民出版社 1990 年版。
112. ［美］查尔斯·巴克斯：《南诏国与唐代的西南边疆》，林超民译，云南人民出版社 1988 年版。
113. ［美］范芝芬：《流动中国：迁移、国家和家庭》，邱幼云、黄河译，社会科学文献出版社 2013 年版。

114. ［美］塞缪尔·亨廷顿：《文明的冲突与世界秩序的重构》，新华出版社1999年版。

115. ［美］约瑟夫·洛克：《中国西南的古纳西王国》，刘宗岳等译，云南美术出版社1999年版。

116. ［英］H. R戴维斯：《云南：联结印度和扬子江的锁链》，李安泰、和少英等译，云南教育出版社2000年版。

117. *Khams Pa Histories，Visions of People，Place，and Authority*，Lawrence Epste in（ed.）［M］. Leiden：Brill，2002.

118. Scott Long，Regression Model for Categorical and Limited Dependent Variables［M］. SAGE Publication，1997.

三　学术论文

1. 蔡志纯：《元代吐蕃驿站略述》，《西藏研究》1984年第4期。

2. 曹必宏：《抗日战争时期的康藏贸易公司》，《中国藏学》2006年第3期。

3. 陈保亚：《茶马古道的历史地位》，《思想战线》1992年第1期。

4. 陈崇凯、顾祖成：《元明中央对西藏经济的扶植政策及作用》，《西藏研究》1997年第2期。

5. 陈汎舟、陈一石：《滇藏贸易历史初探》，《西藏研究》1988年第4期。

6. 陈一石、陈泛舟：《滇茶藏销考略》，《西藏研究》1989年第3期。

7. 陈一石：《川边藏区乌拉差徭考索》，《西藏研究》1984年第2期。

8. 程光裕：《宋代川茶之产销》，《宋史研究集》（中华丛书编委会）第1辑。

9. 单之蔷：《山河不是流水线》，《中国国家地理》2004年第7期。

10. 邓前程：《试论清末至民国康区外国教会》，《民国档案》2006年第3期。

11. 邓前程：《四川藏区藏商与商业的历史考察》，《社会科学研究》

2003 年第 2 期。
12. 杜涛发：《试论明初的军屯》，《云南师范大学学报》1994 年第 2 期。
13. 杜文玉：《宋代马政研究》，《中国史研究》1990 年第 2 期。
14. 范召全、陈昌文：《国民政府时期西康地区宗教样态二十年（1928—1948）变迁研究》，《世界宗教研究》2010 年第 4 期。
15. 方国瑜：《唐代前期洱海区域的部族》，载《方国瑜文集》，云南教育出版社 1994 年版。
16. 方慧、徐中起：《清代前期西南边疆地区商品经济的发展》，《民族研究》1997 年第 2 期。
17. 方铁：《蒙元经营西南边疆的统治思想及治策》，《中国边疆史地研究》2002 年第 1 期。
18. 方铁：《清代治理云南边疆民族地区的思想和举措》，《思想战线》2001 年第 1 期。
19. 冯永林：《宋代的茶马贸易》，《中国史研究》1986 年第 2 期。
20. 冯智：《云南藏族历史的几个特点及其成因》，《西藏研究》1994 年第 1 期。
21. 古纯仁：《川滇之藏边》，李哲生译，《康藏研究》1947 年第 15 期。
22. 顾吉辰：《北宋时期中西交通考释——兼谈吐蕃在中西交通史上的地位及作用》，《西藏研究》1989 年第 2 期。
23. 郭大烈：《试论历史上纳西族和藏族的关系》，载《云南藏学研究论文集》，云南民族出版社 1995 年版。
24. 韩军：《大理白族“喜洲商帮”》，《云南民族学院学报》1992 年第 3 期。
25. 何洁：《1932 年康区格桑泽仁事件浅析》，《中华文化论坛》2008 年第 3 期。
26. 何一民：《20 世纪初年川边藏区政治经济文化改革述论》，《西南民族学院学报》2001 年第 6 期。

27. 和志武:《藏文化对纳西文化的影响》，载木仕华主编《茶马古道与丽江古城历史文化研讨会论文集》，民族出版社 2006 年版。
28. 胡晓梅:《刘文辉康区乌拉制度改革述论》，《四川教育学院学报》2002 年第 9 期。
29. 黄天华:《国家建构与边疆政治，基于 1917—1918 年康藏纠纷的考察》，《社会科学研究》2007 年第 3 期。
30. 黄天华:《抗战时期川康两省的社情与民情（1939—1942）》，《民国档案》2007 年第 1 期。
31. 黄天华:《刘文辉与甘孜事件》，《西南民族大学学报》2009 年第 3 期。
32. 黄天华:《论民国时期西康建省》，《四川师范大学学报》2001 年第 4 期。
33. 黄万纶:《唐宋时期西藏同内地经济文化联系的历史考察》，《中央民族学院学报》1986 年第 3 期。
34. 贾大泉:《川茶输藏与汉藏关系的发展》，《社会科学研究》1994 年第 2 期。
35. 贾大泉:《汉藏茶马贸易》，《中国藏学》1988 年第 4 期。
36. 贾大泉:《宋代四川与吐蕃等族的茶马贸易》，《西藏研究》1982 年第 1 期。
37. 郎维伟:《国民政府在第三次康藏纠纷中的治藏之策》，《民族研究》2005 年第 4 期。
38. 李灿松:《白族商人与藏彝走廊地区经济发展研究》，硕士学位论文，云南师范大学，2008 年。
39. 李大健:《论族际关系与民族经济》，《黑龙江民族丛刊》2007 年第 1 期。
40. 李海毅:《康区地区与卫藏地区历史、社会差异浅析》，《中华文化论坛》2008 年第 1 期。
41. 李吉和:《中国古代少数民族迁徙原因探讨》，《中南民族大学学报》（人文社会科学版）2004 年第 1 期。

42. 李健：《人口流动、族群结构与族际关系——关于关西藏山南地区泽当镇的实证调查研究》，《中国藏学》2012 年第 2 期。
43. 李星星：《藏彝走廊的历史文化特征》，《中华文化论坛》2003 年第 1—2 期。
44. 李振宏：《中国历史上的民族和民族关系问题研究概况》，《青海社会科学》1985 年第 4 期。
45. 李竹青：《试论西藏的边境贸易》，《西藏民族学院学报》1986 年第 4 期。
46. 廖建新：《康区藏族的历史源流回眸》，《西藏民族学院学报》2009 年第 1 期。
47. 林瑞翰：《宋代边郡之马市及马之纲运》，《宋史研究集》，中华丛书编委会。
48. 林文勋：《明清时期内地商人在云南的经济活动》，《云南社会科学》1991 年第 1 期。
49. 刘锦涛、张箭：《明清时期传教士入藏传教述评》，《中国藏学》2009 年第 4 期。
50. 刘君：《康区近代商业初析》，《中国藏学》1990 年第 3 期。
51. 刘君：《康区外国教会览析》，《西藏研究》1991 年第 1 期。
52. 刘先强：《民国时期康区的民众教育发展》，《教育评论》2008 年第 1 期。
53. 刘先强：《试论清末川边藏区学校课程内容的改革》，《民族教育研究》2006 年第 1 期。
54. 卢梅：《国家权力扩张下的民族地方政治秩序建构——晚清康区改流中的制度性选择》，《民族研究》2008 年第 5 期。
55. 陆韧：《抗战中的云南马帮》，《抗日战争研究》1995 年第 1 期。
56. 罗开玉：《川滇西部及藏东石棺墓研究》，《考古学报》1992 年第 4 期。
57. 洛桑群觉、陈庆英：《元朝在藏族地区设置的驿站》，《西北史地》1984 年第 1 期。

58. 马金：《略论历史上汉藏民族间的茶马互市》，《西藏史研究文论选》1984 年第 12 期。
59. 马戎、旦增顿珠：《拉萨市流动人口调查报告》，《西北民族研究》2006 年第 4 期。
60. 美朗宗贞、德西永宗：《康藏人民以商抗日与中华民族命运共同体的构建》，《西藏大学学报》（社会科学版）2011 年第 4 期。
61. 聂静洁：《略论历史上的茶马贸易》，《黑龙江民族丛刊》1999 年第 1 期。
62. 潘发生、潘建生：《中甸经济贸易发展史》，《迪庆方志》1992 年第 1 期。
63. 潘发生：《丽江木氏土司向康藏扩充势力始末》，《西藏研究》1999 年第 2 期。
64. 彭建英：《明代羁縻卫所制述论》，《中国边疆史地》2004 年第 3 期。
65. 秦和平、张晓红：《近代天主教在川滇藏交界地区的传播——以“藏彝走廊”为视角》，《西南民族大学学报》（人文社会科学版）2009 年第 2 期。
66. 沈再新：《从“中华民族多元一体格局”到“共生互补”》，《湖北民族学院学报》2010 年第 3 期。
67. 石硕、邹立波：《近代康区陕商在汉藏互动与文化交流中的角色》，《四川大学学报》（哲学社会科学版）2011 年第 3 期。
68. 石硕、邹立波：《康藏史研究综述》，《西藏大学学报》（社会科学版）2011 年第 4 期。
69. 石硕：《藏彝走廊地区藏缅语民族起源问题研究评述》，《思想战线》2008 年第 2 期。
70. 石硕：《茶马古道及其历史文化价值》，《西藏研究》2002 年第 4 期。
71. 石硕：《昌都：茶马古道上的枢纽及其古代文化——兼论茶马古道的早期历史面貌》，《西藏大学学报》（汉文版）2003 年第

4 期。

72. 石硕：《近十年大陆学者对康区的研究及新趋势》，《西南民族大学学报》（人文社会科学版）2011 年第 12 期。

73. 束锡红、聂君：《西部地区民族关系的实证研究》，《民族研究》2012 年第 5 期。

74. 孙宏年：《民国初年滇、川、藏之间关系及其影响：以西藏治理和西南边疆稳固为中心》，《云南师范大学学报》（哲学社会科学版）2008 年第 6 期。

75. 孙宏年：《清朝末年达赖、班禅关系与治藏政策研究》，《中国边疆史地研究》2009 年第 1 期。

76. 汪洪亮：《李安宅边疆思想要略》，《西藏大学学报》2006 年第 4 期。

77. 王冰：《明朝初期汉藏茶马互市的几个问题》，《西北史地》1998 年第 3 期。

78. 王川：《近代康藏史上的“大白事件”及其解决》，《西藏民族学院学报》（哲学社会科学版）2008 年第 2 期。

79. 王川：《近代民族关系史上的西康建省及其历史意义》，《西藏大学学报》2008 年第 1 期。

80. 王川：《民国时藏传佛教在内地的流传》，《西南民族大学学报》2008 年第 6 期。

81. 王海兵：《西康省制化进程中的权力博弈》，《中国边疆史地研究》2008 年第 3 期。

82. 王恒杰：《解放前云南藏区的商业》，《中国藏学》1990 年第 3 期。

83. 王晓松：《德钦多元宗教文化调查》，载云南省社会科学院编《中国西南文化研究》（5），云南民族出版社 2001 年版。

84. 王晓燕：《明代官营茶马贸易体制》，《西北民族研究》2000 年第 2 期。

85. 王晓燕：《明代官营茶马贸易体制的衰落及原因》，《民族研究》

2001 年第 5 期。
86. 吴建国：《试论西康建省与康区的早期现代化》，《华中科技大学学报》2003 年第 3 期。
87. 谢国先：《明代云南地区的民族融合》，《思想战线》1996 年第 5 期。
88. 徐君：《清末赵尔丰川边兴学考辨》，《西南民族大学学报》2006 年第 12 期。
89. 徐君：《清末赵尔丰川边兴学之反思》，《中国藏学》2007 年第 2 期。
90. 薛学仁：《元代西藏与内地的经济、文化交流》，《西北大学学报》1995 年第 2 期。
91. 严奇岩：《近代西康藏族雇读现象探析》，《民族研究》2006 年第 6 期。
92. 杨福泉：《略论纳西族和藏族的历史关系》，《云南民族大学学报》（哲学社会科学版）2004 年第 3 期。
93. 杨铭：《吐蕃迎金城公主遣使考》，《西藏研究》1987 年第 4 期。
94. 杨维军：《明代汉藏间的茶马互市》，《社科纵横》2000 年第 1 期。
95. 张莉红：《论明清川藏贸易》，《中国藏学》1993 年第 3 期。
96. 张媚玲：《中国西南边疆近代民族关系史研究——以政治关系为中心》，博士学位论文，云南大学，2012 年。
97. 张权武：《明代内地同藏区的茶马贸易》，《西藏研究》1985 年第 4 期。
98. 张玉林：《巴塘历史沿革漫述》，《康定民族师专学报》（文科版）1990 年第 1 期。
99. 张云：《元朝在西藏地方征税考》，《中国经济史研究》2002 年第 4 期。
100. 张云：《元代西藏地方势力的内部组织结构》，《民族研究》1998 年第 4 期。

101. 张子新：《蒙藏委员会涉藏事务研究》，硕士学位论文，中央民族大学，2007 年。
102. 赵艾东：《美国传教士史德文在 1917—1918 年康藏纠纷中的活动与角色》，《西藏研究》2008 年第 6 期。
103. 赵心愚：《吐蕃入滇路线及时间考》，《西藏民族学院学报》（哲学社会科学版）2004 年第 4 期。
104. 赵心愚：《和硕特部南征康区及其对川滇边藏区的影响》，《云南民族大学学报》（哲学社会科学版）2002 年第 3 期。
105. 曾传辉：《试论当代藏区政教关系的变迁：藏区宗教现状考察报告之二》，《宗教与世界》2003 年第 5 期。
106. 周琼：《明清时期中甸民族迁徙与融合初探》，《学术探索》2005 年第 2 期。
107. 周智生、张黎波：《云南多民族共生格局的历史形成机理初探》，《云南师范大学学报》（哲学社会科学版）2015 年第 1 期。
108. 周智生：《藏彝走廊地区族际经济互动发展研究》，《中国社会经济史研究》2010 年第 1 期。
109. 周智生：《滇川藏民间商贸现状及发展趋向研究》，《云南民族大学学报》（哲学社会科学版）2006 年第 3 期。
110. 周智生：《抗日战争时期的云南商人与对外民间商贸》，《抗日战争研究》2009 年第 2 期。
111. 周智生：《历史上滇藏商贸交流及其发展机制》，《中国边疆史地研究》2007 年第 1 期。
112. 周智生：《明代纳西族移民与滇川藏毗连地区的经济开发——兼析纳藏民族间的包容共生发展机理》，《思想战线》2011 年第 6 期。
113. 周智生：《云南商人与近代滇藏商贸交流》，《西藏研究》2003 年第 1 期。
114. 朱映占：《民国时期的西南民族》，博士学位论文，云南大学，

2012 年。

115. 祝启源、陈庆英:《元代西藏地方驿站考释》,《西藏民族学院学报》1985 年第 3 期。

116. 邹立波:《7—9 世纪康区佛教及其特点研究》,《西藏研究》2007 年第 3 期。

117. [美] 李中清:《明清中国西南的经济发展和人口增长》,载《清史论丛》第 5 辑。

118. E. G. Ravenstein, 1885, "The Laws of Migration", *Journal of the Statistical Society of London*, Vol. 48, No. 2, Jun., 1885.

后　　记

我对人口流动的了解，最早来自家族中的叔伯在青海玉树、理塘、稻城、拉萨、西双版纳、缅北等地进行走街串巷式的金银首饰加工和生产。那个时候，秋收时节回家进行农业生产，秋收结束之后外出从事副业已经是当地人习以为常的事情。当时，我不知道他们为什么要出去，出去做什么，只知道叔伯每次回家我们都有糖果吃，这成为我儿时记忆的重要组成部分。

因家父与“兴盛和”的舒氏后人舒自治先生相交甚好，1990 年前后，先生一直住在鹤庆县三义南三圣宫庙的阁楼里，我便有幸聆听到先生讲的很多关于鹤庆商帮的故事。后来才得知，先生当年也算鹤庆的风云人物，毕业于国民政府中央军事政治和陆军大学，担任过独立团团长，解放战争中大举义旗，成为军事大学教员。先生不仅对我的启蒙有重要的影响，同时也激发了我对商人、商帮及流动人口的兴趣。

2004 年，我有幸参加周智生教授主持的云南省哲学社会科学项目“滇藏商贸交流研究”。在周老师的指导下，我负责收集鹤庆商贸活动的文献，并对鹤庆籍在藏区手工业者和商业贸易者生存、生活以及生产状况有了系统的了解和认知。我在顺道去敬老院拜访舒自治老先生时，先生已驾鹤西去，不禁黯然伤神。2005—2008 年间，在武友德教授和周智生教授主持的众多项目的资助下，我先后对大理、丽江、香格里拉、西昌及阿坝等地区进行了深入调研。在调研中，我惊奇地发现：只要有藏族人集中聚居区，就会有白族商人和手工艺者的身影；只要有藏传寺庙的地方，就会与白族商人有联系。另外，流动人口与少数民族之间的关系异常密切，他们不仅为当地居民日常的生产生活提供所需，而且最重要的是增进了双方的认识和了解，使民族之间的相处更加融洽，这种情况以藏族地区最为典型。因此，我以白族商人为研究对象，完成了我的硕士学位论文。

民族关系是不同的族群在长期交往过程中形成的相互认知、相互交流的关系，它表现为精神上的相互交流、物质上的互补与争夺、制度文化上的合作与竞争等。从这一层面而言，流动人口就是这些表现的媒介和具体传播者，人口流动就是加速这些表现不断深化的催化剂。基于这样的思考，我以滇川藏毗邻藏区为研究地区，以流动人口为切入点，探讨这一区域的民族关系。我想探讨这一区域的民族关系到底怎样？各民族之间的关系又是如何表现的？是什么因素影响了民族关系的发展？流动人口在民族关系中到底发挥了怎样的作用？

可以说这些思考是在对白族流动人口研究基础上的扩充，因为我们前期的工作和思考，有幸得到国家社会科学基金的支持，支持我们完成了其中的一部分研究。为了解决这些问题，我们的团队先后多次到迪庆、甘孜、阿坝、昌都、林芝和拉萨调研。其中的乐趣和艰辛难以言表。六七月份不得不穿秋裤的经历现在还记忆犹新。在调查中，我们得到了迪庆州人口办公室各位同志的帮助和支持，得到了所调研地区的相关部门的帮助。另外，还得到了熊理然教授、李立教授、杨旺舟博士和西藏大学刘天平副教授的大力支持。

调研资料的整理和梳理是一个烦琐的过程，在这个过程中，我们得到了硕士研究生李旭阳的大力支持。李旭阳同学严谨认真、淳朴勤奋、对自己严格要求，是一位很优秀的青年学子。在本书的写作过程中，她协助收集了大量的珍贵资料。曲靖师范学院的梁海燕博士在大纲的讨论和模型细化过程中给予了极大的支持。在这里，我特意感谢中国社会科学出版社的卢小生主任及他的团队，在他们的热心帮助和耐心修改下，本书得以顺利出版。

本书是我及我的团队长期关注藏区流动人口、藏区发展和稳定、藏区族际关系等问题的阶段性成果，藏区的民族关系和流动人口变化是一个复杂的过程，而流动人口在五省藏区的流动和影响也是一个复杂的系统，对于这一过程和系统的研究任重道远。吾本愚钝，今日取得小小的成果甚是欣慰，但是，专心专注、全力以赴，将永远伴随和激励我对这些问题进行探究和求索。

由于能力有限，难免有错漏之处，敬请各位批评指正。本书的观点仅代表个人的观点，文责自负。

李灿松

2017 年 4 月于雨花毓秀